魏鉴勋
——主编——

魏鉴勋
——编著——

中国王朝内争实录

血溅龙袍

辽宁人民出版社

图书在版编目（CIP）数据

中国王朝内争实录.血溅龙袍 / 魏鉴勋编著.

沈阳:辽宁人民出版社,2024.8. — ISBN 978-7-205-11205-9

Ⅰ. K220.9

中国国家版本馆 CIP 数据核字第 20245T47L5 号

出版发行：辽宁人民出版社

地址：沈阳市和平区十一纬路 25 号　邮编：110003

电话：024-23284325（邮　购）　024-23284300（发行部）

http://www.lnpph.com.cn

印　　刷：天津旭丰源印刷有限公司

幅面尺寸：145mm × 210mm

印　　张：11.5

字　　数：246 千字

出版时间：2024 年 8 月第 1 版

印刷时间：2024 年 8 月第 1 次印刷

责任编辑：高　丹

封面设计：人马艺术设计·储平

版式设计：新视点工作室

责任校对：吴艳杰

书　　号：ISBN 978-7-205-11205-9

定　　价：58.00 元

历史是人类知识、智慧的积累，是先辈留给后代的经验和教训的总结，故曰"读史使人明智"。不过，在生活快节奏的今天，要读一部皇皇历史巨著，对许多人来说，不下非常的决心，恐难静心卒读。即便下定决心，恐怕是纵有开头、亦难有结尾。鉴于此，我们策划出版了"中国王朝内争实录"丛书。

我们这套书的出版，试图走出一条新路，即高雅的学问通俗去作。我们觉得，在学术界有一种不成文的清规戒律，学术高居文雅的殿堂，傲守高不可攀、曲高和寡的自尊，以理性、冷峻为美。这种清高和自尊，我们是很钦佩的。但是，思想和知识是需要传播的，只有让更多的人了解并掌握，一代传一代，思想才能成为不朽，知识才能成为永恒。所以我们请专家学者走下殿堂，靠近民众，在雅和俗之间架起一座桥梁。当然我们这里所说的俗，不是低俗，不是粗俗，更不是媚俗，而是请学有专长的学者，把他们的学术成果、学术观点，用清新雅丽的语言、闪烁着思想火花的华彩辞章，用读者喜闻乐见的表现形式，再现历史，让更多的人了解历史，并以史为鉴。

历史是异彩纷呈的，是博大精深的。我们涉足历史，并不能因这几本小书，就奢望蹚过历史的每一条河流。经反复论证，征求学者的意见，决定围绕着统治阶级内部矛盾斗争展开论述。从皇位、相位、宠位、军阀、朋党、忠奸之臣、新旧势力以及文字狱八个方面，系统地研究了统治阶级内部的矛盾斗争，再现了统治阶级内部矛盾斗争的复杂性、多面性，手段和方法的残酷性和阴险性。他们有的为了国家大业，忍辱负重，矢志不渝；有的身不由己，莫名其妙地成为牺牲品；有的为了一个"权"字，朋友可以反目，兄弟可以成仇，甚至刀剑相加，同室操戈。当然历史是复杂的、矛盾的，在你死我活的斗争中，不能以简单的善恶来做终极评判，也不能因其手段的残忍和卑劣，而否定其对历史发展的促进作用；反过来，也不能因其有功于社会，而赞成其手段的残忍和卑劣，而应该历史地、客观地评判。总之，经过作者独具匠心的条分缕析，一条是非、善恶的脉络，清晰地展现在读者面前。读者不仅可以从中追览历史的风风雨雨，而且可以了解史学家的观点和其对历史的客观评价；不仅可以追睹历史上惊心动魄的厮杀，而且可以掩卷沉思，得到历史的启迪。

我们怀着忐忑不安的心情期待读者朋友的认可和诚恳的批评、指正。

　　皇帝这一名词，秦始皇时才出现。秦二十六年（前221），平定六国，统一了天下。秦王嬴政在称帝前夕，下令："寡人以眇眇之身，兴兵诛暴乱，赖宗庙之灵，六王咸伏其辜，天下大定。今名号不更，无以称成功，传后世，其议帝号。"（《史记·秦始皇本纪》）丞相王绾、御史大夫冯劫、廷尉李斯等人遵令议定"名号"。他们三人找来一些博士，反复研讨，参照古代三皇五帝的名号，最后确定上尊号为"泰皇"，"皇命为制，令为诏，天子自称曰朕"（《史记·秦始皇本纪》）。秦王嬴政对此议案批示："去泰著皇，采上古帝位号，号曰皇帝。"（《史记·秦始皇本纪》）以示"德兼三皇，功高五帝"。由是，才有了至高无上的皇帝之称，以及体现皇帝威严的礼仪。为了万世一系、传之久远，嬴政称始皇帝，其后则称二世皇帝、三世皇帝……

　　在秦始皇称帝之前，皇与帝通用，且不连缀使用。比如有天皇、地皇、泰皇（人皇），有黄帝、帝颛顼、帝喾、帝尧、帝舜，统称为三皇五帝。皇、帝都是君。君是占有一定地盘、发号施令的尊者。天子、诸侯、卿、大夫都可称君。

随着皇帝这一新名词作为至尊之称出现之后，君也只限于偏指四海之主，进而与主连缀，成为君主（或君王），是皇帝的另一种说法了。而且，皇帝是法定的书面语，君主则为习惯用的口头语。

汉承秦制。"汉五年已并天下，诸侯共尊汉王为皇帝于定陶。"（《史记·叔孙通传》）"汉天子正号曰皇帝。"（《独断》上）刘邦称皇帝以后，废除了秦朝的礼仪法规。因此，皇帝的至高无上尊严也不复存在了。"群臣饮酒争功，醉或妄呼，拔剑击柱。高帝患之。"（《史记·叔孙通传》）当年曾当过秦朝博士、熟悉秦朝及古代礼仪的叔孙通，在投靠刘邦以后，因是一介书生，一直没有什么建树，甘沉下僚。他一直在等待能发挥特长的时机。如今，时机到了。他针对朝廷之上无礼仪的混乱状态，建言刘邦制礼定乐，建立一套规章制度，先从树立皇帝至高无上的威严开始。正为无礼仪而不堪群臣骚扰的刘邦，当即命令叔孙通制定礼仪。

叔孙通"采古礼与秦仪杂就之"，率领一群儒生及弟子演习礼仪，告成之日请刘邦"试观"，得到了首肯，并在汉高祖七年（前200）正月，长乐宫建成群臣朝贺之时，按新制定的礼仪朝见皇帝。"先平明谒者治礼，引以次入殿门。廷中陈车骑步卒卫宫，设兵张旗志，传言趋。殿下郎中侠陛，陛数百人，功臣列侯诸将军吏以次陈西方，东乡；文官丞相以下陈东方，西乡。大行设九宾胪句传。于是皇帝辇出房，百官执职传警，引诸侯王以下至吏六百石以次奉贺。自诸侯王以下，莫不振恐肃敬，至礼毕，复置法酒。诸侍坐殿上皆伏抑首，以尊卑次起上寿，觞九行，谒者言罢酒，御史执法举不如仪者，辄引去。竟朝置酒，无敢讙哗失礼者。"（《史记·叔孙通传》）面对尊卑有序、肃穆威严的场面，刘邦飘飘然了。他不由得脱口而出："吾乃今日知为皇帝之贵也！"叔孙通因制定礼仪有功，升为太常，主管礼仪，还得到五百斤黄金的赏赐。

从秦汉至明清，皇帝的称号一直未变；显示皇帝独尊的礼仪，代有增华，一直沿用。

秦始皇提出皇帝之称，刘邦再定朝君之礼仪，绝非偶然，是有其必备的历史条件的。秦始皇统一六国以后，出现了前所未有的新局面，"昔者五帝地方千里，其外侯服、夷服，诸侯或朝或否，天子不能制。今陛下兴义兵诛残贼，平定天下，海内为郡县，法令由一统。自上古以来未尝有，五帝所不及"（《史记·秦始皇本纪》）。可见称皇帝起码要有三个条件：天下统一；政令统一；实行郡县制。凡是做不到这三点，或缺其一二，皇帝的名实就不相符了。

皇帝作为至尊，权威是绝对的，权力是无限的，地位是独一无二的。皇帝所具有的一切，都具有排他性、不可比拟性。皇帝的言词、服饰、器物、行动，等等，都有独特的规范。比如，皇帝自称为朕、孤家、寡人，皇帝的命令称制、诰、诏，皇帝戴的帽子称冕，使用的印章称玺，朝见群臣的宫殿称金殿或金銮殿，与后妃寝息的房子称宫（正宫、东宫、西宫之称按后妃的地位而别），皇帝的车称辂、辇，皇帝的仪仗尽管代有异同，但基本上分为大驾卤簿、行驾仪仗、行幸仪仗三种（或称法驾卤簿、銮驾卤簿、骑驾卤簿），分别用于不同场合，而各种旗帜、礼器、乐器、兵器及随从人员等均有详细规定。皇帝的后妃、宫女、太监的数目及品级也有明文规定。

总而言之，皇帝的衣食住行言语甚至嬉戏均独具一格。无论什么人，如果效法，则罪在不赦，属于僭越叛逆性质。御用即皇帝专用，不许丝毫侵犯。之所以如此塑造皇帝这一社会角色的外部形象，制造独一无二的效果，完全是为了树立皇帝的绝对权威。

皇帝的内涵则是以无限制的权力来表现的。皇帝的话是最终的裁决，皇帝的意志高于一切法律、法令。任何人的富贵生死，任何事的可行与否，全凭皇帝一人而定。俗话说"金口玉牙，说啥是啥"，便是数千年来皇帝权力的形象写照。

皇帝的权力不仅有主宰国家的作用，而且还被涂上了神秘色彩。尽管中国封建时代政教分离，但是抽象的天意从来就是绝对的真理，而天意则往往体现为皇帝的意志。因此，皇帝又称天子。皇帝是集神权、政权、族权、夫权于一身的独一无二的角色，权力是无限的。

皇帝是统治阶级集团的最高代表，其社会地位是无以复加的，处于封建等级制度的最高点。任何人不敢列在皇帝之前。晚清西太后掌政时，西洋汽车传进中国，只因为司机座位在前面，西太后就从不坐汽车。这一事例今天看起来实属荒唐滑稽，但当时囿于皇帝的地位是至高无上的这种意识，现代化的交通工具汽车在洋务运动的时代竟被拒之于宫廷大门之外，却被视作是天经地义的事。国内的一切都属于皇帝，一切均归皇帝支配。

绝对的权威、无限的权力、至高无上的地位，使皇帝这一社会角色既具有现实性又具有神秘性；既是不可离开须臾的，又是深不可测的。皇帝被视作圣人、神人，其权威、权力、地位是天赋的。皇帝是封建主义中央集权制国家的必然产物。

正因为如此，皇帝的政治活动与私人生活都直接关系到国家的兴亡、社会的安危。所以，统治阶级、统治集团在神化皇帝的同时，也制定出一整套皇帝的行为规范，其核心则是封建的伦理，即修身齐家治国平天下的经验。而皇帝吸收经验、学习规范的途径主要有两条：一是在即位之前由师傅辅导；二是在即位之后由大臣辅佐。

一般来说，历代皇帝都比较重视皇子教育。太子宫中设有专门的官职，而负责皇子读书的均是当代大儒。以清朝为例，亦可见一斑。清代对皇子的教育制度承袭明朝，明朝的太师、太傅、太保等官，专为太子而设，"掌以道德辅导太子"（《明史·职官志》）。清代的皇子从6岁起便在上书房读书，"选翰林官，分侍讲读，日有课程，特命大臣为总师傅，以综领其事"（《皇朝掌故汇编·官制》）。"定制，卯入申出，攻五经、史、汉、策问、诗赋之学"，"日课诗赋，虽穷寒盛暑不辍"，"故列圣学问渊博，固皆天纵，亦一时师保训迪力也"（《啸亭续录·上书房》）。

皇帝虽说是至尊，但大臣们对皇帝的决策或失德均有义务进行谏诤。表面上看起来，似乎有碍皇帝的权威，其实不然，因为谏诤可以避免皇帝的过失，对国事及皇权乃是最不可少的维护。劝谏制度有时确实令皇帝难堪，例如汉成帝时的槐里令朱云，在诛杀奸臣的问题上与皇帝发生争议，朱云的劝谏惹怒了汉成帝，命武士把朱云拉下殿斩首。朱云拼死力用双手抓住殿上的栏杆不放，口中仍不住地谏诤，结果把栏杆都扯断了。此举震动了皇帝，不仅没有杀他，而且还下令不要修复栏杆，以此表彰敢于犯颜直谏的朱云，并倡导众臣向朱云学习。再如，唐太宗的大臣魏徵，屡屡犯颜直谏，唐太宗盛怒之下，数次要杀他，但终为他的正直忠贞所动，不仅未杀他，还信任有加。在魏徵病死之后，唐太宗感慨自己从此失去了一面镜子。类此劝谏匡辅皇帝的直臣的事迹历代多有，无论是因触龙鳞而死或直谏而擢升，都被视为忠臣义士，为封建伦常所推崇。其根本原因就在于谏诤既可匡正皇帝的一时失误，又可起到确保国家长治久安的作用。因此，谏诤成为封建王朝的一项不成文法，深受君、臣、民的重视。

皇帝作为最高的统治者，其社会职能自然是多方面的，人们常用"日理万机"来形容。其实，概括起来，则主要有两项：一为祭神；二为治人。祭神是天子的义务，治人则是君主的权力。祭神也包括祭祖先，因此可以称作"敬天法祖"，含有神秘性；治人则是统驭臣民，尤侧重在驭臣，通过臣去统民，带着强烈的现实性。

如果按人的社会职能划分，在封建社会人可分为君、臣、民三种类型。君只有一个，臣有一定数量，而民则是多多益善了。君是统治者，民是劳动者，臣既是君的意志的执行者，又是民情的上达者，属统治者范畴。君、臣、民构成了君民、君臣、臣民三对矛盾。君臣矛盾属于统治阶级内部矛盾，在个别情况下也可以变为对抗；君民、君臣这两对矛盾属于阶级矛盾，其本质是对抗性的。在君民、君臣的矛盾中，君总是处于主导地位。因此，在评论皇帝时，总离不开对君民、君臣矛盾的分析。

古往今来，对皇帝均有评论。而在评论的过程中，又主要针对皇帝的政治行为及人格。在判定皇帝的政治行为时，历史上的用语很多，诸如有道、无道，英明、昏聩……都着眼于君对民、对臣的态度。而在判定皇帝的人格时，则简单得多，只重仁、暴，勤俭、荒淫，只着眼皇帝以礼自律的情况。古代中国，颂扬有文治武功的皇帝、勤政爱民的皇帝、纳谏如流的皇帝，抨击残暴的皇帝、昏庸的皇帝、荒淫的皇帝。

在现代，以辩证唯物主义来评论皇帝，则着眼于他的政策与行为是否有利于发展生产及社会进步。在辩证唯物主义史学家看来，那种以英明、昏聩，仁义、残暴，勤俭、荒淫来作为衡量皇帝的尺子，实在是过分简单化了。因为，这种类型区分能否概括得了中国历朝历代的皇帝姑且不论，仅以英明、仁义、勤俭与昏聩、残暴、荒淫两大类或六种，也不是依据明确、界限清楚的。这些概念，往往是交叉的。比如，秦始皇是暴君，也是明君，更是勤而不俭之君；唐太宗是明君，但不能算作仁君，而说他淫乱也不算过分；明成祖朱棣自然不是仁君，但绝不昏聩；康熙皇帝可谓英明、仁义，但也有糊涂、残忍的一面。更何况，还有相当一部分皇帝在其早年与晚年又判若两人。所以，不能对皇帝进行机械的区分。

那么，今天如何才能避免对皇帝评论的简单化倾向呢？首先，研究者必须克服长期形成的左的观念影响。既要承认历史不是皇帝的家谱，也要充分认识皇帝在历史上的作用。要敢于正视祸国殃民的皇帝确实有，但是富国强兵的皇帝也同样存在过。皇帝是地主阶级的最高代表，但不能据此便把皇帝一律视作罪恶的渊薮。要想肃清左的影响，归根结底还是人人都会说而却不是人人都能做到的那四个字：实事求是。如果不能真正贯彻实事求是原则，对皇帝的评论就不能深刻，更不能正确。

其次，还必须注意研究方法。一定要具体问题具体分析，不能脱离历史背景，长期泛滥的贴标签式的方法必须废止。具体分析，绝不是单一分析，相反，应是综合分析，诸如阶级分析、人格分析、角色分析、心理分析……都是不可或缺的，切忌单打一。

最后，必须避免非此即彼的形而上学结论。不能以静止、孤立、不变的好、坏二字对皇帝进行盖棺论定，而是要透过皇帝的社会地位看他的历史作用，也就是说，对皇帝的政治行为、性格特征都要进行分析并得出结论来。

近年来，对皇帝的研究大有形成热点之势，有关皇帝的传记出了一些，虽然对简单化的研究有所突破，但仍感不足。主要表现是对皇帝的政治行为谈论得多，而对皇帝的性格特征分析得少；对皇帝的历史作用谈论得多，对皇帝的社会角色分析得少；对皇帝的社会活动谈论得多，对皇帝的心理分析得少；对皇帝作为具体的历史人物研究得多，而对皇帝作为在一定社会历史发展阶段普遍存在的政治制度研究得少。如果从宏观和微观的结合上来研究皇帝，当会弥补对皇帝问题研究的不足，得出一些规律性的结论。

研究皇帝，还不应忽略皇位的变迁。从前2世纪的秦始皇到20世纪初期的溥仪，中国共出现了299个皇帝，如果加上袁世凯，则整整300个。这些人是如何登上皇位的呢？

概括起来，有三种情况。第一，靠武装斗争统一天下，自封为皇帝。如秦始皇、汉高祖刘邦、汉光武帝刘秀、唐高祖李渊、元世祖忽必烈、明太祖朱元璋及清世祖福临等开国之君都属此类。第二，靠继承父兄之业而自然成为皇帝。如汉惠帝刘盈、汉武帝刘彻、汉明帝刘庄、晋惠帝司马衷、唐高宗李治、宋钦宗赵桓、明思宗朱由检、清圣祖玄烨等。第三，靠发动政变夺得政权的皇帝。如西汉末的王莽、南北朝的刘裕、隋文帝杨坚、隋炀帝杨广、唐太宗李世民、武则天、宋太祖赵匡胤、明成祖朱棣，等等。

第一种情况，新皇帝上台往往借用农民起义的力量，达到改朝换代的目的。这些开国之君一般多有建树，大有作为，多起到了缓和尖锐的社会矛盾的作用，使残破的社会经济得到恢复发展，有利于社会前进。第二种情况，新皇帝多是嫡长子，或兄终弟及，或为族人继统，但基本上通过合法的形式，获得朝臣们的认同。第三种情况则较为复杂了，新皇帝获得帝位的手段基本上不是光明正大的，伴有阴谋诡计。他们或杀死在位之君，或搞掉应当继位之人，取而代之。

长期以来，对于君权的转移问题研究得很不够，而对于以计谋夺取君权的问题研究得更不够。君权的转移实质上是统治集团内部围绕财产与权力再分配斗争的一种表现。不研究或少研究统治阶级内部矛盾，就不可能全面深透地理解社会矛盾。

无论为了全面理解社会矛盾，或为了深刻认识阶级矛盾或统治阶级内部矛盾，研究以计谋夺取君权问题都是必要的。鉴于广大读者的实际情况，写一本有关的通俗读物尤为必要。

《中国王朝内争实录：血溅龙袍》这本书，通过再现历史上以计谋夺取君权的事例，展示封建社会统治阶级内部矛盾的一个侧面。在再现与展示的过程中，力求符合历史的本来面目，反映历史的发展规律。对历史人物及事件的描写均有历史依据，而没有虚妄之辞。对人物与事件的评议，则本着历史唯物主义的态度，实事求是。

以计谋夺取君权是以阴谋手段，达到非常目的的一个复杂的社会历史现象。仅从靠夺位上台的皇帝来看，也足以证明那种简单地把皇帝划分好、坏两类的偏颇、简单。因为，通过夺权登极的人并不都是坏人，而被夺去帝位的人也并不都是好人。例如，隋文帝杨坚绝不是坏皇帝，尽管他是靠夺位上台的；汉平帝的帝位被夺，可是，他却不是个有作为的好皇帝。隋炀帝既是个篡位者又是个被篡位者，他虽有一定作为，却不是好人。

因此，对于以计谋夺取君权的人，就不能视为个人的罪孽，不能以手段的不正当来否定政治上可能有的进步性。而应重在探讨是何种力量与思潮把这种夺位的人推上了历史的舞台，使他成为弄潮儿。要看这种人当了皇帝后，对社会、对历史起了什么作用，产生了什么影响。

当然，限于作者的水平，能否实现上述的愿望，还有待实践的检验，有赖于读者的批评。

目录

刘邦铲除异姓诸王

///

功高震主，
对他犹如噩梦；
兔死狗烹，
对他不啻良方。

　　刘邦平定天下以后，为了稳定局势，确保自己的统治，便大封功臣，以一些财产、部分权力来安抚那些跟随自己出生入死打天下的人。曾几何时，"功高震主"犹如噩梦一般缠绕着他，令他食不甘味、寝不安席。当年，自己那些手下为自己争天下，大效犬马之劳，不惜抛头颅洒热血。如今，幸存者被自己封为王爵，坐镇一方。有谁能保证这些与自己一样的"无赖"不会同自己捣蛋，又有谁能料定这些杀人不眨眼的"魔王"在自己死后不起来争夺皇帝的宝座？

　　"怎么办？自己应该怎么办？"深深地困扰着当上西汉皇帝的刘邦。终于，他从"狡兔死，走狗烹；飞鸟尽，良弓藏；敌国破，谋臣亡"这古训中受到了大大的启示。

　　刘邦把他的"三尺剑"指向了他亲封的那些手足一般的异姓诸王。

　　首当其冲的是功劳最大的齐王韩信。

　　韩信是个奇才。刘邦之所以能统一天下，大半是韩信的功劳。韩信为刘邦制定了建功立业的大计，平定三秦，擒魏王豹，夺取代国，征服赵国，吞并燕国、齐国，最后垓下一战灭了楚国。刘邦对韩信则是解衣衣之，推食食之，言听计从，情过兄弟。两人之间裂痕的产生，是在汉高祖四年（前203），韩信率军灭掉齐国之后。韩信俘虏了齐王田广以后，派人给远在荥阳，正同楚军苦战的刘邦送去一封信。韩信在信中说，齐国一向诡诈多变，是个有名的反复无常的国家，如今虽然已被攻下，但局势不容乐观。其南部边界与楚国为邻，请求批准自己为代理齐王，坐镇这里，否则难以安定齐国。从当时的全局看，韩信的这个主张没有错误，如果说有点问题，就是韩信要求权位之心太急了一点，尽管如此，韩信也还是留有余地的，他只要求当个代理齐王。

刘邦接到这封信时，正同张良、陈平研究如何突破楚军的包围，军情很急，心情更急。刘邦一见韩信要当代理齐王，不由得把桌子一拍，怒冲冲地骂道："老子被围困在这里，日夜盼望你小子来解围，你小子却要当什么代理齐王！"

张良、陈平不约而同地踢了踢刘邦的脚尖，示意他不要再当着送信人的面说什么了。刘邦立即打住了话头，瞅了二人一眼。张良、陈平凑到刘邦的耳边说："目前我们陷入包围，情况很不利，难道还有法子约束韩信吗？不如送个顺水人情，让他当齐王，使他全心全意守住齐国，否则，他要叛乱的。"

刘邦一听，不由得打了个冷战。他急急忙忙开口，骂骂咧咧地说："他娘的，大丈夫平定诸侯就该当个正经的王，当什么代理王？！"

说罢，当场命令张良负责去铸齐王大印，然后亲给韩信送去。

转过年二月，张良赶到齐国，代表刘邦把齐王大印授予韩信，任命他为齐王，并命他调动军队去攻打楚军。

这时，楚霸王项羽为了拉拢韩信，派武涉到齐国游说。武涉见到韩信便说："天下被暴秦折磨已经很久了，所以人们纷纷揭竿而起，联合反秦。推翻秦朝以后，本该按功劳分封诸侯，马放南山，刀枪入库，可是，万万没料到刘邦又挑起战争，打出函谷关，还要消灭楚国，他是不吞并天下绝不会罢休的。刘邦是个无赖小人，项王本有许多机会可以轻而易举地杀了他，每次他都花言巧语，甚至起誓发愿，项王可怜他，给他一条活路。可是，他一脱离危险，立刻变卦，背信弃义地攻击项王。将军您与他交情很深，为了他，您出生入死，依我看，将来有一天，将军您也要落在他的手中，没有好下场。当前，他之所以不动您，是因为有项王在，他要依靠您攻打项王。在楚汉相争的过程中，将军您的作用是有决定性的，您偏向谁，谁就获胜。我敢断言，一旦项王失败，刘邦获胜，他马上就要冲您开刀。将军您与项王是老相识了，为什么此时不站出来与楚国联合呢？这样一来，天下就形成三分之势，齐、楚、汉各自称王又有什么不好呢？如果将军失去这个机会，仍像从前那样站在刘邦一方，与楚国作对，我实在不敢苟同哪！以将军的远见卓识，肯定也不会如此吧？"

韩信听罢，微笑着说："从前我曾侍候过项王，在他部下当过执戟郎，人微言轻，进言不听，献计不纳，所以我才离开项王投奔汉王。汉王授我上将军大印，统率全军，把自己身上穿的衣服脱下来给我披上，把自己吃的食物推到我面前叫我吃，对我是言听计从，所以我才有今天。汉王对我如此有恩，我怎能背叛他呢！我至死也不会对汉王有二心，请您代我向项王表示歉意。"

武涉说不动韩信，只好灰溜溜地走了。

武涉去后，谋士蒯彻以给韩信相面为由，劝说韩信独立。蒯彻对韩信说："看大王的脸，不过是个诸侯相貌，而且注定要遭到许多危险；看大王的背，啊，那可是大贵之相，无法形容。"

韩信认真地问："先生，你这话是什么意思？"

蒯彻认真地答："当初天下英雄起兵反秦时，想的只是如何才能推翻秦朝。现在楚汉相争，为时已久，天下百姓遭殃，生灵涂炭，尸骨遍地。楚霸王曾威震天下于一时，现在困在京县和索邑之间，再也无力前进一步；汉王率数十万大军据守巩县和洛阳之间，一天数战却毫无战功，连受挫折，无力自救。综上所述，智者、勇者都已经陷入困境。百姓无以为生，怨声载道。据我的看法，如果不是圣贤出世，天下是没办法了。当前，楚霸王和汉王两个人的命运就悬在大王您一人手中。您为汉出力，汉就获胜；您为楚出力，楚就获胜。大王如果听我的话，莫如让楚汉两家都存在，大王同他们三分天下。一旦出现鼎立局面，谁也不敢先动手。那时，凭大王的贤才圣德、文韬武略，以齐国之大、战士之多，联合燕国和赵国，占领楚汉的中间地带，扼住薄弱环节，箝制他们的后方，顺天应人呼吁楚汉停战，天下各国谁能不听从，谁敢违抗大王命令？然后，将大国领土分割，增加新的封国，众诸侯得到封赏，哪个不感激大王？大王坐镇齐国，控制胶河、泗水流域，交好各诸侯，则天下国君便都争先恐后来齐国朝拜了。大王切记天意不可违，机会不可失啊。违背天意受惩，失却机会遭殃呀！"

韩信说："先生差矣。汉王待我恩重如山，我怎么能贪富贵而忘道义呢！"

蒯彻接着说："大王一定记得，当年常山王张耳和成安君陈余曾是布衣之交，换命的朋友，可是，后来常山王还不是杀了成安君？此二人的交情乃是最深厚的，为什么最终反目成仇了呢？原因就在于欲望多而人心难测呀！现在，大王与汉王的交情肯定不会比当年张耳与陈余的交情深，而大王与汉王之间将要出现的矛盾肯定比张耳、陈余的矛盾大。因此大王认为汉王将来不会加害自己，肯定是错的。从前，文种拯救越国，使勾践成为霸主，功成之后，文种还不是被杀了。狡兔死，走狗烹啊，古今一理！大王与汉王之间，交情不如张耳、陈余，忠诚不如文种对勾践。历史上的教训可要借鉴啊。常言说功高震主，大功不封。现在，大王的处境就是如此，危险不请就要自到喽。望大王三思！"

韩信对蒯彻说："先生的意思我明白了。请暂时回去，容我仔细考虑。"

蒯彻起身告辞走了。

几天以后，蒯彻又来见韩信。一进门，蒯彻就说："听取正确的意见，是成功的预兆；周密的计划，是成功的关键。听取错误的意见，计划失误，想长治久安可太少了。做事果断才算明智，犹豫迟疑难以成功。在小事上用尽心计，就会忽略天下大事。凭智慧知道事情该怎样做，但决定之后又不实行，这是失败的根源。成功很难，失败却很容易啊。时机得来不易，失去就不会再来呀。"

　　说罢，盯着韩信。韩信仍然犹豫不决，总以为自己功劳大，汉王不会亏待自己，下不了决心背叛汉王。蒯彻见状，急忙告辞，连家也没回就出逃了。

　　汉高祖五年（前202）十月，刘邦率大军追击项羽至固陵（今河南淮阳县），事前与齐王韩信和魏国丞相彭越约定，二人率军前来会战，可是到时却不见二人前来。结果楚军还击，大败刘邦。刘邦只得深沟高垒坚壁自卫。焦急万分的刘邦向张良求计。张良建议刘邦增加韩信的封地，晋封彭越为王，明确封地，二人肯定领兵前来解围。刘邦立即下令把淮阳以东直到海滨的大片土地划归韩信，把淮阳以北至东阿县的土地划给彭越并封他为梁王。

　　韩信、彭越闻讯后，立即提兵前来参加会战，两个月之后，在垓下消灭了项羽。

　　刘邦消灭项羽之后，感到必须解决功臣宿将尾大不掉的问题了。对韩信、彭越这样的人，如果再迁就，后果就不堪设想了。因为韩信的影响最大，所以他选准了韩信下手。十二月，汉王在消灭项羽凯旋路过定陶（山东定陶县）时，突然进入韩信的大营，在他猝不及防的情况下，夺了他的兵权。不久，又下令把韩信改封为楚王，把他从山东迁到淮北，以下邳为楚国的都城。韩信被调离齐国心情自然不舒畅，但是，对刘邦的忠诚还没有改变。

　　汉高祖六年（前201）十月，有人向刘邦上书告发楚王韩信谋反。刘邦立即召集众将研究对策。众将异口同声地说："立即发兵把韩信那小子宰了！"

刘邦又问陈平，陈平却反问刘邦："别人揭发韩信谋反，韩信知不知道？"

刘邦说："他不知道。"

陈平又问："陛下的兵力与韩信的兵力比较谁强谁弱？"

刘邦沉吟一会儿，说："咱们的兵力恐怕抵不过。"

陈平还问："陛下的领兵将领有超过韩信的吗？"

刘邦说："没有。"

这时，陈平扫了大家一眼，才慢条斯理地说："既然我们的兵不如韩信的兵，我们的将也不如韩信的将，如果现在去攻打韩信，这只能加速韩信造反。我深为陛下不安。"

刘邦急不可耐地问："那你到底认为该怎么办呢？"

陈平说："依臣愚见，陛下可学古代天子巡狩的样子，宣布去云梦泽巡视，在陈郡（今河南淮阳）会见各国王侯。陈郡在楚国北部边界，韩信肯定应召前来，他以为陛下外出巡游，不会存什么戒心。陛下可趁他前来朝拜之时，用一名卫兵就可以把他活捉了。"

刘邦采纳了陈平的建议，派使臣四处宣布自己出游云梦泽，在陈郡会见各地诸侯。使臣刚离京，刘邦也紧跟着动身了。

韩信得知刘邦出游并会见诸侯的消息后，心里也犯了合计，怀疑刘邦可能对自己又要采取行动了，自己不知如何是好。他的谋士建议杀死项羽的降将钟离昧，再去拜见刘邦，刘邦一定很高兴，就可以免去一场是非了。韩信于是把钟离昧叫来，问他对刘邦此行有何对策。钟离昧已感到韩信要出卖自己了。于是，就对韩信说："朝廷之所以不发兵来攻打，是因为我在大王您这里。

我今天死了，明天大王也就垮了。"说罢，拔出佩刀抹了脖子。

第二天，韩信前往陈郡会见刘邦。刘邦一见韩信，立即命令武士把他绑上，拴在自己座车的后边。韩信这时才感到自己又干了一件蠢事，他仰天长叹："狡兔死，走狗烹；飞鸟尽，良弓藏；敌国灭，谋臣亡！现在，天下已经平定，该我韩信掉脑袋喽！"

刘邦扭过头来冲韩信喝道："有人告你谋反！"

说罢，命令启驾返回洛阳。回到洛阳后，刘邦没有杀韩信，将他降为淮阴侯，软禁在京。

被降了级的韩信心里明白，这是刘邦猜疑畏惧自己所致。一想到现在自己与远比自己低下的周勃、灌婴等人为伍，心里就闷闷不乐。因此，只在家中呆坐，从不外出，就连朝拜皇帝的例行公事，他也不参与。

汉高祖十年（前197），阳夏侯陈豨被刘邦封为丞相，离京去赵国、代国边境。出发前，陈豨来向韩信告别。韩信拉着他的手，单独同他在庭院中密谈。韩信说："你能和我谈谈心吗？"

陈豨说："任何时候我都听从将军的命令。"

韩信说："你这次离京，责大任重，要监控赵国、代国的军队。燕、赵之地是精兵屯聚之处，你又是陛下的宠臣，这可是如虎添翼呀。你可曾想过，一旦有人指控你造反，第一次，陛下绝不相信，可是第二次再告，陛下就要怀疑在心了，等第三次再告，陛下一定要亲自带兵去讨伐你了。如果发生这种事，你也别慌，我在京里起兵策应你，天下的大局也就定了！"

陈豨一向崇拜韩信，如今经他这么一分析，真有不寒而栗之感了。于是，陈豨连忙说："多亏明公点拨，我一定按您的吩咐办。"

陈豨离京不久，果然有人上报刘邦说他要谋反，依据是他门下多养豪杰之士。刘邦闻报后就派人北上去调查，结果查出陈豨的门客有许多违法事件，且与陈豨有关涉。对此，陈豨很害怕。

投降匈奴的韩王得知这一情况后，立即派部下来游说陈豨，想乘机把陈豨拉过去。

不久，刘邦征召陈豨返京。陈豨担心有去无回，便谎称有病，不能进京。在九月份，他便在韩王使者的策动下叛变了，自称代王。

刘邦亲率大军讨伐陈豨，很快便抵达邯郸。命令赵国丞相周昌在当地选拔将领，有四个应征的人被选中。当这四位壮士来拜见刘邦时，一进门就挨了刘邦一顿臭骂："就凭你们这几个小子还想当将军吗？"

这四个人被羞辱得无地自容，只有不断地叩头。结果更出乎他们的意料，刘邦骂完之后，就封他们为将，而且每人还赏封邑一千户。对此，刘邦的侍从们也很不理解，刘邦笑着指点侍从的官员："陈豨的势力很大，赵国、代国被他占了许多地方。现在，我虽然紧急征调各地的军队，可是哪个封国也没派兵来！我现在只得依靠赵国的人力物力了。重赏这四个小子，赵国的百姓就会踊跃出征，为我所用了！"

同时，刘邦还用重金拉拢、分化陈豨的部将，使之多数都叛离了陈豨，投向了刘邦。

半年以后，陈豨就垮了。

当刘邦离京讨伐陈豨时，韩信以为时机已到，他装病没有跟刘邦上前线，积极策划政变。他准备假传圣旨赦免监狱中的犯人，解放京内的奴婢，依靠这些人袭击皇宫及各衙门，杀死吕后和太子。准备就绪后就派人给陈豨送信，只等回信一到便开始行动。

正在这关键时刻，韩信的一个门客因得罪了韩信，被关起来并要处死。这个门客的弟弟为了搭救哥哥，便把韩信的政变计划全盘报告了吕后。吕后就与丞相萧何商议，如何除掉韩信。计议已定，便由萧何出面去找韩信，说："皇上已把陈豨处死了，报捷的使者刚到京城，吕后要接见群臣，以示庆贺。你虽然有病，也应勉强进宫打个照面，表表态度才好呀。"

韩信上了萧何的当，毫无戒备便进宫去见吕后。万万没料到，一见吕后的面，就被绑上了。吕后下令立即将他杀死。临死前，韩信叹了一口气，说："我真后悔没听蒯彻的话，今天竟被一个女人算计了，这难道是天意吗？！"

韩信死后，吕后又下令剿灭了他的三族。

刘邦镇压了陈豨叛乱，返回洛阳，听说韩信被处死，心情很矛盾，既高兴又怜惜。他问吕后："韩信临死时留下了什么话没有？"

吕后说："他说后悔没听蒯彻的话。"

刘邦把手一拍，说："对啦，还有那个能言善辩的蒯彻！"说罢，立刻下令通缉蒯彻。

蒯彻离开韩信后，化装流亡，靠相面算卦作掩护。尽管如此，还是很快被捉住，押送到京城。刘邦亲自提审他："我问你，是你教韩信造反的吗？"

蒯彻不慌不忙地答道："是的，我给他献过计，可惜这小子不听，才送了命。如果当年听我的话，陛下又怎能杀死他呢！"

刘邦一听，气得七窍生烟，连连拍着桌子喊道："来呀，把这个王八蛋给我烹了！"

蒯彻也高声喊道："烹死我冤枉！"

刘邦瞪大了眼睛说："不是你教唆他造反的么，你还有什么冤枉？真他娘的！"

蒯彻慢条斯理地说："亡秦无道，中原逐鹿，身手快的占先。古时盗跖的狗对着尧也汪汪叫，不是尧不仁，而是盗跖的狗忠实于主人。当年，我只知道韩信的才能，却不知道陛下的才能，何况，天下英雄豪杰特别多，也都像陛下那样争天下，只不过能力有限才没争成，难道今天都要把他们烹死吗？"

刘邦听了这段话，沉吟了一会儿，忽然噗嗤一笑，对武士们说："饶了这小子吧。"

刘邦在除掉了韩信以后，又接连除掉了梁王彭越、淮南王黥布和燕王卢绾。

彭越在秦末为生活所迫为盗，刘邦起义后，他参加了义军。因为屡立战功，甚得刘邦的倚重。彭越当了梁王之后，刘邦对他也很不放心。当刘邦征伐陈豨向各王国调兵时，彭越与其他诸王一样，没有出兵。后来，勉强派出一些军队前去，自己却称病没有率军前往。刘邦对此很生气，从邯郸派使臣责备彭越。彭越很害怕，连连向使臣请罪，并表示立即去面见刘邦。但是，他的部下却反对他去邯郸，劝他道："大王开始不率军前去，而受了责备之后又要只身前去，一到邯郸肯定要被逮捕，不如乘此机会也起兵造反。"

当时，彭越并未采纳部下的建议，但是，也没有去面见刘邦。

刘邦镇压陈豨，回到了京城长安，一直想找机会惩治彭越。恰巧，彭越手下的一个官员犯了法，为逃避彭越的惩处，就跑到长安向朝廷检举彭越曾与部将密谋造反。

刘邦在洛阳闻报后，面上未动声色，暗中派人去梁国，乘彭越不备，突然逮捕了他。然后，将彭越押到洛阳。这时，才命大臣调查彭越造反的问题。结果，彭越以谋反罪被判死刑。但是，刘邦却将他赦免了。彭越被削去王爵，流放蜀地。

彭越在被押送到四川的途中，于陕西华县碰上了由长安去洛阳的吕后。彭越见到吕后，痛哭流涕，表白自己确实没有反心，哀求吕后把他送往故乡昌邑为民，不去四川。吕后听罢，满口答应，并命令彭越跟随自己一同去洛阳。彭越怀着希望跟吕后向洛阳进发。

吕后一到洛阳，便迫不及待地对刘邦说："彭越是天下有名的壮士，陛下今天把他流放到四川，这不是留下个后患吗！依我看，不如找个借口把他杀了。因此，我把他带回洛阳来了。"

刘邦听后不住地点头称是。于是，吕后就指使彭越的一个门客告发彭越又要谋反。彭越立即被收审，很快被斩首，家人也都被杀。他的头还被挂在洛阳城头示众。刘邦还发布诏令："谁敢为彭越收尸，与他同罪。"

不久，彭越被捕前派往齐国公出的大夫栾布回来了。他匆忙赶到洛阳，跪在悬挂彭越人头的城楼下，大声报告自己出使齐国的情形，报告完后，又痛哭流涕地祭奠彭越。栾布的这一举动，轰动了洛阳城。他被逮捕，刘邦亲自审讯他。刘邦一见栾布就破口大骂，下令把他扔到滚油锅里烹了。当武士们把栾布拖到翻开的油锅前时，栾布回过头挣扎着说："我要说一句话，然后再死。"

刘邦说："你还有什么话讲？"

栾布平静地说："陛下可记得，当年被项羽困在彭城时，在荥阳、成皋间吃了败仗，项羽他为什么不能西进？就是因为彭越在梁地打击项羽部队，支持了汉军。当时，彭越如倒向项羽，汉军就必败无疑；如果支持汉军，项羽就必灭亡。再说，垓下会战时，彭越如不参加，项羽也就不会一败涂地。陛下平定天下，彭越被封为梁王，他也想世世代代地传下去呀。万万没想到，陛下一次征调，他因病不能率军前往，就被认为是谋反。究其实，他根本就没有一点造反的迹象！陛下苛求，以小过斩大将，还灭了他的三族。我真担心所有的功臣都会因此而寒心，人人自危呀！现在，梁王已经屈死了，我还活着干啥？我说完了，请陛下把我烹了吧！"

说罢，栾布扭过身去，朝油锅大步走去。

"慢！"刘邦大喊了一声。人们立刻静了下来，只听得锅中的油在嘟嘟地响。"栾布，真有你的。朕免你一死，封你为都尉！今后好好效忠朝廷。"刘邦一字一板地大声说。

栾布与在场的群臣都跪下来高呼万岁。

韩信、彭越之死，严重地刺激了淮南王黥布。黥布，本姓英，在秦末因犯法被处以黥刑，在骊山服苦役。他率领犯人暴动，沦为江湖盗贼。后来，他参加了农民起义军，在项梁部下为将。项梁死后，他又在项羽部下。黥布擅长以少胜多，屡战屡胜。后来，他因不满项羽而投降了刘邦。汉高祖四年（前203）黥布因战功卓著被封为淮南王。吕后杀死韩信，黥布内心就很恐怖了。不久，彭越又被刘邦处死，黥布感到下个就要轮到自己被杀了，终日惴惴不安。七月间，刘邦把彭越的尸体剁成肉酱送给各地诸侯，意在警诫他们。黥布正在打猎时，朝廷的使臣把彭越的肉酱送到了。黥布见状，汗如雨下，当即就决心造反。他暗中调兵遣将，侦察邻近郡县的动态，只等部署好军队就公开扯旗造反。

正在这千钧一发之时，黥布家中发生了一件"丑闻"，打乱了他整个计划。黥布有一个漂亮的姬妾，很得他的宠爱，因病常到一位名医家中就诊。而黥布的下属中大夫贲赫正好住在这位医生的对门。贲赫想巴结黥布的宠妾，以便她在黥布面前吹吹自己，企图以此达到升官的目的。贲赫既存此心，便留意宠妾的行踪。一天，看到宠妾又来医生家时，贲赫便带着厚礼去见宠妾。宠妾收下了礼物，贲赫还陪她吃了一顿饭。宠妾认为贲赫这个人很热情、很忠厚，便答应替他疏通关节。

一次，宠妾趁黥布高兴的时候，便说："中大夫贲赫这个人不错，是个忠厚长者，有机会该提拔重用。"

黥布感到很奇怪，就追问了一句："你怎么认识贲赫？"

宠妾就把在医生家见到贲赫的情况一五一十都对黥布讲了。黥布一听，大犯疑惑，认为自己的宠妾与贲赫肯定有了奸情。于是把宠妾臭骂了一顿，还要逮捕贲赫。贲赫闻讯后，连夜逃奔京城长安。一到长安，就向朝廷揭发黥布的造反阴谋，并建言朝廷先发制人，立即杀黥布。

刘邦看过贲赫的奏章后，就同丞相萧何研究对策。萧何说："黥布不可能造反，这大概是仇人诬陷他。最好先把贲赫囚禁起来，然后派官员到淮南去调查核实。"

刘邦采纳了萧何的办法，把贲赫关押起来。正在考虑派谁去淮南调查时，从淮南送来了黥布造反的报告。

原来，黥布发现贲赫逃跑后，感到问题严重，立刻把贲赫的家属全杀了，当即发兵造反。刘邦接到黥布造反的报告后，立即释放了贲赫，并升他为将军。

同时，刘邦还召集诸将研究征讨黥布的方略。众将异口同声地要求立即出兵，杀死黥布。但是，却没有什么具体安排。汝阴侯滕公对刘邦说："陛下，臣有一个门客叫薛公，是从前楚国的令尹，他很有头脑，不妨叫他来谈谈。"

刘邦把薛公召来，向他问计。薛公说："黥布造反是必然的。"

刘邦表示不解。薛公解释道："黥布、韩信、彭越是三位一体的人物，论功劳、论地位都是一样的。他见韩、彭二人被杀，就怀疑自己也好不了。因此之故，他造反是必然的。"

刘邦点点头，示意他继续讲下去。薛公说："黥布造反后，有三种选择。如果他采用上策，崤山以东可就全归他了；如果他采用中策，朝廷与他的胜负还不能确定；如果他采用下策，陛下就可以高枕无忧了。"

刘邦被弄糊涂了，一迭声地问："什么是上策？什么是中策？什么是下策？快快讲来！"

薛公不紧不慢地说："所谓上策，黥布应向东攻占吴国，向西攻占楚国，向北吞并齐国，夺取山东，然后再发布文告命令燕国、赵国不要轻举妄动，固守边境，保证互不侵犯。这样一来，崤山以东的广大地方就不再属于朝廷了。"

刘邦急忙插话："中策又如何呢？"

薛公说："黥布的中策，是东攻吴，西攻楚，向北攻占韩国、魏国，夺取敖仓的存粮，封锁成皋的交通。这样一来，朝廷能否获胜在两可之间。"

刘邦又追问："那下策呢？"

薛公说："黥布的下策，是向东攻吴，向西攻占下蔡，然后，把重要物资运到越地去，而他自己则在长沙。这样，陛下就可以高枕无忧了。"

刘邦问："据你看，黥布将会选择哪种呢？"

薛公斩钉截铁地说："臣以为，黥布肯定选择下策！"

刘邦问："黥布为什么不采用上策、中策，非要下策呢？你给老子说说！"

薛公竭力忍住笑，答道："黥布是个苦役犯出身，突然间变成了王爷，他目光短浅，一心为己而不顾及百姓，也不为子孙后代着想，所以他一定采用下策！"

刘邦把手一拍，说："有理，你说得好！"说罢就封薛公为千户侯。

之后，刘邦决定出兵征伐黥布，因自己的身体不好，准备叫太子刘盈挂帅出征。于是，封太子刘盈为淮南王，取代了黥布的爵位。

太子的几个门客出于维护太子的利益，就一同去找太子的舅舅、吕后的弟弟建成侯吕释之，他们异口同声地说："皇上命太子领兵出征，打胜了，太子也无法升官；万一失败了，可就遭殃了。请您见见皇后，把我等的意见转报，为了太子着想，可别让皇帝派他挂帅出征啊！"

吕释之立即去见吕后，按太子的门客教他的话说："黥布，众人皆知是天下有名的猛将，皇上命太子出征，这不是像用羊赶狼一样吗！再说，出征诸将都是与皇帝一起打天下的人，哪一个也不是安分的人，他们自恃是开国功臣，有谁会服从太子的调遣呢！叫太子出征，后果实在不堪设想啊！只有皇后出面去求皇上，才能改变皇上的决定。太子是国本，怎么能冒险去呢？皇上虽说身体欠安，但是，可以躺在车上指挥嘛。只有皇上去，诸将才能听命令呀！"

吕后听罢，感到很有道理，连夜向刘邦哭诉，要他关心儿子，为了老婆孩子，必须亲征。刘邦叫吕后纠缠得无法可想，只得答应了。刘邦把刘盈喊来骂道："我就知道你小子当不了重任，把你娘又抬了出来，得了，拼上我这把老骨头，你老子替你去打黥布！"

黥布起兵后，对手下众将说："皇上岁数大了，身体又不好，打仗也打腻了，他肯定不能亲自出马。他不来，咱就不用怕。朝中诸将除了韩信和彭越，没有抵得过我的。如今，韩信和彭越早变成了屈死鬼儿，你们就放心大胆地跟着老子干吧！"

众将一听，个个摩拳擦掌，欢呼雀跃。

果然不出薛公之所料，黥布采用了下策，出兵打跑了荆王刘贾，吞并了荆国，然后渡过淮河打败了楚国，一路西进。

汉高祖十二年（前195）十月，刘邦统率的大军与黥布的叛军在蕲县（今安徽宿县东南）遭遇。黥布的军队兵精将勇，刘邦避其锋芒坚守庸城暂不交兵。刘邦在楼头上瞭望敌军，只见叛军在黥布的指挥下，布下的阵势与当年项羽的阵法非常相似。突然，城下一阵鼓声过后，黥布骑着高头大马，在众将的簇拥下，冲出阵来。刘邦在城头上，指着黥布，遥相问道："你小子为什么要造反？老子哪点对不住你？"

黥布哈哈大笑，高声说道："我想当皇帝！"

刘邦听罢，破口大骂："你这个骊山的苦刑犯，也不看看你的德行，就凭你还能当皇帝！"骂罢，下令兵士放箭。飞蝗般的箭齐向黥布射去。黥布退后了一段，刘邦便指挥军队冲出城去，与黥布的军队开始混战。

两军厮杀，喊声震天，烟尘蔽日，刀光剑影缠身，人仰马翻，血流遍地。最后，黥布的军队不支，逃过了淮河。黥布指挥部队几次反扑，都被刘邦打退。黥布率领亲兵百余名逃往长江以南。刘邦派兵随后紧追不舍。

黥布逃奔越地，企图向番君吴芮求援。在路过番阳（今江西鄱阳县）时，被吴芮的儿子吴臣派人杀死。

与此同时，在北方，陈豨的残部也被肃清。陈豨的一个副将被俘后供称燕王卢绾与陈豨有勾结，曾派人参与陈豨叛乱。

刘邦在平定了黥布之后，派人征召燕王卢绾。卢绾没敢应召前来，谎称有病拒绝进京。刘邦派辟阳侯审食其和御史大夫赵尧去燕国迎接燕王并就便调查。结果，查清了燕王卢绾从前上报朝廷处死的部下张胜没有被处死，而恰恰是这个张胜，充当了燕王与陈豨的联络员。

卢绾得知审食其、赵尧的调查结果后，吓得藏了起来。他对亲信说："外姓人现在封王的，只剩下我和长沙王两个了。韩信、彭越接连被杀，都是吕后的主张。现在皇上患病，吕后专权，她是不会放过我的！"

不久，刘邦派樊哙领兵来攻打卢绾。卢绾藏身不住，投降了匈奴。

至此，异姓诸王全被清洗掉了。空出的王位，刘邦派自己的子侄出任。他满以为除掉了异姓诸王，全由刘氏子孙当王，肯定会效忠朝廷，成为自己及未来继自己当皇帝的儿孙的忠诚而又得力的屏障，刘氏王朝便可无忧了。他万万没有料到，他亲口封的同姓诸王在他死后，便挺身而出，与他的子孙争夺皇帝宝座。而他的子孙倒是在一些异姓大臣的维护下保住了皇位。

历史给刘邦提供了难得的机遇，可是又同刘邦开了一个天大的玩笑。

刘濞倡乱

以血缘关系来维护统治，

不过是一厢情愿。

汉高祖刘邦生前为了避免自己死后发生分裂，功臣宿将尾大不掉，确保刘家天下长治久安，他与权臣们杀白马立誓，不准异姓封王，将来一旦出现非刘姓之人封王，要全国共讨之。刘邦在不准异姓封王的同时，大封刘氏子孙为王，分驻全国各地，形成捍卫中央朝廷的藩篱。在刘邦看来，以血缘关系来维护刘氏王朝是万无一失的；称王一方的刘氏子孙总不会出来挖刘家王朝的墙脚吧。

刘邦这种想法其实不过是一厢情愿罢了。这种落后的分封制不仅不是中央集权国家安定的保证，相反，却是破坏国家统一的祸根。

刘邦死后不到二十年，刘氏诸王便一个一个起来反对皇帝，都想取而代之。因为都是刘邦的子孙，争起帝位来都理直气壮。

汉文帝刘恒是西汉的第三代皇帝，他即位不到三年，淮南王刘长便向皇帝的绝对权威挑战了。

刘长是刘邦的"临时夫人"生的。提起"临时夫人"，还有一段风流而又血腥的故事。汉高祖七年（前200），韩国的王叛乱，刘邦亲自率兵征讨。第二年，刘邦胜利归来，途经赵国。赵王是刘邦的女婿，为了讨岳父的欢心，派自己宫中的赵美人给刘邦伴宿。刘邦离开赵国之后，赵王发现美人怀孕了。于是，赵王没让美人回宫，另外安排地方给她住。后来，赵王的丞相贯高阴谋刺杀刘邦，事发被捕，牵连了赵王入狱，美人也被押了起来。在狱中，美人报告狱吏，自己曾陪伴过汉高祖，并怀了孕。狱吏不敢怠慢，立即上报刘邦。当时刘邦因贯高谋反一事特别生气，对美人怀孕一事未予理会。美人的弟弟赵兼为此去求辟阳侯审食其，请他向吕后说情。吕后由于嫉妒而未答应援救赵美人。赵美人生下儿子以后，便绝望地自杀了。狱吏把美人生的小孩给刘邦送去了。刘邦见状很后悔，给孩子取名刘长，叫吕后抚养。在汉高祖十一年（前196），刘邦封刘长为淮南王。

淮南王长大之后，不仅身体强壮、武艺高强，而且力量大得惊人。他特别恨审食其，认为他应对自己的母亲之死负责。一天，他袖筒里藏把铜锤，去求见审食其。一见面，就拿出铜锤把审食其打死了。然后，他便去向汉文帝自首。汉文帝因为这个小弟弟自幼就失去了母亲，而且刘邦与吕后生前对他均很疼爱，所以并没有处罚他。刘长自此更加骄横了。他常同汉文帝坐一辆车，不称皇上而叫大哥。就连汉文帝的生母薄太后对刘长也让三分。

刘长在自己的封地就更无法无天了。他的衣物器用全都仿效皇帝的规格，甚至自制法令，通行国内。对皇帝派来的官员，稍不中意就加以驱逐。汉文帝越是对他忍让，他越是得寸进尺，后来竟然发展到要当皇帝了。

公元前174年，刘长接到汉文帝的舅舅薄昭规劝自己的一封信。他阅后不仅不思悔改，反而怨恨起皇帝来了。于是，他公然发动军事政变。命令下属70余人利用战车40辆准备从谷口（今陕西礼泉东北泾水流出山谷的地方）偷袭京城，同时还派人到闽越及匈奴地方联络。

刘长的这一阴谋被发觉，他被皇帝召进京城长安。朝臣主张将其处死，汉文帝批示赦免他的死罪，废黜爵位，流放四川。途中，刘长绝食而亡。汉文帝于心不忍，封刘长的儿子刘安为淮南王。

淮南王刘长死后，中央与各王国的矛盾更加尖锐了。在朝廷方面，加大了限制各王国的力度，以避免藩王造反；在各王国方面，宗室诸王采取种种办法进行反限制，甚至多个王国串通一气，联合对付中央，而有的藩王则变本加厉地谋划政变。在汉文帝死后三年，暴发了以吴王刘濞为首的七个王国联合反对中央的"七国之叛"。

汉文帝死后，由其子刘启继位，史称汉景帝。诸藩王因景帝年轻，更不把他放在心上了；而景帝因刚即位，尤其担心藩王们不听朝廷诏令。中央与地方猜疑加深。大臣晁错向景帝建言，推行削藩令，压缩各个藩王的地盘，削弱他们的势力，使其不敢与朝廷对抗。

当时，在众藩王之中，齐王、楚王、吴王占有的地盘大，齐王封地达70余县，楚王封地达40余县，吴王封地达50余县。在这三王之中，吴王最富有，所以吴王与朝廷的矛盾也最大。早在景帝刘启即位之前，吴王对他就有了仇恨。景帝当太子时，一次吴王的儿子刘贤进京朝见，刘贤与太子下棋，二人因争着走棋发生口角。太子一时性起，操起棋盘向刘贤砸去。说也凑巧，一下子把刘贤砸得脑浆迸裂，当场死亡。

当朝廷把刘贤的灵柩送回吴国时，吴王刘濞愤怒地对使臣说："天下姓刘的是一家，刘贤死了埋在长安不就行了么，何必一定要给我送回来呢！"说罢，不由分说立即命令把刘贤的尸体再拉回长安。此后，刘濞便开始称病不进京朝拜了，对朝廷的命令也都置若罔闻。

朝廷对刘濞这种态度不以为然，便把吴国的使臣押起来审问。对此，吴王深感恐慌，便想起来造反。后来，只是因为受审的吴国使臣向汉文帝说，吴王本来没有病，他是担心朝廷要处置他，才不敢进京朝见，再说，吴王的儿子刘贤的确死得冤枉。汉文帝听后，也自知理亏，于是就下令将吴国使臣放回，并宣布赐给吴王几案、手杖，照顾他年老体弱，今后可免去亲自进京朝拜。刘濞见朝廷采取了宽大态度，不追究自己，于是就打消了造反的念头。但对太子刘启打死自己儿子一事，一直耿耿于怀。

刘启当皇帝后，采纳晁错的建议，削弱诸王的势力，楚王刘戊、赵王刘遂、胶西王刘卬先后受处分，被削减了封地。刘濞深信，自己早晚也得挨整削地。旧恨加新仇，促使刘濞再萌反心。

于是，刘濞首先派人去联合胶西王刘卬。开始刘卬还不敢造反，经使者游说，刘卬感到吴国地盘大，财力雄厚，造反可能成功，况且吴王应允事成之后与自己平分天下。在财产与权力的引诱下，刘卬一反初衷，答应与吴国联合起兵反对朝廷。同时，刘卬还派人去联络齐王、菑川王、胶东王、济南王。这些藩王均表态支持吴王与胶西王，答应共同出兵，统一行动。

接着，吴王刘濞又与楚王及赵王联络，二人一拍即合，都同意共同起兵。至此，吴、楚、胶西、胶东、赵、菑川、济南等七个王国结成了反对朝廷的联盟。

公元前154年，朝廷削减吴国的会稽郡、豫章郡的诏书一下达，吴王刘濞立即起兵造反了。接着，胶西、胶东、甾川、济南、楚、赵等六国也都兴兵造反。

当然，在各王国内，反对造反的也大有人在。比如，楚国的丞相张尚、太傅赵夷吾都劝阻楚王刘戊不要反叛朝廷，结果二人被杀死；赵国的丞相、内史也劝阻赵王刘遂，结果被烧死。齐王本来是参与造反的，但临期忽然反悔，退出了联盟。济北王刘志本来也打算起兵，可是被郎中令劫持，结果济北王没能如愿。

吴王刘濞在吴国征发了20万大兵，上至62岁，下至14岁的男子都被强征入伍。他还派出使者到闽越、东越，请两国派兵参战。吴王刘濞亲率大军由广陵（今扬州）出动，西进渡过淮河，与楚国的军队会师，然后又向各地派出使者指控晁错蒙蔽皇帝，离间皇族，游说其他王国出兵"清君侧"、杀晁错。

吴楚联军北上攻打梁国（都城在今河南商丘），杀伤梁孝王兵士数万人，兵锋直逼商丘。胶西王刘印、胶东王刘雄渠则指挥大军与甾川国、济南国的军队会合，共同进攻齐国，将齐国都城临淄团团围住。赵王刘遂则将军队集结在西部边界以待吴楚联军，同时派使者去匈奴联络搬兵。一时间，中国境内沸沸扬扬，西汉王朝大有朝不保夕之状。

汉景帝也不示弱，任命周亚夫为太尉，统率36名大将出兵迎击吴楚联军。同时，派曲周侯郦寄率军攻打赵国，派将军栾布率军直扑齐国，命令大将军窦婴坐镇荥阳。

这时，晁错建议汉景帝率军亲征，而由自己留守长安，还建议把安徽泗县东南、东北没有被吴楚联军占领的地方划给吴国。汉景帝对此感到不解，于是对晁错有了猜疑。一向反对晁错而又接受吴王贿赂的大臣袁盎，见有机可乘，便单独求见皇帝，说："吴楚七国之所以造反，全是晁错逼的。如今要想叫吴楚七国退兵，不用大动干戈，只要把晁错杀了，然后派使臣安抚一下，把七国的封地恢复，七国肯定俯首称臣。"

汉景帝沉思有顷，说道："不知七国有诚意否？我不会爱惜一个人的生命，必要时我也可以向天下人道歉。"

袁盎听汉景帝居然要牺牲晁错换取七国休兵，心中大喜过望，可是，他却不喜形于外，又将了皇帝一军，一字一顿地说："陛下，臣就有此一计，请陛下深思。"

汉景帝当即任命袁盎为太常（祭祀时负责礼乐的官员），并派他秘密准备去吴国。十天之后，汉景帝授意丞相陶青等三名权臣联章弹劾晁错，罪名是欺君误国，不能宣扬皇帝恩德，别有用心地主张把城池给吴国，大逆不道，无人臣之礼，应腰斩于市，抄灭全家。这道本章一递上去，汉景帝立即批复"照办"。晁错此时尚被蒙在鼓里，一点消息也不知道。

汉景帝派人传召晁错进宫议事，晁错如同往常应召时一样，换上官服乘车直奔皇宫。当经过东市的时候，预先埋伏好的武士们一拥而上，将晁错从车上拉下来，当场将他拦腰斩断。就这样，一心为着巩固君权的晁错，稀里糊涂地中了皇帝精心设计的圈套。

晁错被处死后，汉景帝立即命令袁盎带着吴王刘濞的侄儿刘通一起出使吴国，让吴楚等军队各自撤回原地。

袁盎、刘通刚刚离京，校尉邓公便从前线回来向汉景帝报告军情。汉景帝询问："处死晁错后，吴楚等国撤兵没有？"

邓公答道："吴王蓄意谋反已有十多年了。削地只不过是个导火线，他们提出杀晁错、清君侧，不过是借口。他们对晁错之死，根本就不介意。如今，晁错一死，天下的忠臣义士可都寒心喽。"

汉景帝不解地问道："这是为何？"

邓公解释道："晁错主张削弱各王国，是为了壮大朝廷的力量，这本来是利国利民的大好事。想不到，理想没实现，自己倒先被处死。晁错之死所起的作用，对内堵住了忠臣的嘴，对外替造反的诸王报了仇，真是一箭双雕啊！臣以为这个做法实在是不利于陛下，实在是不可取哇！"

汉景帝一听，茅塞顿开，后悔不迭，长吁短叹地说："你说得对，朕悔之晚矣！"

再说袁盎与刘通到达吴国时，刘濞不给袁盎面见，并通过刘通转告袁盎："我已称东帝，我还拜受谁的诏书？！"同时，还叫刘通劝袁盎投降吴国。袁盎一口回绝了吴王的劝降，吴王就把他扣留在军中。后来，见袁盎坚决不降，吴王就要杀死他。袁盎见形势凶险，就决心逃脱。一天，乘看守没注意，他逃出了吴王的军营，一路不敢停留，昼夜兼程逃回长安向皇帝报信。

汉景帝见吴楚等七国并不因为自己杀了晁错和做出许多让步而停止进攻，心中也很焦急。太尉周亚夫向皇帝建言："吴楚的士兵剽悍善战，一时难以同他们分出个胜负，依臣愚见，不如放弃援救梁国，而以精兵深入敌后断绝吴楚联军的粮道，然后才能打败他们。"

焦急的汉景帝立即采纳了周亚夫的建议。周亚夫离京奔赴前线路过霸上（西安市东南，白鹿原）时，赵涉拦住车队，对周亚夫说："吴王财力充足，长期豢养一批刺客。此番太尉东征，他一定派刺客埋伏在崤山渑池之间的险要之处。自古兵不厌诈，太尉何不由此向右转走蓝田（陕西蓝田西）那条路，出武关（商南县东南），秘密抵洛阳。走这条路不过晚到一二日。太尉到洛阳后立即进入武库，命人擂响战鼓。这样一来，谁都会以为太尉是从天而降的。"

周亚夫采纳了赵涉的建议，并任命他当护军。周亚夫派出一小股部队，在崤山渑池之间搜索，果然抓住了埋伏在险要路段的吴国刺客。

周亚夫到洛阳后，指挥大军向山东的昌邑挺进。吴军猛攻梁的睢阳，形势严峻，梁国接二连三派人向周亚夫求救，周亚夫一兵一卒也不派出。梁孝王于是派人进京向汉景帝控告周亚夫见死不救。汉景帝立刻派使臣命令周亚夫出兵救梁，周亚夫仍按既定的方针办，拒不执行援救梁国的命令。同时，却派精兵奔袭淮河、泗水河口，深入吴楚联军背后，切断了吴楚联军的后勤补给线。

梁国在外援无望的情况下，将士拼命防守，挡住了吴楚军队的进攻。吴楚联军在睢阳受挫，西进不得，于是调过头东进，攻打周亚夫。周亚夫深沟高垒坚守不出。吴楚联军供应断绝，有饿死的，有开小差的，士兵斗志动摇了。周亚夫指挥若定，处变不惊，终于迫使吴楚联军撤退了。

周亚夫以逸待劳，见吴楚撤军，立即指挥部队追击。吴楚联军在周亚夫的穷追猛打之下，狼狈逃窜，溃不成军。吴王刘濞看大势已去，在卫队的保护下，连夜逃命；楚王刘戊身陷重围，自杀身死。叛军的两个首领一死一逃，失去了指挥，纷纷解甲缴械，或向周亚夫投降或向梁国投降。

吴王刘濞仓皇渡过淮河，逃到丹徒，这才稍作喘息，收集残兵败将，打算退守东越。

东越王感到吴王一旦来到国内，自己的地位肯定不保，于是表面上装出热情的样子，派人告知吴王，请他前去慰问部队；暗中布下刺客，只等吴王一来便将其刺死。

吴王刘濞中了计，毫无戒备地应邀前去慰问东越国的部队。结果，被刺客用长矛刺杀。东越王命人将吴王刘濞的脑袋割了下来，派人昼夜兼程送往京城长安。刘濞死后，他的大儿子刘驹逃到闽越安身。

胶西王、胶东王、菑川王率三国兵马围攻齐国，历时三个月，齐国都城临淄也未被攻占。齐王派使者路中大夫进京向汉景帝请救兵，汉景帝命路中大夫速返齐国传达诏令，命齐王坚守待援，并说周亚夫很快就能平定吴楚叛军，以此鼓舞士气。路中大夫回到齐国后，因临淄被围难以进城，正在徘徊之时，被三国联军俘获。三国联军的将领正因攻不下临淄犯愁，捉住路中大夫后，如获至宝，强迫路中大夫到城下向城里喊话，要他说朝廷的军队已被吴楚军队打败，齐国应立即投降，否则城破之后，联军要大肆屠杀，一个活口也不留。路中大夫答应了联军将领的要求，于是，被送到城下。

齐王听到路中大夫已到城下的消息，立即登上城楼。路中大夫遥望齐王大声喊道："朝廷派出百万雄师，太尉周亚夫已击败吴楚联军，现在正领兵前来救援咱们。请大王一定坚守，千万不要投降！"

联军将领万万没料到路中大夫会是这个样子，又急又气，当场把路中大夫杀死了。

后来，吴楚联军溃败，胶西、胶东、菑川三国匆匆忙忙各自撤军归国，结果，被朝廷派来的军队打得大败。临淄解围之后，朝廷获知当初齐王也曾参与叛乱，于是，命军队攻城。齐王刘将闾得到消息后，畏罪服毒而亡。

胶西、胶东、菑川三王带领残部回国后，分别向朝廷请罪，等候处分。胶西王刘卬光着脚，睡在草席上，以表示服罪。他的儿子刘德劝他再与朝廷派来的军队交锋，他说："咱们的军队士气低落，不堪一击了！"

这时，朝廷的军队在弓高侯韩颓当的率领下已进抵胶西国都城。韩颓当给胶西王送去一封信，写道："我奉皇帝诏令，率军诛杀叛逆。投降者免予处分，顽抗者坚决予以消灭。大王如何抉择？我等你决定之后再行动。"

胶西王接到此信，立即脱去上衣，反绑双手，徒步来到韩颓当军营请罪。他以罪人的身份跪在韩颓当面前，说："刘卬不能遵守国法，惊扰了百姓，有劳将军远道来到敝国，恳请将军依法严惩，千刀万剐也是罪有应得！"

韩颓当威严地说："大王为兵戎所劳，我想听听你为什么起兵。"

胶西王叩了一个头，往前爬行了一步，恭恭敬敬地答道："晁错成为天子的宠臣，独揽大权，一再变更高祖的法令，削夺各王国的封地，我们认为他这样做不合道义，更担心他扰乱天下，所以七国才联合起兵清君侧。我等起兵目的只有一个，就是为了杀晁错。现在听说天子已将晁错杀了，所以我们就撤兵归国了。"

很显然，胶西王这是在诡辩，为造反开脱罪责。因此，韩颓当义正辞严地反驳说："大王你如果认为晁错的行为不合道义，就应该及时报告皇上，请皇上处置。在没有得到皇帝命令的情况下，为什么擅自出兵去攻打忠于皇上的王国呢？由此看来，你们的目的根本不是什么杀晁错！"

说到这里，韩颓当站起身来，拿出皇帝的圣旨，向胶西王宣读，之后，韩颓当说："后果请大王自己考虑吧！"

胶西王跪着听罢圣旨，连连叩头，说："刘印等人罪该万死，死有余辜！"

然后，胶西王就自杀了。他的家属也都被处死。胶东王刘熊渠、菑川王刘贤、济南王刘辟光也都相继被处死。

朝廷的另一支部队在郦寄的统率下攻打赵国。赵王刘遂在邯郸坚守，郦寄攻打七个月也没能攻下来。栾布在解决了齐国问题以后，率军攻打赵国，与郦寄合兵一处，采取掘沟用河水灌城的办法，攻下了邯郸。赵王刘遂畏罪自杀。

济北王刘志深感必死无疑，为了保全妻子，想自杀了结。公孙玃对他说："大王先别自裁，我去求梁王，请他向天子说情。如果我劳而无功，大王再自杀不迟。"

公孙玃见到梁王，说："济北国东边是强大的齐国，南面是吴国、越国，北面有燕国和赵国，根本无力自保。迫于吴王的压力，济北王曾说了一些错话，干了一些蠢事，但绝不是发自内心的。如果济北王当初不屈服于吴王，那么，济北国早就叫吴楚联军给灭了。一旦济北国被吴楚联军占领，燕国与赵国的军队就可以同他们合在一起了，而崤山以东可就连成一片，在吴王手中岂不成了铁板一块？正因为济北王在万难中坚持，所以吴王才没能把关东连成一片，因而也就失去了盟国的不少支持，才出现进展迟缓、孤军深入的局面，最后终于一败涂地。这中间未必没有济北国的贡献呀。弱小的济北国怎么能与强大凶横的吴楚争衡呢？这不是如同羊羔对抗猛虎吗！处此形势之下，济北国居然能保持大节，做出贡献，可是却遭到朝廷怀疑。济北王终日如坐针毡，后悔当初没有孤注一掷去拼死。济北王如此处境，这对国家来讲也不是一件好事。我真担心将要引起忠于职守的藩王们的疑虑。我想，天下只有大王您可以途经西山直达长安皇宫，去伸张正义。果真如此，大王可以保全一个将亡的小国，积下无量的功德，使百姓有口皆碑啊。敢请大王深思！"

梁孝王刘武被公孙玃这番说辞所打动，"一顶高帽子"把他弄得晕晕乎乎。他当即派人给汉景帝送去自己的奏章，替济北王辩解。因此，济北王才逃脱了惩罚，改封为菑川王。

至此，七国叛乱完全被平定了。汉景帝在处理善后时，也网开一面。他把齐王的儿子刘寿封为齐王，继承其父的封爵；把刘通封为吴王；把楚元王刘交之子刘礼封为楚王。

但是，窦太后却极力主张不准吴国复国。她对汉景帝说："刘濞资历最老，本应成为皇族的榜样，可是他却带领七国叛乱，扰乱天下，不能再封他的后人了！"

汉景帝遵窦太后指示，封淮阴王刘余为鲁王，封汝南王刘非为江都王，令此二王治理吴国故地，将吴国取消了。

吴楚七国之乱，是地方封建割据势力与中央集权斗争的必然结果，其性质是分裂主义的。封建礼教作为封建社会的意识形态，一直宣扬等级观念，树立君主的无上权威，而等级观念、君主权威又与血缘关系紧密相连。忠、孝、仁、义构成了封建意识的核心，而汉朝尤其强调孝。吴楚七国之乱，雄辩地证明了封建意识形态的虚伪性，在统治集团内部从来数第一位的是财产与权力，而绝非什么亲情。为了争权夺利，统治集团内部父子可以相杀，兄弟可以相残，夫妻可以相叛，平时所宣扬的伦理道德规范可以变成一纸空文。

吴楚七国之乱绝非偶然，更非特例。

吴楚七国之乱虽然很快就平定下来了，可是晁错的被杀一事，不仅在当时人们的心中烙上了不可磨灭的印痕，而且在后世也成为"伴君如伴虎"这句箴言的一个永久性的注脚。

伦理道德在统治者的心目中，从来都是骗人的麻药、害人的枷锁，他们本人是从未想认真履行的。

汉武帝杀太子

//

父子相残，
夫妻恩绝，
滥杀无辜，
固然是迷信所致，
但终极原因还是为了那顶皇冠。

以英明君主著称的汉武帝，到了晚年十分迷信，心甘情愿地受方士们的愚弄，不惜花费无数金钱，到处求神访仙，以期得到不死之药，长生不老，永远当皇帝。

在对神仙怀着无限期望的同时，汉武帝又被死亡的恐惧所缠绕。他日里夜里都担心有人谋害自己。征和二年（前91）的一天，汉武帝午睡时做了一个噩梦，梦见数千木偶人手举棍棒，朝自己劈头盖脸打来。他大叫一声，从梦中醒来，心突突乱跳，汗顺着脸颊往下直淌。此后，汉武帝在好长一段时日里，精神恍惚，夜不成眠。他的心腹大臣江充，别有用心地对他说，这是巫蛊造成的。所谓巫蛊，是巫师给木偶人施法术，埋到地下，以此伤害活人。对神仙的迷信，对死亡的恐惧，对被人暗害的气恼，使汉武帝丧失了理智。他当即命令江充负责，追查"巫蛊事件"，不管牵涉什么人，都要一追到底！

可是，他又哪里料到，这个白日噩梦竟给国家带来了巨大的混乱，给他的亲人带来了深重的灾难，给他本人也带来了不可名状的痛苦。

江充是何许人？他为什么提出"巫蛊事件"？为什么汉武帝对"巫蛊"的这一说法确信不疑？

江充是邯郸人，本来是赵敬肃王刘彭祖的门客。因为得罪了刘彭祖的儿子，畏罪逃往京城长安。进京后，他告发刘彭祖儿子的种种恶行丑闻，刘彭祖的儿子被取消了王子资格。汉武帝因此很赏识他，任命他为绣衣使者，专门负责纠查不法的皇亲国戚及大臣们。江充执法如山，敢于碰硬，更加得到汉武帝的宠信。一次，江充跟随汉武帝去甘泉宫，碰上了皇太子刘据派出的使者坐着车在专供皇帝行走的驰道上飞跑。这违犯了法规，江充把太子的使者连人带车扣了起来。太子闻讯后，立即派人向江充表示："我教训属下无方，该受到责备。我不是爱惜车辆马匹，希望江老先生能宽恕。"

对此，江充没予理会，照样把太子的使者治了罪，并且还将此事报告了汉武帝。汉武帝嘉奖了他，并称赞道："作为人臣理应如此忠诚！"

从此，江充更加受到皇帝的信用。他的威势震慑了贵族和官僚。可是，太子却对他怀恨在心了。江充深知将来皇帝死后，太子甚至包括皇后，肯定不会放过自己，为了自保，最上策就是找机会先把太子搞掉，只有这样，自己才能保住性命和荣华富贵。因此，当汉武帝为噩梦所苦恼的时候，江充利用这个机会，制造了"巫蛊事件"以陷害太子。

汉武帝之所以轻信巫蛊为害，也是有缘由的。宫廷内部，在汉武帝的带动下，许多人都迷信神仙。尤其那些不见天日的数以千计的宫女，更容易受女巫的骗。在宫女们甚至妃嫔的房间里，差不多都有巫婆埋下的木偶人，这些痛苦无告的宫女及由于嫉妒而心理变态的妃嫔，以此来发泄怨恨。她们之中还有许多人互相告发，以达到个人的目的。巫蛊，在宫廷中早已屡见不鲜了。汉武帝也曾亲自处理过宫女们举报的用巫蛊诅咒皇上的案件。

另外，在汉武帝做噩梦数月之前，建章宫里发生了一起非常事件。有一个男子手持宝剑闯进了中华门，汉武帝怀疑是刺客，就命令卫士去捕捉。那个男人扔下宝剑就跑了，卫士们到处追捕搜查却不见踪影。汉武帝十分气愤，处死了守中华门的官员。这件案子直到"巫蛊事件"发生，也没有告破。

汉武帝轻信"巫蛊事件"最关键的因素，是他早就对太子不满意，认为太子缺少才能，不像自己。

太子刘据是皇后卫子夫在汉武帝29岁那年生的。刘据刚出生时，汉武帝爱如掌上明珠，时常抱着玩。太子长大后，性情温和宽厚，对此汉武帝很不欣赏，认为太子仁弱，不像自己，逐渐由爱变嫌了。

后来，汉武帝的妃子们接连生子，尤其太始三年（前94）宠妃赵婕妤生了刘弗陵以后，汉武帝对太子刘据更不满意了。刘弗陵是赵婕妤怀胎14个月生的，对此，迷信的汉武帝欣喜不已，对旁人说："听说古代尧也是14个月才出世的。"言外之意，自己这个儿子将来一定是个圣君，同尧一样。汉武帝在高兴之余，把赵婕妤住的钩弋宫的宫门改名为"尧母门"，直把赵婕妤视作尧母。

这样一来，太子刘据及皇后卫子夫感到很大压力，担心自己的地位有朝一日会被刘弗陵及赵婕妤所取代。汉武帝发觉皇后与太子惴惴不安，便把皇后的弟弟大将军卫青找来谈话："我汉朝百业待兴，周边的夷人又常内犯，朕如不变更制度，后世就不好办了。因此，朕才劳苦天下百姓，兴师出征。后世之人如果也照此行事，那岂不是重蹈秦朝的覆辙了吗！皇太子温柔敦厚，相信他一定能保证天下太平，不会使我有后顾之忧。朕需要的还是一位守成之君来继承我的基业，作为守成之君，没有任何一个人比皇太子更合适的了。听说皇后及太子近来常惴惴不安，实在太没有必要了。爱卿把我的想法转告皇后与太子，莫作他想。"

卫青把这番话传达给皇后与太子之后，皇后立即去向汉武帝谢罪、谢恩。太子也不再忧虑了。当汉武帝又派兵出征时，太子还屡次进行劝阻。对此，汉武帝笑着回答："我劳苦给你换来安逸，这还不好吗？"

汉武帝每逢外出，就把国事托付给太子。太子根据己意处理一些问题，汉武帝返京后也从不表示异议。于是，太子更放开手脚了。他甚至在汉武帝外出期间，平反一些冤案。此举虽然很得民心，但却为一些当权的大臣所不满。汉武帝用法严苛，所重用之人也多为酷吏。围绕太子平反冤案问题，这些酷吏们甚至散布流言蜚语。

皇后得知这些之后，很替太子担心，唯恐这些权臣在汉武帝面前进谗言，陷害太子。所以皇后经常告诫太子："你可要留心皇上的好恶，切不可擅自决定。"

可是，汉武帝对皇后的这种说法却很不以为然，鼓励太子照自己的想法行事。这样一来，朝臣们很快便分成了两派，一些主张仁政，性情宽和的官员拥护太子，而那些力主法治以严酷著称的官吏则反对太子，一些邪恶之辈甚至造谣中伤太子。

一次，太子去皇后宫中拜见母亲，待的时间长了一些，太监苏文就在汉武帝面前诋毁太子，说太子与宫女们调笑，都不想离开皇后的寝宫了。汉武帝听后，立即下令给太子宫中增加宫女名额，多达200余名。后来，太子得知苏文中伤自己，十分气恼。苏文非但不加收敛，反而变本加厉，竟然指使小太监暗中监视太子，常常罗织一些过失，向汉武帝打小报告。太子发觉后，把这些事同母亲谈了。卫皇后也很气愤，就叫太子去报告皇帝，请求杀掉苏文等三人。仁厚的太子却对母亲说："只要孩儿没有过失，就不怕苏文之流。父皇英明，不会被谗言蒙蔽，不值得忧虑。"

还有一次，汉武帝生病时，派太监常融去找太子来。常融是苏文的同伙，他从太子宫回来之后，对汉武帝说："启禀皇上，太子听说陛下圣体欠安，却面带笑容。"

等太子应召来到汉武帝面前时，汉武帝注意观察，发现太子脸上有眼泪痕迹，却强作笑容。汉武帝当即盘问太子为何面带泪痕，太子只好直说："孩儿因父亲生病，心中难过，没等泪干便急于来见父皇，惹得父皇盘问，孩儿该死！"

汉武帝一听，就下令把太监常融推出斩首。皇后听说此事后，除了提醒太子要处处留神，谨防暗算外，自己也更加小心，竭力避嫌。因此之故，皇后虽然早已失宠，但还能受到皇帝礼遇。这一时期，汉武帝与太子的关系是很微妙的。汉武帝虽然不满意太子，但还没下决心废黜他。而江充制造的"巫蛊事件"，使汉武帝与太子的关系发生了根本性的变化。

江充接受汉武帝委派调查"巫蛊事件"后，立即行动了起来。他带着一个女巫，领着兵丁在京城中逐家搜索。江充为突出自己的"成绩"，不惜采取暗害别人的手段，把一些在夜里祭祀鬼神的人也诬为进行蛊惑，严加审讯；更为伤天害理的是，居然预先把一些木偶人洒上血污，偷偷埋到他准备迫害的人的住处附近，然后带着女巫等人前去挖掘，结果自然人赃俱获，对被捕之人酷刑逼供，甚至用烧红的烙铁烙皮肉，直到屈打成招为止。同时，还强逼犯人供出"同伙"，大肆株连无辜。不仅在京城内罗织罪状，而且把"法网"扩张到京城以外，在不长的时间里就杀了一万多人。

江充制造的恐怖气氛，不仅使得京城内外人人自危，更使得汉武帝疑惧重重。年事已高的汉武帝越发坚信有不少人在暗算自己，越发听不进劝谏，到最后，已经无人敢说个不字了。

江充见时机已经成熟，便把矛头指向了太子。他先同汉武帝讲，根据他请来的女法师的观察，皇宫内廷也充满了邪气，如果不及时驱除，对皇上将极为不利。汉武帝听后，马上命令几位官员协助江充，领着那个女巫，带着卫士们进宫搜索。江充有了这把尚方宝剑，就更加肆无忌惮了。

江充领着人在宫中到处挖掘。首先从金銮殿开始，为了深挖木偶人，甚至把皇帝坐的龙椅御座都拆了。然后，又在太监苏文的引领下，在后宫开始搜索。先从不受宠的妃嫔住处挖起，依次挖到皇后及太子宫中。所到之处可谓一片狼藉，就连皇后睡的床都搬开了，到处都翻了个底朝上。最后，江充一行来到太子宫深挖，结果大大出乎太子意料，不仅挖出了木偶人，而且数量最多。这其中的奥秘只有江充、女巫和太监苏文心里明白，因为是他们三个勾结做的手脚，太子简直都吓呆了。江充得意扬扬地向汉武帝"如实"进行了报告。

太子刘据焦急万分，急忙向师傅请问对策。少傅石德一则感到事态严重，二则害怕自己受株连，就向太子建议："迄今为止，因巫蛊问题而遭杀戮的人可不在少数了，就连丞相父子以及公主都不能幸免。如今，太子宫中却挖出了这些东西，究竟是谁放置的，咱们说不清楚，很可能是那个女巫搞的鬼，但咱们没有证据啊！现在只好先发制人了，假传一次圣旨，派人把江充等人抓起来，拷问他们的阴谋。反正皇上正在生病，住在甘泉宫，就连皇后与太子派去问候的使者都不见，谁知道皇上是否还健在呢？宫中搞成这个样子，谁敢保证是皇上的旨意？奸臣们如此嚣张，实在可疑呀！太子可要牢记秦朝太子扶苏的教训呀！"

太子刘据听后不以为然，说："我身为太子，怎能假传圣旨，擅自乱来呢？不如去甘泉宫面见父皇，当面向父皇请罪，也许有一线生机。"

还没等太子离东宫去甘泉宫，江充已经派人把太子监视起来了。面临时刻都有被捉、被杀的危险局面，太子心乱如麻，毫无办法可想了。太子被逼无奈，最后一狠心，采纳了少傅石德的建议。

七月初九，太子派属下人装扮成皇帝的使者，带人去捉拿江充。奉旨协助江充挖掘木偶的大臣韩说怀疑使者是假的，拒不奉命，当时便被假使者杀了。然后，把江充、女巫逮捕起来，宣布处以死刑，由太子监斩。太子指着江充咬牙切齿地骂道："你这个赵国的逃犯，你害死了赵王父子还不满足，又来挑拨我们父子，你真是死有余辜！"

太子下令杀死江充后，又下令把女巫拖到上林苑烧死。

太子也深知这个"祸"闯得不小，于是连夜派人到长秋殿向母后报告，同时，又下令打开武器库，把弓箭刀枪发给征调来的卫兵。这时，长安城里一片混乱，流言四起，都说太子起兵造反了。太监苏文见势不妙，早就溜之大吉，一口气跑到甘泉宫向汉武帝报告太子杀江充，起兵造反的经过。汉武帝听后，说道："这是太子心里害怕，又憎恨江充才激成的事变。"

说罢，便派使臣去召太子。使臣不敢进长安城，只在城外转了一转便回到甘泉宫，向汉武帝打个假报告："太子造反是实，还要杀臣下，臣下是逃回来的！"

汉武帝一听，勃然大怒。恰巧，这时丞相派来的使者也到达了，也向汉武帝报告太子起兵造反。汉武帝怒气冲冲地下诏令："捕杀反贼有重赏。城里要用牛车把街道堵上，不要短兵相接，以免杀害更多的人。关闭城门，不准反贼逃走！"

接着，汉武帝便起身返回长安。刚进城就看到了太子发布的通告："皇上在甘泉宫病重，奸臣们乘皇上病情恶化乘机作乱。"汉武帝住进了建章宫，下诏征调长安郊县的驻军，并明令由丞相统一指挥。太子也派出使者，以皇帝的名义赦免监狱中的囚犯，由少傅石德和张光二人统率，同时，还把长水、宣曲两地的胡人骑兵调进长安。汉武帝派使臣把太子派去调胡人骑兵的使者杀了，并向胡人骑兵宣布："刚才那个使者是假的，你们不能听他调遣！"

汉武帝得知太子使用符节调兵的消息之后，立即下令在原来的符节上面加一条黄色的旄缨，以示与太子所使用的符节相区别，并通令宣布不加黄色旄缨的符节废止使用。这样一来，太子再用符节征调军队时，有一些官员就拒不服从了。

太子的部队连同囚犯和市民在内，不过几万人，在长乐宫西门外与丞相指挥的军队血战了五天五夜，双方死伤数以万计，血流成河。太子的军队越战越少，而丞相统率的军队却越来越多。

七月十五日，太子兵败逃往城南覆盎门，把守城门的兵士放太子出了城。

汉武帝得知太子出逃，十分震怒，将守城部队的主官处以死刑。他又派两位官员到皇后宫中，把皇后的印信收缴了回来。皇后卫子夫在爱子下落不明、自己又即将被废黜的情况下，自杀身死了。

汉武帝镇压了这场叛乱，立即加封有功人员，而对参与叛乱的人则予以严惩，甚至当初持观望态度的官员也被处以死刑。

太子逃到湖县（今河南省灵宝市西北），躲藏在泉鸠里（今陕西潼关东北）一户穷人家里。这个穷人靠卖草鞋供养太子。太子为穷困所迫，就派人去湖县找昔日一个老部下，结果被发觉。

八月初八,湖县的官兵前来逮捕太子。太子知道难以逃脱,就在屋内上吊自杀了。这家主人被官兵砍死,太子的两个儿子也被杀死。汉武帝听到儿子、孙子的死讯,默默无语,长叹一声,流下了眼泪。

转过年(征和三年,前90)九月,经查实,去年在"巫蛊事件"中被江充定罪的官、民,多属冤案。这对汉武帝不啻服了一剂清醒剂,他完全明白了,太子根本不是反对自己起兵夺权,而是由于受江充等人的陷害,出于惶恐和自保的心理,才铤而走险的。这时,又收到大臣田千秋给太子辩冤的紧急奏本,上面写道:"儿子玩弄父亲的兵马,论罪只该鞭打。皇上的太子误杀了人,该判什么罪呢?臣下昨天梦见一位白发老人同我这么说的。"

汉武帝召见田千秋,说:"父子之间的事,外人是很难说清的,你却能说清楚。这是高祖皇帝在天之灵启示你的呀!你是我的好辅臣。"当即把给汉高祖看守陵庙的田千秋破格提拔为大鸿胪,成为九卿之一,负责典礼及接待外宾。同时,汉武帝还下令把江充的家族论罪处斩,把太监苏文押赴横桥烧死,还把在湖县伤害皇孙、威逼太子的官兵处死,并灭族。为了追思太子,汉武帝还下令在湖县建造思子宫、归来望思台。此举,使不少人闻之落泪。

巫蛊事件,看是偶然,其实有着必然性。它是汉武帝迷信的恶果,也是统治阶级内部矛盾的集中表现。巫蛊事件,再一次证实了统治者是多么凶残、昏聩、恶毒,更证实了皇帝所宣扬的所谓仁义忠信的封建伦理道德，不过是自欺欺人的把戏。在帝王之家根本就没有什么仁爱，为了权力和财产，父子可以相杀，夫妻可以成仇，君臣可以为敌，可以使千百万个人头落地。而一旦获胜的一方牢牢地控制了国家权力，他们又会编出一套套忠孝仁义的神话，来麻痹广大人民。像汉武帝这样的明君，尚且逃不脱这个怪圈，其他等而下之的君王，则更是害人害己、残民以逞的元凶了。

上官父子与霍氏母子

为了夺位当皇帝，
连身家性命都豁出去了。

汉武帝生前，尤其在晚年，为了维护君权不受侵犯，不惜屡兴大狱，屠戮无辜，甚至对自己的亲儿子也不放过。可是，统治集团内部对至高无上的君权的争夺，是不以人的意志为转移的，迟迟早早总要发生的，这是一条历史规律。正是统治阶级内部为了财产与权力的再分配无时不在进行斗争的这条铁律，同汉武帝开了个不大不小的玩笑。就在汉武帝死后不久，他生前最信任的心腹权臣上官桀及其儿子上官安便策划了一场篡位阴谋，险些把汉昭帝杀掉，把刘氏的江山变为上官家的天下。

后元二年（前87），汉武帝病势垂危，他满怀着不能长生不老的遗憾，更担心死后政权不稳，江山易姓。尽管他为了巩固汉朝的统治，曾毫不手软地杀了许多大臣，甚至连太子也被他逼死了；他为了保证君权交接时太平无事，在自己死后不发生内讧，忍痛把自己的宠妃置于死地。汉武帝的用心可谓良苦矣。

辗转病榻的汉武帝，凭直觉感到这次患病非同以往，不仅茶饭不思，而且精神恍惚，尤其那些不愿回忆的往事却偏偏接二连三地浮现在眼前，甚至光天化日之下，自己的耳边居然响起了那些屈死的冤魂索命的声音……汉武帝一生从未服过输，这次，他在死神的面前认输了。他看着自己最心爱的儿子刘弗陵，不由得五内如焚，这个自己皇位的继承人才只有8岁啊，他能驾驭那些大臣吗？他能压服那些皇族吗？汉武帝越想这些，病势越加沉重；病势越加沉重，他就越想这些揪心的问题。

汉武帝不愧是一位大有作为的皇帝，在临终前，他终于绞尽脑汁，为保证爱子刘弗陵顺利继位，物色了两名托孤之臣；为保证天下太平，设计了一整套方案。精疲力竭的汉武帝睡着了，他再也不会醒转来了。

汉武帝物色的托孤重臣，一个叫霍光，另一个叫上官桀。把自己身后长治久安的希望寄托在这两个关键人物的身上，认为自己的儿子刘弗陵有他俩辅佐，就会平安无事。汉武帝之所以如此自信，也有他的道理。

霍光是大将军霍去病的同父异母弟弟，十几岁时就在霍去病身边。由于霍去病的关系，他当上了郎官，不久又升为侍中。霍去病死后，霍光被汉武帝提升为奉车都尉、光禄大夫，成为汉武帝的亲信。霍光为人小心谨慎，办事认真，行动有节。同僚们曾暗中留心观察他，发现他每次出入宫殿，途经宫殿大门时，都在同一个地方落脚停留。有些好事的人在暗中做了记号，发现他在门口的落脚点今天的竟同昨天的分毫不差。霍光在汉武帝跟前从无过错，甚得汉武帝欢心。因此，汉武帝早就选中他辅佐太子。当年幼的刘弗陵尚未被册立为太子时，汉武帝就曾派人给霍光送去一幅画，上面画着周公辅佐年幼的周成王召见各路诸侯的故事。用意很明白，告诉霍光要像当年周公辅佐成王那样，辅佐未来的小皇帝。当汉武帝在后元二年（前87）春天病危之时，尚未立太子，霍光便朝见汉武帝，询问将来由哪位皇子继位。汉武帝睁大了无光的眼睛，上气不接下气地说："你难道不明白我前几年给你那幅画的用意吗？让我的小儿子，赵夫人所生的弗陵为太子，我死后由弗陵继位，你像周公那样辅佐他，代行政事！"

霍光听后，深为感动，但是考虑自己一个人势力孤单，很多事情难以妥善处理，当时就在病榻前向汉武帝推荐金日磾，与自己共同辅佐太子。汉武帝沉思有顷，同意了霍光的请求。当场封霍光为大司马、大将军，金日磾为车骑将军。同时，汉武帝又提出两个人给霍光当助手，一个是上官桀，一个是桑弘羊，并当场宣布封上官桀为左将军，桑弘羊为御史大夫。

接着，汉武帝命人将金日磾、上官桀、桑弘羊召来。汉武帝等三人到来后，就向霍光等四人安排了后事。第二天，汉武帝就死了。

霍光等四人根据汉武帝的遗诏，拥戴8岁的太子刘弗陵继位当了皇帝。朝政由霍光决定。

对于霍光辅政，并不是所有的朝臣都赞同，侍中王忽便第一个跳出来反对。原来，汉武帝临死前，还有一道诏书封霍光、金日磾、上官桀为侯。当霍光向众臣宣读这道遗诏时，王忽却扬言："老皇帝晏驾时，我守在身边，我可没听说有什么遗诏封他们三人为侯。这全是那几个小人伪造的！"

霍光听到这件事以后，深感事态严重，如不坚决处置，将来可就无法辅政了。于是，霍光把王忽的父亲王莽叫来，王莽当时是卫尉，负责宫门警卫。霍光声色俱厉地质问王莽，王忽说的这番话是何居心！王莽虽握有一定兵权，但毕竟不敢同霍光等较量，他深知弄不好可能全家被杀。于是，王莽一迭声地向霍光请罪，并说王忽是小孩子，不知好歹，所说的话全是一派胡言，自己回家后一定严厉处置王忽。对此，霍光没再说什么。王莽回家后，就用毒药酒把儿子王忽毒死了。之后，又匆匆赶到霍光府上报告、请罪。霍光见王莽如此驯顺，而且王忽已死，也就不再追究了。

霍光在处理朝政时，能够以国家为重，而不以个人的好恶为转移。比如，有一次霍光在宫中值宿，忽然听见有人乱喊："妖精，妖精来啦！"卫士们纷纷操起兵器，值夜班的大臣们也个个心惊胆战，霎时，宫里乱了套。霍光怕有人乘机图谋不轨，就急急忙忙赶到存放皇帝玉玺的地方，把保管玉玺的官吏叫来，命令把玉玺交给自己看管。但是，负责保管玉玺的官吏拒不服从，认为霍光这一命令违背了朝廷的有关规定。霍光焦急万分，伸出手就要抢夺玉玺。掌玺官员"刷"的一声拔出宝剑，严厉地说道："我的头可丢，玉玺决不能丢！"

霍光见状，立刻住了手，微笑着点点头，表扬掌玺官恪尽职守，忠勇可嘉。然后，霍光就回到自己办公的地方。

宫中的混乱局面渐渐平定了下来，本没有什么妖精，不过闹了一场虚惊。

第二天，霍光下令把掌玺官员的俸禄提了两级，以示嘉奖。此举，博得朝臣们的称许，都赞扬大将军不以个人好恶为准绳，能以国事为先，不愧顾命之臣。

与霍光相反，上官桀则是另一番情形了。上官桀年轻时给汉武帝当警卫，官职是羽林郎。他在一个偶然的机会中得到了汉武帝的青睐，才平步青云。一次，上官桀跟随汉武帝去甘泉宫，途中突然遇上了大风，皇帝的车子被大风吹得不能前行，最后只得把车盖卸下来，减轻阻力，以便继续前进。车盖卸下来之后，由上官桀拿着。上官桀高举着车盖，紧紧跟着汉武帝的座车，顶着大风昂首前行，一步也不落后。突然间，天又下起了大雨。上官桀顶风冒雨，高举着伞状车盖，给汉武帝挡风遮雨。汉武帝很赏识上官桀的忠勇，当场提升他为未央厩令，负责给皇帝养专用的马匹。

事情过后，汉武帝也就把上官桀忘了。过了一段时间，汉武帝生了一场病。病愈后，信步走到马厩，就进去看看自己平素喜爱的几匹大宛马。汉武帝一看马，不由得勃然大怒，连声叫把养马的传来。原来，汉武帝发现，在自己患病期间，几匹心爱的宝马居然都掉膘了。身为未央厩令的上官桀，听到皇帝传唤，不敢怠慢，三步并作两步，跑过来跪在地上叩响头。汉武帝指着上官桀骂道："你这个东西好大的狗胆，居然把我的马喂成这个样子，难道是要把宝马饿死，存心让我再也见不到心爱的马匹不成？！"

说罢，呼呼地喘粗气，看样子非要将上官桀治罪不可。上官桀没等皇帝再开口，连叩三个响头，一边流泪一边抽咽着说："启奏陛下，小臣上官桀听说皇上龙体欠安，日夜忧虑，废寝忘食，更甭说喂马了，所以，所……"他趴在地上泣不成声了。

这时，汉武帝猛然想起，面前跪着的这个人就是顶风冒雨给自己撑车盖的那个卫士。另外，再听他刚才讲的那番话，深深被上官桀对自己的耿耿忠心所打动，立刻转怒为喜，哈哈大笑起来，当场嘉奖一番，提升他为侍中，随侍左右。

后来，上官桀因跟随贰师将军李广利攻伐大宛，抢马有功，晋升为少府。不久，又提升为太仆，成为皇帝的车马总管，位列九卿。后来，上官桀又同霍光一道在平定莽何罗、莽通兄弟叛乱时立下了功劳，被封为安阳侯，成为汉武帝的心腹重臣。汉武帝病危时，他是临危受命的四大臣之一，与大将军霍光一道辅佐太子。汉武帝死后，上官桀在朝中的地位仅次于霍光。

工于心计的上官桀为了巩固自己的地位，他同霍光结成了亲家，让霍光的女儿嫁给他的儿子上官安。因为有了这层关系，霍光对上官桀自然就倚重非常了，每逢自己休假时，便叫上官桀代行自己的职权。

上官安的诡诈，绝不亚于乃父。他为了个人的前程，居然想把仅6岁的女儿送进宫里给汉昭帝刘弗陵当皇后。他为了达到目的，就去找岳父霍光合计，请他做主。可是，霍光因为外孙女年纪太小，表示不同意。上官安碰了一鼻子灰，仍不死心。他转而去找自己的酒肉朋友丁外人。丁外人吃喝嫖赌样样精通，尤令上官安眼热的是，他居然能成为汉昭帝的大姐盖长公主的情夫。盖长公主是宫里的实权人物，因为弟弟刘弗陵年幼，她便一直住在宫中照顾弟弟。汉昭帝对这位年长的大姐十分亲近、敬重。盖长公主与丁外人私通这件丑闻，汉昭帝与霍光都知道。汉昭帝为了博得姐姐的欢心，下了一道诏书命令丁外人侍奉盖长公主。这道诏书轻轻地把盖长公主的丑行遮盖住了，无异于是给了盖长公主与丁外人暧昧关系合法化的证书。

上官安也是个声色犬马之徒，与丁外人早就臭味相投，两人过从甚密。上官安为了能同盖长公主拉上关系，就对丁外人格外阿谀奉承。上官安为了实现当皇帝老丈人的美梦，就请丁外人出头同盖长公主说项。他特意去见丁外人，低声下气地说："听说盖长公主要给咱们的皇上选皇后，我有个女儿，是大将军的亲外孙女，德言工貌无一不佳，如果您老先生能出面向盖长公主说说，我这个女儿一定能被选中。那时，我可就是国丈喽。以我们上官家在朝廷的地位，再加上皇亲国戚这层特殊关系，我也就别无所求了！可是，要想如此，非老先生您成全不可呀。老先生如果肯在盖长公主面前美言几句，玉成此事，不仅我和我父亲对老先生的大恩大德没齿不忘，就连大将军也要对您老先生感激不尽啊。一旦咱的孩子进宫当了皇后，我保证，我和我老爹一定出面向皇上进言，一定封您老先生为侯！咱们汉朝有老规矩，凡是娶公主的人都要封侯哇。"上官安说到最后这句，还猥亵地朝丁外人挤挤眼睛，言外之意是：你帮我女儿当皇后，我就帮你娶盖长公主为妻。

丁外人听罢，会心地哈哈大笑起来，连连鼓掌，忙不迭地说："上官家的千金，霍大将军的外孙女，本来就是金枝玉叶嘛！依我看，这当今皇后，非令爱莫属了！您放心，放心，我立刻就去报告盖长公主。至于封侯一事，将来还要请您帮忙了。

啊？哈哈哈……"丁外人还真是说办就办，前脚送走上官安，后脚就去见盖长公主。

丁外人一见盖长公主，没说话先给盖长公主道喜。他的这个突如其来的举动，把盖长公主都弄糊涂了。丁外人给盖长公主道过喜之后，才不慌不忙地说："我打听清楚了，上官桀的孙女、霍光的外孙女美貌贤淑，堪为后妃。公主现正为皇上选皇后，这可是个最佳人选！"

盖长公主一向对丁外人言听计从，现在听他提这门亲事，也感到十分合适，如果自己做主把上官桀的孙女选为皇后，上官家及霍家都要感激自己，而这两个家族可是汉朝的两根支柱呀。自己有这两个家族的支持，任何时候都可以高枕无忧了。想到这里，盖长公主顺手拍了丁外人的肩头一把，笑吟吟地说："我的眼力果真不差，你办事无一不合我的心！"

丁外人连忙作揖鞠躬，嬉皮笑脸地对盖长公主说："全凭盖长公主厚爱！"

当下，盖长公主就下令召上官安的女儿进宫，一见面，就封她为婕妤。一个月之后，就立她为皇后了。上官安借女儿的光，先被封为骑都尉，后来又晋升为车骑将军，赐爵桑乐侯，食邑1500户。

上官安暴发以后，骄横跋扈不可一世，生活更加糜烂。每次从皇宫中出来，都大言不惭地对人们讲："嘿！刚才我又同我女婿在一块儿喝酒来着，这才叫痛快。这酒醉得真痛快呀！"他在家中就更没人样了。一喝醉了，便把浑身上下衣服全脱光，赤条条地满屋乱窜，见到女人就奸污，就连他的后母及他父亲的小老婆也不放过。

上官安为了笼络丁外人，在当上国丈之后，还真的去找霍光商量，要封丁外人为侯爵。霍光为人正直，没答应女婿这个要求。上官安见自己说话不灵，就把老爹上官桀搬出来，爷儿俩一起去找霍光为丁外人封侯说项。霍光仍是不应承。上官桀父子就纠缠不休，三天两日便去霍光家一趟。最后，把霍光惹恼了，就斩钉截铁地说："别说我没有封侯这个权力，就是皇上发话封丁外人为侯，我也要抗旨。丁外人实在不配封侯呀！朝廷的官爵怎么能随随便便给人呢！你我都是顾命之臣，可不能干对不起先帝的勾当呀！"

上官氏父子也恼羞成怒，结果不欢而散。回到家中，这爷儿俩仍大骂霍光不讲人情，不识时务，目中无人。父子俩冷静下来之后，便商量对策，合计来合计去，觉得实在拿霍光没办法。今后来日方长，有霍光这个拦路虎、绊脚石，就不可能为所欲为。上官安把牙一咬，说道："既然他无情，就怪不得咱无义了！丁外人封侯不封侯倒是小事，今后，有他在，就没有咱爷们的好，干脆把他——"上官安把下面的话咽了下去，本能地向左右看了看，见旁边没有外人，这才把手往下一挥，作出了一个砍头的动作。上官桀盯着儿子的一举一动，听着儿子的一字一句，连连点头，最后，几乎是在儿子举起的手落下的同时，从牙缝里蹦出一个字："好！"

接着，这父子俩把头凑到一起，小声地嘀咕起来……

第二天，上官桀父子就去联系燕王刘旦。刘旦是汉昭帝的哥哥，因为没当上皇帝，心怀不满，对霍光也一直有反感。上官桀父子为了整霍光，首先想到他。在与燕王刘旦秘密联系的同时，上官桀父子暗中大量搜集有关霍光的材料，对他的一言一行也不放过，然后专门拣选出有关过失的材料，进行渲染，整理加工后就给刘旦送去，通过刘旦把这些攻击霍光的材料送给汉昭帝。上官桀父子还请刘旦出面同皇帝说情，达到丁外人封侯的目的。刘旦一看上官桀父子如此曲意奉承自己，也昏昏然，飘飘然了。对上官桀父子是言听计从。他找一个机会，去见汉昭帝，先叙手足之情，然后把话锋一转，说："咱哥俩儿只有一位大姐，大姐对咱不亚于父母。陛下十分敬爱大姐，甚至下过诏令让丁外人侍候大姐，既然如此，按咱们汉朝的传统规矩，应封丁外人为侯，这对咱姐也是个安慰呀！"

汉昭帝听后虽感到此话有一定道理，但丁外人毕竟不是盖长公主的丈夫，可否对他封侯，心中无数。于是，就把霍光找来询问。霍光坚决反对封丁外人为侯，汉昭帝被霍光说服，驳回了刘旦的建议。刘旦原本就嫉视霍光，这样一来，变嫉视为仇视了。于是，便把上官桀父子送来的那些整霍光的材料归纳了一番，凑成五大罪状，刘旦亲自写奏章呈皇上，请求将霍光治罪。这五条罪状是：一、擅自检阅羽林军，并在路上戒严；二、擅自命皇帝的御厨房给自己准备饭菜；三、任人唯私，就连他的小秘书杨敞，也被提拔为搜粟都尉；四、擅自增加个人的卫士；五、专权，居心叵测。这五条只要落实一条，霍光也要受处分。最后，刘旦还耸人听闻地提出："为了预防政变，自己要离开封地进京保卫陛下。"

在刘旦上奏章弹劾霍光的同时，上官桀父子进行了精心的配合。上官桀趁霍光休假之机，把刘旦的奏章直接呈给皇帝。在他想来，只要皇帝一点头，他就可以命令亲信桑弘羊领兵去逮捕霍光。可是，出乎他意料的是，皇帝阅过刘旦的奏章后就压下了，根本没予批示。

第二天早朝时，霍光便得到了消息，因此待在朝房里，没有去朝见皇帝。汉昭帝不见霍光，就问："大将军哪里去了？"

上官桀立即抢着回答："他因为燕王弹劾，不敢上殿。"

汉昭帝听罢立即宣召大将军上殿。霍光来到金殿，摘下帽子，跪在地上，边叩头边说："微臣有罪！"

汉昭帝说："大将军请把帽子戴好，朕了解这道奏章是伪造的，大将军没有罪过。"

霍光站起身后，问道："皇上怎么知道这奏章是伪造的呢？"

汉昭帝说："第一，大将军你去检阅羽林军是秘密前往，仅宫中的警卫知道。第二，大将军增加卫队才不过10天，燕王远离京城，怎么会立即知道此事？大将军如果要谋反，也用不着增加卫队呀。"

上官桀父子听皇帝这么一讲，立即傻眼了。皇帝接着下令逮捕上奏章之人。上官桀父子怕露了馅，连忙向皇帝建言："对这件小事，不必追究了。况且，上奏章的人早已不见了。"

皇帝不予理会，仍严令追捕已逃亡的上奏章的人。

上官桀父子一计不成，又生一计。不久，又唆使党羽告霍光的黑状。汉昭帝对此十分恼怒，对众臣说："大将军是位忠臣，先帝遗嘱命他辅佐朕。今后，如果再有人胆敢诽谤、诬告大将军，罪当反坐！"此后，上官桀父子不得不收敛了，不敢再议论霍光短长了。

但是，上官桀父子贼心不死。见霍光除不掉，就把矛头一转，直接对准了汉昭帝。于是，上官桀、上官安与盖长公主、丁外人、桑弘羊等密谋，决定由盖长公主出面请霍光吃酒，在酒席宴上将他杀死，然后宣布废黜汉昭帝，对外宣布拥戴燕王刘旦继位当皇帝，等刘旦进京后，也将他干掉。然后，由上官桀登极称帝。一切计议妥帖之后，突然有人问道："这样干，好倒是好，可怎么安置皇后呢？"

上官安连忙插嘴道："追麋鹿的狗可不能顾小兔子！我们是可以借皇后的光，可是，如果皇帝一旦变了心，我们这些外戚想当个普通小百姓也不成喽。现在可是千载难逢的大好机会，不能因小失大，决不能动摇！"

人们见上官安连亲生女儿都不顾了，自然也就没有什么可说的了。这样，上官桀父子策划的杀霍光、废昭帝的阴谋就开始付诸实施了。

出乎意料，这个阴谋被稻田使者燕仓知道了。燕仓急忙报告了上级大司农杨敞。杨敞本来是霍光一手提拔起来的，但他胆小怕事，一听到报告，连忙请了病假。同时，他把上官桀父子阴谋篡位的事告诉了谏议大夫杜延年。杜延年闻讯后，立即向霍光汇报了。

霍光当机立断，立即采取行动，先发制人，粉碎了这场篡位阴谋。上官桀、上官安被斩首、抄家。上官皇后因为年幼，而且没有参与政变，又是霍光的外孙女，未被追究；桑弘羊、丁外人均被满门抄斩；盖长公主和燕王刘旦自杀。

上官桀父子野心膨胀，妄想篡位当皇帝，弑君不成，害人不果，自己反丢了脑袋，家族也跟着遭了殃，落得个身败名裂的下场。

一般来说，皇帝是不能随便废黜的，尤其异姓的大臣如果废黜皇帝，往往被视作谋反，那是要遭到举国上下声讨的。因为封建的伦理纲常坚决禁止以下犯上。臣子反对君父，是十恶不赦的罪状。

但是，世上的事情是复杂的，有时，统治阶级的根本利益与君主个人行为发生冲突时，尤其君主的行为危及统治阶级根本利益的时候，异姓大臣起而废黜君主，另立皇族为新君而不是由自己取而代之，封建的伦理纲常对此是予以肯定和赞赏的。

前者如上官桀父子，被封建史家钉在了耻辱柱上，因为他们纯为一己之私利，不惜使用鬼蜮的手段，陷害别人，所以尽管时代变了，他们的耻辱却得不到洗雪，遗臭千古，永世不得翻身。

后者如霍光，他在汉昭帝死后，因为继位的新君荒淫无道，危及了国家，危及了统治阶级的根本利益，他将新君废黜了，又立新君，挽救了汉朝，维护了地主阶级的根本利益，所以他被封建史家所称道，留名青史。直至今天，人们对霍光基本上还是予以肯定的，尤其他那"公忠体国"的精神，还是被认同的。他与上官桀父子形成了鲜明的对照。

汉昭帝在位12年，弱冠之时便一命呜呼了。他死后，因为没有儿子，所以由谁来继位成了大臣们议论的中心，更为霍光所关注。有人主张从汉武帝的儿子中即汉昭帝的弟兄间选一个新君。汉武帝共有六个儿子，当时只剩下广陵王刘胥一人了。刘胥长得膀大腰圆，很有一把力气，武勇非常，能空手抓野猪、狗熊，特别喜欢游乐，言谈举止非常粗俗，从不把礼仪放在心上。当年汉武帝在册封他为广陵王时，曾在册书上特别提示他不要擅作威福，要恪守法度，要敬上爱下，不要沉湎酒乐，凡事要小心谨慎，不要给自己惹麻烦，否则要蒙受大耻大辱，追悔莫及。知子莫若父，汉武帝对刘胥的认识很符合实际，从没给以重任，早早就把他打发到封地去了。

汉昭帝继位后，对刘胥给以礼遇，增加封地，多赐金银。刘胥见汉昭帝没有儿子，就打定主意将来有朝一日自己当皇帝。于是，他大造舆论，甚至请巫婆神汉来给他宣传。湖北有个巫婆叫李女须，颇有名气，刘胥就把她请来下神。李女须早已识破了刘胥的用意，于是，在装神弄鬼时，她泪流满面地说："孝武皇帝叫我传话！"

围观的人一听汉武帝下神了，立即跪倒在地，侧耳倾听。李女须装腔作势地说："我是汉武帝，我一定让我儿刘胥将来当皇帝。"

人们信以为真，到处传布女巫的谣言。刘胥见此情景，高兴万分，赏给李女须许多银钱，并叫她到巫山去作祷告，祈求神仙显灵，叫汉昭帝早日死掉，以便刘胥继位当皇帝。

偏偏事有凑巧，这时从京城传来了汉昭帝的死讯。刘胥一听，乐得蹦起老高，撸胳膊挽袖子地大喊："他娘的，李女须真是个活神仙呀！"立刻吩咐杀牛宰羊祭神还愿。同时，做好动身的一切准备，单等使臣来迎接自己进京了。

不出刘胥所料，京中大臣多数主张请刘胥继位。而霍光却力排众议，他认为汉武帝生前就不重用刘胥，而刘胥也不具备当皇帝的素质。他主张由汉武帝的孙子，昌邑王刘髆的儿子刘贺继位称帝。

结果，刘胥空欢喜了一阵子。朝中大臣被霍光说服，一致拥戴刘贺继位。

刘贺一点也不比刘胥强，其骄奢淫逸的程度比刘胥有过之而无不及。他在应召进京的路上，急着进京当皇帝，出尽了丑。他半天便跑了350里地，拉车的马累死就扔在道边，沿途死马相望于道。走到济阳时，听说此地产的鸡打鸣声音长，人称长鸣鸡，他便派人四处搜求。途中只要听说有好玩的，便派人搞来。到弘农时，刘贺又派人买了一些美女，让她们坐在自己的衣车内，随自己进京。到达长安东门时，按礼仪规定，刘贺应痛哭致哀。可是，刘贺却说："我嗓子疼，不能哭。"

刘贺当上皇帝后，更加肆行无忌了。不顾国丧期间不准奏乐的礼节，日日夜夜在宫中宴饮作乐，酒醉之后就与妃子、宫女胡搞，把宫廷弄得乌烟瘴气。

对此，霍光十分气愤，更深恨自己看错了人。于是，就同亲信大司农田延年商议办法。田延年为人有主见、有魄力，当年在铲除上官桀父子的斗争中，曾起过关键作用。他对霍光直言不讳地说："大将军您是国家的柱石，既然看透此人不堪为君，为什么不立即奏明太后，干脆把他废黜，另外再选贤明之人当皇帝，岂不很好？"

事关重大，霍光下不了决心，疑疑迟迟地说："照你所说，在古代可有先例？"

田延年朗声答道："岂止有先例，而且例子太多了。商朝宰相伊尹见君主太甲荒淫无道，就把太甲放逐了，更立新君，史书上说伊尹是商朝的大忠臣。大将军如能像伊尹那样干，不就是汉朝的大忠臣吗？不就是当今的伊尹吗！"

霍光听后，下定了决心，立刻派人把车骑将军张安世找来，三人共同商议。

第二天，霍光就召集丞相、御史、将军以及俸禄在2000石以上的大臣在未央宫开会。霍光首先发言："昌邑王刘贺荒淫无道，大家也都有耳闻吧。让他如此闹下去，汉朝就垮了，大家也完了，诸位有何高见？"

群臣一听，大惊失色，深感事态万分严重，都含含糊糊不敢明确表态。这时，田延年挺身而出，手握宝剑，厉声说道："先帝把小皇帝和国家大事托付给你大将军，这是有遗诏可证的，也是人所共知的。先帝之所以如此器重大将军，还不是因为大将军你能忠于朝廷，保卫刘家吗！如今，民怨沸腾，国家眼看就垮了。汉朝的传家宝是一个孝字，所以才能绵延不绝，长有天下。如今，把孝字丢了，国家能不亡吗！你大将军死后有何面目见先帝？今天应速议速决，不要没完没了的。谁不同意，我请求让我的宝剑同他商量！"

霍光站起身，朝田延年深深行个礼，说："田先生责备我很对！我应该对今天这个混乱局面负责。"

大家见状，立刻纷纷抢着表态："大将军是国家栋梁，我听大将军的吩咐！""国家兴亡、百姓死活，全凭大将军，大将军下令吧，我们坚决听命！"……

当下决定废黜刘贺，大家一同去面见太后。

霍光见大势已定，就派人去请太后到未央宫承明殿。太后是霍光的外孙女，是汉昭帝的皇后，当时只有18岁，自然要听霍光的了。太后到来之后，霍光把群臣的意见说了一遍，然后就下令：除皇帝外，其他任何人一律不准放进宫门。刘贺接到通知来朝见太后，一点也没有别的想法，与太后见过礼，他就坐上自己的辇回宫了。当他来到自己的宫门时，发现警卫森严，两个太监手把着两扇大门，表现得十分紧张。刘贺照旧大模大样进了宫门，他刚一进去，只听身后"嘭"的一声，两扇大门便紧紧关上了。刘贺回头一看，自己的随从全被关在了门外。刘贺感到很奇怪，就问："这是干什么呀？"

霍光闻声走过来，跪在刘贺面前，说："皇太后有诏，不准昌邑王的随从进宫。"

刘贺仍未察觉出危险，仍大大咧咧地说："可以慢慢关门么，干啥吓了我一跳？"

霍光站起身，不再理他了。吩咐门外的禁卫军把昌邑王的随从一律赶到金马门外去。车骑将军张安世早就率领部队等在金马门外了。一见到刘贺的随从，立即把手一挥，喝令军士将他们全都捆起来。一共抓了200多人，全都送进监狱去了。

在宫内，霍光命令汉昭帝生前的侍卫们将刘贺严加看守，并严肃地嘱咐道："千万小心，决不能让他自杀。你们可别叫我背上弑君的罪名啊！"

昏庸的刘贺至此尚不了解自己被废黜了。他对看守们说："我的随从犯了什么罪？为什么大将军把他们都抓了起来？"

人们谁也不理他。不大工夫，太后派人来传刘贺。这时，刘贺才感到不妙，上牙敲着下牙说："我有什么罪过，怎么太后传我？"

当刘贺被卫士们押到太后面前时，那个场面把他吓呆了。只见太后身穿大礼服，端坐在大殿之上，由数百名全副武装的羽林军保卫着，朝臣们按部就班地站列两侧。

刘贺被人们带在殿下跪好，尚书就开始宣读由大将军霍光、丞相杨敞、车骑将军张安世等领衔的三十多名大臣的联名要求废黜刘贺的奏章。奏章中列举了刘贺种种罪状，当尚书宣读到"昌邑王与孝昭皇帝宫人淫乱，还威胁太监们不准泄露，否则腰斩"时，太后厉声喝道："停下。"然后指着刘贺怒斥道："你这个继承人就如此悖乱吗？！"

刘贺吓得大气也不敢出，只有连连叩响头的份儿。

接着，尚书又继续宣读。最后，当尚书抑扬顿挫地读到"刘贺上不可以奉宗庙，下不能治理百姓，应予废黜"时，太后又发话了："应该废掉！"

刘贺瘫软在地，浑身抖个不停。当霍光叫他叩头领旨谢恩时，刘贺才清醒过来，硬着头皮挣扎着说："我听说过，天子有七个好大臣，就是再糊涂也不会把天下丢了。"

霍光二目圆睁，高声地打断了刘贺："皇太后已下诏令把你废黜了，你没资格称天子！"

说罢，迈开大步走到刘贺面前，用一只手抓住他的双手，用另一只手把他身上佩带的玉玺解了下来。然后，双手捧着玉玺献给了太后。之后，转过身，拉着刘贺就朝殿外走去。

霍光一直把刘贺拽出金马门，后面跟着一大群朝臣。刘贺到了门外，完全绝望了。他朝西行了一个礼，说："我傻乎乎的，干不了这朝廷的事！"说罢，登上早已给他备好的车子。霍光押着他直奔昌邑王在京城设的府邸。霍光在同刘贺分手时，含着眼泪说道："弄到这步田地，全是王您自己搞的，我宁可辜负王您，也不能辜负汉朝。请王今后珍重自己，我不能来看你了。"

很快，刘贺又被送回原来的封地，太后还下诏，赏给他2000户人家，而他的随从则全被处死。

当了27天皇帝的刘贺被霍光赶下了台，天子宝座又空虚了。霍光又召集大臣们商议拥立新君，最后确定拥戴汉武帝的重孙，戾太子的孙子刘询继位，史称汉宣帝。

地节二年（前68）春天，霍光病死。汉宣帝亲手撰写诏书，称他"功如萧何"。霍光对汉朝可称得上全始全终，无论是辅佐幼君或是废黜昏君抑或是拥戴新君，霍光主要考虑的是刘氏王朝，所以尽管他后来专横跋扈，聚敛财富，但是当时人们对他还是给予了较高的评价，原因就在于他是为了朝廷废黜君主，而不是自己想篡位。

霍光死后三年，霍家便一败涂地了。原因是霍光的妻子野心恶性膨胀，居然想搞政变，把汉宣帝赶下台，由儿子霍禹当皇帝。

其实，在霍光还活着的时候，霍家与汉宣帝就有矛盾了。霍光是三朝元老，又是太后的外祖父，汉宣帝一见他浑身都不自在。汉宣帝每次外出，霍光都与他同坐一辆车，汉宣帝就像后背扎了刺一样，坐不安席。霍光为了巩固自己的地位，把自己的女儿送进宫中，给汉宣帝当妃子。可是，他万万没想到，败家的祸根就此栽下。

霍光的妻子总想叫女儿当皇后。于是，在汉宣帝的许皇后患病时，她买通女医生，将许皇后毒死，女儿霍妃便当上了皇后。

不久，有人上书皇帝指控女医生应对许皇后之死负责。因此，女医生被捕入狱。霍光的妻子怕女医生如实招供，后果不堪设想，便把勾结女医生害死许皇后的经过告诉了霍光。霍光听后大吃一惊，着实把妻子埋怨一通。霍妻说："事已至此，说什么也没用了，我还不是为了女儿才这样干。你快点给审案的官员打个招呼，别让他们逼女医生招供，否则，咱们霍家得满门抄斩啊！"

霍光深感问题严重，就利用职权，宣布女医生无罪释放，并向汉宣帝报告女医生与许皇后之死实在无关。事情就这样遮掩过去了。

经过这番"震动"，霍妻不仅不加收敛，反而更加肆无忌惮了。霍光一死，霍妻更加无拘无束，随心所欲了。她先是嫌霍光生前修的陵墓太小，于是重新扩建；接着，又嫌住宅太窄，又大兴土木翻盖；还嫌车子不华贵，就用黄金装饰座车，用皮革裹丝绵包住车轮，让侍女们用五色丝绳拉车。霍妻又难耐寂寞，便与管家冯子都私通。她的儿子霍禹、霍山、霍云都位居显要，可是却不愿处理政事，日夜沉湎于酒色，不愿上朝就叫奴仆到朝房应个卯。对此，无人敢过问。

霍光死后一年，汉宣帝打算立已故许皇后之子为太子。霍光的妻子十分恼怒，竟公然对人们说："已故许后的儿子是在民间生的，怎么有资格当太子？难道我女儿这堂堂正正的皇后，将来生儿子只能当个王吗？！"越说越气，直气得大口吐血，饮食俱废。

霍光妻子在愤怒之余，又生毒计，急忙进宫去见女儿，教女儿找机会把太子害死，以绝后患。霍女照母亲的话做了。数次给太子东西吃，只是因为服侍太子的人要先尝过，然后太子才能吃，所以无法下毒，太子才得以保命。

后来，有人向皇帝揭露，许皇后之死肯定与女医生有关，而霍光又包庇女医生，这里面大有疑问。因为事关重大，证据也不充分，汉宣帝就没有追究，但是，对霍家的人已开始不信任了。不久，便将霍家子弟及亲属从重要的岗位上调离。霍禹被免去右将军之职，成了空头大司马，没有了兵权；霍光的几个女婿有的被解除统率禁卫军的官职，有的干脆被调出京城。这一系列调动，震撼了霍家的人。霍禹称病不上朝，每天都大发牢骚，抱怨皇帝，公开对众人讲："我有什么不是？当今皇帝要不是我家老将军拥戴，还不得在民间待着，能有今天吗？我家老将军坟上的土还没干，他就把我们甩了，真叫人想不通！"

霍山也到处讲："如今丞相办事，把我家大将军当年立的规矩全扔到一边，这不是有意出我家大将军的丑吗？皇帝信任那群儒生，叫他们可以直接上书给皇帝。这帮穷酸天天上书，大谈什么大将军在世时主弱臣强；大将军死后，子孙当政，对朝廷不利。这不是冲着我们霍家来了么！"

霍光的妻子更沉不住气了，她把子侄们召来，说："当年许皇后之死，是我让女医生下的毒药。听说，皇帝又要追究了。"

霍禹、霍山、霍云等人听后，这才恍然大悟，异口同声地说："怪不得皇上疏远我们，把咱们的兵权都夺走了！这可了不得，不早做准备，大祸就要临头了！"

于是，霍家的人决定搞一场政变，把汉宣帝干掉。霍云的舅舅李竟找好朋友张赦商量如何使霍家摆脱困境。张赦献计道："如今朝廷的大权在太子的外祖父许广汉和丞相魏相手中。可先请霍太后出面，把这两个人杀了，然后，再把皇帝废了。霍家的好与坏，就在霍太后一句话！"

这番话被一个叫张章的人向朝廷揭发了。开始，汉宣帝下令追查，张赦也被捕了。可是不久，皇帝又下令不再追究，把张赦也放了。

对此，霍氏兄弟们却更加害怕了。他们认为皇帝是碍于霍太后才不追究了，问题已暴露，早晚遭到抄家灭门的大祸。与其坐以待毙，不如先发制人。于是，把出嫁的姑奶奶们都请回娘家，告诉她们快快通知各自的丈夫，事到如今，只有破釜沉舟干到底了。各亲戚家都要做好准备，只等时机选准，便一齐动手。

同时，又拟出了政变计划：请霍太后出面摆酒招待皇上的外祖母，让丞相魏相及皇帝的岳父许广汉等大臣作陪。在席间由霍光的两个女婿范明友和邓广汉把魏相和许广汉干掉，然后把汉宣帝废黜，立霍禹为皇帝。

这一险恶的政变计划尚未付诸实施，便被汉宣帝发觉了。霍云、霍山、范明友畏罪自杀，霍光的妻子、霍禹、邓广汉被逮捕。最后，霍禹被腰斩，霍光的妻子及家中的男男女女被斩首。霍光的女儿霍皇后被废黜，关在昭台宫。受霍家株连被抄家灭门的达数千家。

至此，出了两个皇后、四个列侯，显赫三朝的霍家，一败涂地了。

从汉武帝死后，在15年的时间里，汉朝宫廷大事迭起，上官桀父子篡位、霍光废黜刘贺、霍禹母子篡位，无一不暴露出统治集团内部斗争的残酷与丑恶。在金钱和权力面前，野心家是从不讲仁义道德的。

王莽夺汉

王莽是个高级两面派，

他靠耍两面派手法，

骗取了信任和拥戴；

但是，他夺汉成功，

却主要不是靠两面派手法奏效的。

他的活动证明了开历史倒车是不会有好结果的。

西汉王朝从汉元帝时起就走上了下坡路，而到了汉成帝时，国家已是衰形毕露了。土地兼并日趋严重，赋税劳役繁多，造成大量农民逃亡或沦为奴隶。繁重的经济剥削，残苛的政治压迫，逼得广大农民不断起来进行反抗斗争。封建统治已呈动荡不安的局面。而在边疆地区，由于民族矛盾尖锐，更是兵连祸结。西汉统治者已丧失了汉武帝时代的武功，只得靠"和亲"妥协来换得暂时的安宁。

在统治集团内部，由于皇帝或因沉溺酒色或者年纪太小而不过问朝政，致使大权落在外戚手中。仅以汉成帝统治时期为例，在20多年的时间里，外戚王家就有10人封侯，5人相继出任大司马，如公卿、大夫、侍中、诸曹等要职也为王氏子弟占据，而各郡国的长官及藩王封地的相也都为王氏门中人。绝大多数的外戚只顾一家之私利，仗恃特殊的权力盘剥百姓，欺凌众官员，排斥智士贤人，把朝政搞得一团漆黑，使得统治阶级内部矛盾异常尖锐。

一些头脑清醒的官吏，主张改良，借以缓和社会诸矛盾，维系危机四伏的西汉王朝。比如汉哀帝时，大司马师丹就曾提出"限田"的主张，企图缓解土地兼并及奴婢过多的问题。规定贵族、高官占有土地不能超过30顷，占有奴婢依品级不同，最高不得超过100人，一般以30人为限。尽管这项改良措施对大贵族、大官僚多有优待，但仍遭到他们的反对，尤其丁、傅两家外戚，反对得更凶。因此，师丹的改良也就流产了。改良的失败，使更多的人失望。人心离散，使封建政权处于风雨飘摇之中。

在这种历史大背景之下，王莽凭着外戚辅政的特殊地位，推行一些改良措施，博得了百姓的好感；同时，他又以谦恭、勤政、节俭的面貌出现，骗得了儒生的赞誉。最后，王莽利用人心思乱，对改朝换代的希冀，有计划分步骤地夺取了西汉王朝的最高权力。

可以说，王莽夺汉是有着历史必然性的。因此，评价王莽也像评价历史上诸多的夺位者一样，主要不以他是如何取得最高权力为依据，而以他是如何运用这最高权力及对社会历史所产生的作用为旨归的。

王莽（前45—23），字巨君，是汉元帝皇后王政君的娘家侄儿，是汉成帝的表弟。汉成帝继位后，大封舅舅们，王谭、王商、王立、王根、王逢五人同日被封为侯爵。王莽的父亲王曼早死，没能赶上封侯，因此，王莽在家族中的地位最初并不显赫。

论富贵奢侈、权势压众，王莽不能与叔伯们同日而语，就是同兄弟子侄辈相比也相差甚远。但是，王莽却采取出奇制胜一招，使得世人对他刮目相看。他十分注意克制自己，生活很俭朴，衣着与普通士人毫无二致。这在骄奢淫逸的王氏族中，无疑如同乌鸦群里立着一只白鹤，反差特别大。王莽还努力攻读，切磋学问，以自己的学识，博得了儒生们的称道。王莽还特别注重孝悌，对守寡的母亲小心侍奉，对亡兄遗下的儿子爱如己出，对族中人无不待之以礼，他成了远近闻名的大孝子。王莽还广交英雄豪杰，礼贤下士，颇受时人的好评。王莽的苦心没有白费，就连深宫里的皇上也知道他是一个有道德有学问的人才。而王太后更以自己有这样一个侄儿欣然自得，对他偏存怜爱之心。

王莽得以步入仕途并飞黄腾达，也是凭着他的这番克己的功夫。大将军王凤是王莽的叔父，在患病期间，王莽日夜守候在病床前，在王凤吃药时，王莽都要先亲口尝过，才把药碗送给王凤。他忙得连脸都顾不上洗，一连数月都没有脱衣服睡个囫囵觉。王莽的孝顺，深深感动了王凤。王凤在临死时，还念念不忘向汉成帝和王太后推荐王莽。因此，王莽被封为黄门郎，不久又被提升为射声校尉。王莽官是有了，但财富还差得很多。可是，善于克己的王莽，很快又来了财运。他的另一个叔叔成都侯王商主动向皇帝提出，愿把自己的封地拿出一部分给王莽。不仅族中人为王莽的富贵着想，就连朝廷的大臣们也纷纷给皇帝上奏章，请求重用他。在众权贵的推举下，王莽在永始元年（前16）五月，被封为新都侯，升任骑都尉、光禄大夫、侍中，成了皇帝的近臣。

王莽虽然官越做越大，但是待人却越来越谦恭。他仗义疏财，用自己的钱物周济名士，甚至把自己的车马、皮衣都送给了宾客。得到了他的实惠的名士和宾客们，到处替他宣扬，称颂他的美德。王莽的这一招真有奇效，不久，他的美名就超过了他手握大权的叔伯们。

王莽的行为是装给别人看的，所以有时也难免露出马脚。一次，他偷偷买了一名美女，供自己淫乐。不料，被族内的弟兄们知道了，消息立刻哄传开，"王莽也玩女人呀！"

老练的王莽听到之后，毫不惊慌，他找了一个机会对弟兄们说："后将军朱子元没有儿子，我听说这个女人有多子之相，所以我替朱将军买了回来！怎么能忍心朱将军那样的好人绝后呢？！"

说完这番话，就派车马把这个美女给朱将军送去了。人们的嘴一下子被封住了。尽管有人怀疑此举是否出于真心，但面对事实也不好再多议论了。由此可见王莽手段之老辣。

在一般情况下，王莽给人的印象是谦恭克己，礼贤下士，温良恭俭让。可是，在统治集团内部互相倾轧时，在王莽认为需要时，他完全变成了另一副模样，是那么凶残、阴险，与平日的自己判若两人。王莽在同姑表兄弟淳于长争权夺势的斗争中，凶残、阴险、毒辣的本性发挥得淋漓尽致。

淳于长是王太后姐姐的儿子，最初是黄门郎，由于大司马王凤临死前的推荐而升官，比王莽略早进入仕途。在汉成帝立宠妃赵飞燕为皇后时，因为赵飞燕是歌女出身，遭到王太后的反对。淳于长靠着特殊身份，在王太后面前极力撺掇，终于说服了王太后，赵飞燕才得以立为皇后。为此，汉成帝十分感谢淳于长，封他为侯爵，十分宠信他。朝臣们对淳于长无不侧目，不敢与他争衡，纷纷依附他。淳于长收取的贿赂及赏金多达亿万，过着荒淫的生活。他与许皇后守寡的姐姐许嬷通奸，后来又娶回家中为妾，因此与许皇后也攀上了关系。后来，许皇后被废黜，想通过淳于长向皇帝求情，不断送金钱给他。淳于长欺骗许皇后，他已向皇帝求情，并答应不久可封为左皇后。淳于长通过许嬺与许皇后书来信往，久之，竟发展到用言语挑逗、调戏许皇后的程度。许皇后为求他欢心，也只得虚与周旋，长达数年。

汉成帝绥和元年（前8）冬季，大司马曲阳侯王根因久病要辞职。淳于长身居九卿之位，又是太后的外甥，还深得皇帝宠信，自然可以接替王根的职务了。王莽对淳于长十分嫉妒，就暗中搜集淳于长的材料，以便时机成熟，置淳于长于死地。

当王莽得知叔父王根辞职已被批准时，他以探病为名，去见王根，乘机说："淳于长见您久病，十分高兴，满以为可以接替您的职务，到处封官许愿，笼络人心。"

王根一听，自然很生气。王莽见时机成熟了，就把平日搜集的材料一股脑儿讲给了王根。对于接受许皇后礼物，与其书信往来，更是大加渲染。王根听罢，怒冲冲地说："情况如此严重，为什么不早报告我！"

王莽连忙低声下气地说："不知大将军的想法，所以孩儿不敢贸然禀告。"

王根气喘吁吁地说："快，快进宫向太后报告，就说我让你去的！"边说还边朝外挥手。

王莽不慌不忙地给叔父行过礼，又一再请叔父保重身体，然后才不紧不慢地走了。

王莽一出王根的府门，立即快马加鞭进宫去见太后。王莽见到太后，就急忙把淳于长与许嬺通奸以及与许皇后通信的事报告给了太后。还把淳于长急切要取代王根的事，添油加醋地描述了一番。王太后听罢，非常气愤，板着脸说："没想到这个孩子竟然堕落成这个样子，太令我失望了。你快去报告皇上！"

于是，王莽打着太后的旗号，向汉成帝把淳于长的劣迹全部揭发了。汉成帝尚念旧情，又考虑淳于长毕竟是太后的外甥，只下诏令免去淳于长的官职，遣送回封地，没有治罪。

淳于长在离京前，王莽的族弟王融向淳于长要车辆马匹，淳于长便把自己的豪华座驾送给了王融，同时，还拿出许多珠宝叫王融转送他的父亲红阳侯王立，希望王立出面向皇帝讲讲情。王立从前与淳于长不和，认为自己没当上大将军，是淳于长在皇帝面前说了坏话。王立为此还曾找过汉成帝申诉，反映了自己对淳于长的不满之意。如今，接到淳于长的重金以后，捐弃了前嫌，立即给皇帝上奏章，请求不要免除淳于长的官职。汉成帝接到奏章后，产生了怀疑，便下令责成有关衙门查清王立为什么一反从前的态度，出面给淳于长讲情。于是，王融首当其冲，被关了起来。王立怕儿子招供牵连自己，就利用权力叫王融自杀了，以达到灭口的目的。对此，汉成帝的疑心更大了，怀疑淳于长等人有更大的阴谋。于是，下令把淳于长抓进牢狱，严加审讯。

在刑讯之下，淳于长招认了全部罪状。结果被判处死刑，妻子儿女被充军广东，母亲王若被遣送回乡，许皇后也被命令自尽。

王莽由于揭发了淳于长，很受皇帝赏识，王根就推荐由王莽继任自己的职务。就这样，王莽当上了大司马，成了辅政大臣。淳于长至死还不知道是王莽把他送上了断头台。

当上大司马的王莽，已成为众臣之首，他此时所想的是，如何使自己的政绩超过前辈。他的叔父王凤、王音、王商、王根都当过大司马，连王莽在内，外戚王家已先后有五位大司马了。上任伊始，王莽也的确信心十足，要励精图治。所以，他并不因为自己在一人之下万人之上便稍有懈怠，仍一如既往勤政不息，严以自律，尽量克制自己的私欲，广泛聘任贤人担当自己的僚佐。如获赏赐，仍像从前那样，把财物分给士人，就连在封地内所得的税收，也不独吞，而同贫士共享，自己仍过着俭朴的生活。一次，王莽的母亲患病，朝中公卿大臣的夫人们相继前来问候。王莽的妻子出门迎接，穿着打扮与一般民妇毫无二致，致使前来问安的贵妇们把她误认为婢女。当贵妇们得知眼前这位"民妇"居然就是大司马夫人时，无不惊讶得瞠目结舌。王莽为官不骄的美名，传遍了天下。如果说，王莽的这种行为有矫揉造作的成分，并不为过，但据此便得出他这是为了夺权，尚为时过早，与实际不符。须知，汉朝专权、夺权的权贵几乎无一不骄奢淫逸，像王莽这样的确实凤毛麟角，而骄奢淫逸并不是篡权的障碍，王莽无须乎在这上面伪装。不应以王莽后来夺权而否认王莽此前的节俭。

在汉成帝生前，王莽根本就没有取代汉政权的想法，就是在成帝死后，汉哀帝继位之初，王莽也能恪尽臣职，而并无非分之思。这由哀帝继位后，王莽归隐一事便可足资证明。汉哀帝是汉元帝的庶出孙子，是定陶恭王刘康之子，他的祖母傅太后擅权，傅太后的堂弟傅喜出任卫尉，主管宫禁。哀帝的舅父丁明也以外戚之尊出任要职。太皇太后王政君担心王莽与傅、丁两家外戚发生冲突，按传统朝政应由傅、丁两家外戚辅佐，于是就指令王莽交权归隐。对此，王莽欣然应命，辞职回家。

汉哀帝继位后本想有一番作为，而傅喜、丁明二人也比较贤明，于是又请王莽出山，因为王莽在他们看来毕竟是个难得的人才，而且在官民之中还有着较高的威信。所以，王莽辞职不长时间，又应皇帝之命重新入朝为官了。王莽复出以后，锐意整顿朝政。于是，同擅权而又颇有心计的傅太后发生了冲突。一次，高昌侯董宏上书，提议给尚健在的傅太后的母亲丁姬上尊号。对此，王莽与师丹均持反对意见，而且弹劾董宏这个提议毫无道理，是误国之举。当然，这不能让傅太后满意了。不久，王莽又同傅太后发生了一次直接冲突。一次，汉哀帝在未央宫设宴，太监头头指令小太监把傅太后的座位与太皇太后王政君的座位并排在一起。王莽在开宴之前，到宴会厅巡视，发现座位摆放不合规矩，就把太监头头叫来，痛斥道："傅太后本来是封国的王妃，怎么能同太皇太后并肩而坐呢！"说罢，命令重新安排座次。

当然，傅太后很快便得到了报告，不由得勃然大怒，拒绝出席宴会。王莽见不好收场，被迫无奈向皇帝提出辞呈。汉哀帝慑于祖母傅太后的淫威，批准王莽辞职回家闲居。汉哀帝很看重王莽，尽管让他回家，但还给予一些特权，如特准他每月初一、十五日上朝，礼仪与三公一样，还封他特进、给事中名义，并赏给五百斤黄金、四匹马拉的豪华专车，增加封地等。

王莽丢官一年，傅太后和母亲丁姬都上了尊号。丞相朱博、御史大夫赵玄则提出要追究王莽当年反对上尊号一事，认为不处死他已很宽大了，应将他贬为平民，收回爵位及封地。汉哀帝被迫采取了一个折中方案，不削夺王莽的爵位及封地，而让他离开京城，遣送回封地。

王莽被撵回封地后，闭门思过，安分守己。一天，他的次子王获杀死家奴，这是违法的。王莽命儿子王获自杀谢罪。可见他克己到了何种地步。

王莽在封地一待就是三年，终日谨小慎微，当然是为了避祸，自然也不能排除他刻意保全自己是在等待复出之机。这期间，有许多官员和百姓上书朝廷，替王莽鸣不平。元寿元年（前2），若干应举的士人在考试中竟然作文称赞王莽的功德。汉哀帝见王莽众望所归，就乘势将他调回京城，命他陪侍太皇太后王政君。王莽虽然没有实任官职，但可以出入宫廷，这远非一般大臣可比了。

王莽返京一年，汉哀帝便死了。而傅太后和丁太后则先于哀帝而死。因此，太皇太后王政君又控制了朝廷。在哀帝死亡的当天，太皇太后便赶到未央宫，收取了皇帝的玉玺，并下诏令众大臣推举可出任大司马的人选。大司徒孔光、大司空彭宣推荐王莽，前将军何武推荐后将军公孙禄，公孙禄则推荐何武。最后，太皇太后决定王莽再次出任大司马，得到百官的拥护。

这次王莽当政，才萌发了专权之心，并大耍手腕，一步一步达到专权的目的。

王莽为了保住自己的地位，他采取了两个办法。一是排除政敌，二是控制皇帝。王莽利用大司徒孔光胆小怕事的弱点，让他做自己的代言人。王莽用高官厚禄把孔光的女婿甄邯收为自己的心腹，一旦王莽要干掉自己不满意的大臣时，就整好材料，命甄邯交给孔光，由他上报太皇太后，对下则说这是太皇太后交办的。同时，王莽又在太皇太后面前建言批准孔光的奏本。这样，由王莽策划，由孔光出头，由太皇太后批准的一场场罢官戏就在王莽的导演下接二连三地上演了。首先倒霉的是何武和公孙禄，接着便是当年提议给傅太后上尊号的董宏的儿子董武……一批接一批被王莽看不中的大臣被免职，有的还被判刑。

王莽在肃清政敌的过程中，对自己家族中的人也不放过。他首先对叔叔红阳侯王立下了手。王立虽然没有任官职，但毕竟是太皇太后王政君的亲弟弟，其影响无疑是巨大的。王莽担心这位叔叔万一在太后面前发了话，肯定就会限制了自己，自己是斗不过这位叔叔的。王莽为了排除这个潜在的威胁，又让大司徒孔光出面揭发王立的问题，说王立当年收受淳于长的贿赂，就包庇、说情，对朝廷不忠，而在立太子这大事上，王立曾主张立宫婢的私生子为太子，企图重演当年吕后与少帝的故事，自己乘机捞好处，引起了天下的议论，因此，应把王立遣回封地。对此，太皇太后表示不同意，王莽却从旁进言："如今汉朝衰落，两代皇帝皆没有太子，太后独自支撑，代幼主管理朝政，即使全力以赴、大公无私，也很难达到人人心服口服的境地。现在，因为考虑亲兄弟而驳回大司徒的奏本，难保众臣不产生误会，从而离心离德，祸乱可就难免了。以孩儿愚见，应遣王立离京回封地去才妥当。更何况，王立又不担任官职，离开京城也无妨。"

这一席话，把太后说得无言以对，只得依了王莽。之后不久，王莽又将大司空彭宣挤下了台"归乡养老"。王莽就这样上下其手，以君权压臣子，以臣子逼君主，自己则从中获实利。

在汉哀帝去世三个月之后，在王莽的导演下，把年仅9岁的中山王刘衎扶上了皇帝宝座，史称汉平帝。名义上由太皇太后临朝听政，其实朝廷大权完全掌握在王莽之手。王莽在朝臣中一方面打击异己，一方面培植个人势力，很快便形成了一个实力集团，王莽的一言一行，无不立即产生影响，可以毫不夸张地说，王莽已完全能够挟天子以令诸侯了。

胆小怕事的大司徒孔光虽说凡事听从王莽，但是，他唯恐王莽迟早会整到自己头上，就在汉平帝继位不久，便主动提出辞职。这正中王莽下怀，于是建议太皇太后免去孔光大司徒的职务，改任他为皇帝师傅。就这样，与王莽同时出任朝廷三公的，只剩下王莽一个了。可是，王莽仍不满足。他又指使朝臣们给太皇太后上奏章，加封自己为安汉公，以与古代周公相比。当太皇太后批准之后，王莽又故作姿态，上奏章声称："在拥立新皇帝的过程中，孔光、王舜、甄丰、甄邯都出了力，不应仅封我一个人，孔光等都应得到封赏，对我可不予考虑。"

王莽连续上书推辞封爵，朝廷自然照封不误。王莽为了欺骗舆论、收买人心，最后干脆称病不上朝了。直到孔光、王舜、甄丰、甄邯也都加官晋爵了，王莽才接受"安汉公"的称号。与此同时，王莽又提议，大封皇族，结果有36名皇族被封为侯爵，两名皇族晋封王爵，而一些因罪被剥夺爵位的皇族，在王莽的建议下也都恢复了爵位。王莽还建议给已退休的官吏发津贴，相当原来俸禄的三分之一，对平民百姓也都给以实惠。这样一来，王莽博得了举国上下的好感。

见时机已经成熟，王莽便指使朝臣给太皇太后建言，以太后年事已高，不适宜再管小事为名，请太后保养身体，一些行政事务可责成安汉公处理。太后当即表态："今后只有封爵位的事上报给我，其他朝政悉由安汉公决断。高级官吏的任免也由安汉公出面。"

这样一来，王莽的权力已完全等同于皇帝了。只是在此时，汉平帝元始元年（1），王莽才萌生了夺取汉政权的愿望。

王莽为了让自己夺取汉政权的野心得逞，他又向太后建言："应吸取哀帝时外戚傅氏及丁氏专权的教训，当今皇上年幼，更不应顾及私亲。"言外之意就是要竭力限制汉平帝的舅家卫氏的权力。结果，由太后发下诏旨，授予汉平帝的母亲、两个舅父、三个妹妹以爵位，但却不准进京，从而解除了汉平帝的外戚对王莽的威胁。

王莽深知，严格说起来，他早就不是外戚了，只因太皇太后尚健在，他还沾点外戚的光，一旦太皇太后去世，他就不再有以外戚的身份辅政的条件了。因此，王莽想把女儿送给汉平帝当皇后，这样，他就是名副其实的外戚了。于是，王莽给朝廷上奏章，声称皇帝继位已三年了，尚未册立皇后，甚至连妃子也没选。从前国家危难迭起，都是因为皇帝没有儿子的缘故。现在应以《五经》为依据，制定迎娶皇后、选纳妃嫔的制度。应给天子娶十二位后妃，以便多生皇子。而皇后及妃嫔应从商王、周王、周公和孔子的后代中挑选，另外，汉朝列侯的生长在长安的嫡系闺女，也可入选。王莽的这个"建议"，立即被批转到有关衙门，照此办理。

很快，入选后妃的花名册就造好了。王莽家族的大多数姑娘都上了名单。王莽担心自己的女儿竞争不过，就采取以退为进的手法，给太皇太后上书，说："儿臣王莽无德无行，小女少才无能，不应同众多贤女一同入选。"

可是，大大出乎王莽意料，太皇太后居然认以为真，竟下了一道诏旨："王氏家族的女孩儿，是我娘家的人，在挑选后妃时，不要选她们！"

王莽见自己弄巧成拙，急忙采取措施挽回，立即指使众朝臣上书，连普通的儒生及平民百姓也发动起来了。每天都有成千的人跪在宫门外请愿，声称安汉公功德显赫，把他的女儿从选皇后的名单上勾掉，天下人怎么会答应。我们渴望安汉公之女当皇后。对于这种局面，王莽又耍起了两面派，他明里派出官员去劝阻，暗中却加派人员到宫门前请愿，所以，王莽越劝阻，请愿的人越多！

最后，太皇太后王政君在不得已的情况下，只好收回自己的成命，同意王莽的女儿参加选皇后。对此，王莽又假惺惺地推辞，朝中的众公卿一致与王莽争辩，说："不应再选别人家的女孩了，那样岂不破坏了正统！"更可笑的是，有不少朝廷大官，竟然为了让王莽的女儿入选，同王莽争得面红耳赤，吐沫横飞，出尽了丑态！最后，王莽也是在"不得已"的情况下，"勉勉强强"地同意了众公卿的意见！

元始三年（3）春，太皇太后派官员带着礼物，去王莽家相看未来的皇后。众官回朝后，异口同声地说："安汉公的女儿有德有才有貌，太适合当皇后了！只有像安汉公女儿这样的贤女才能接续帝王世系，侍奉皇帝的家庙。"

接着，又由一群公卿进行占卜，得的卦都是大吉。经过这番折腾，选皇后的事总算走完了过场，宫中拿出两万斤黄金作聘礼，王莽坚决不收，最后"勉强"收下四分之一，把剩下的金钱分给了11户陪嫁女儿的人家及王氏家族中的穷人。

正当王莽沉浸在当上国丈的欢乐之中时，他的大儿子王宇却公然与他作对了。王宇一直反对王莽排斥汉平帝的外戚卫氏家族，害怕将来招致祸殃。于是，暗中与汉平帝的舅舅卫宝联系，并建议由汉平帝的亲母卫后给太皇太后写信，一方面谴责哀帝时丁、傅两家外戚的罪恶，一方面请求进京探视皇上。王莽得知此事后，给太皇太后出主意，可加封卫后封地，不准进京。对此，王宇与自己的老师吴章及妻兄吕宽商议办法。吴章提出王莽迷信，可用怪异之事吓唬他，逼他答应卫后进京，并由吴章出面，劝王莽将政权交付外戚卫氏。结果，王宇叫吕宽乘夜将血洒到王莽的家门口，以此来吓唬王莽。不料，吕宽在洒血时，被王莽的门卫捉住。因此，计划败露。王莽把儿子王宇关进狱中，用毒药害死了他；把怀孕的儿媳也关进监狱，等生产后再处死。同时，王莽还以谋反的罪名，把外戚卫氏家族中除汉平帝的生母卫后一人之外，全部杀死。吴章也被腰斩于市。还追究吕宽的同党，并乘机大肆株连无辜之人，凡是王莽厌恶之人，一律被扣上吕宽同党的帽子处以死刑。比如，汉元帝的妹妹，王莽的叔叔王立、王仁都被害死。至于朝臣受牵连的就更多了。霎时间，数百个人头落地。王莽的政敌几乎全被清除掉了。刘家王朝成了王家的天下。

转过年（元始四年，4）二月初七日，汉平帝与王莽的女儿成婚，王莽成为名副其实的外戚，皇上的老丈人了。一些溜须拍马之辈，在夏天时纠集八千多人给朝廷上书，要求对安汉公王莽增加封赏。结果，王莽不但增加了两个县的封邑，还得到了新野及黄邮聚的田地，并得到了"宰衡"这一兼古代周公、伊尹二人所有的封号（周公被封为冢宰，伊尹被封为阿衡），位在三公之上。王莽的母亲被封为功显君，两个儿子也都被封为侯。对此，王莽仍不满足，表面上却一再推辞。不久，在众朝臣的"请求"下，皇帝又下诏赏赐王莽九锡，位在侯、王之上。所谓九锡，是九种器物，是为臣的最崇高的待遇。历史证明，得到九锡的人，往往都取代了皇帝。

常言道，权大震主。汉平帝尽管是王莽的女婿，但是，面对王莽那有增无减的权势，也日渐不安。尤其随着年龄的增长，他开始忌恨王莽了。他深怨王莽杀害了舅父全家，阻断自己同母亲见面。不满之情，平时难免有所流露。王莽在汉平帝身边安插下许多耳目，因此，皇帝的一言一行都及时掌握了。王莽发现汉平帝对自己心怀不满，便起了杀机。在年终时，王莽乘宫内祭祀众神之机，给汉平帝送上了一杯毒药酒。汉平帝毫无所知，喝了酒就病倒了。王莽还假惺惺地求天告神，请求神灵保佑皇帝，并请求天帝准许自己替汉平帝去死。

不久，汉平帝死了。在拥立新皇帝的时候，王莽竭力主张立幼小的人，其用意是不言自明的了。

新皇帝还没立出来，新奇的事却发生了。武功县县长在淘井时，"意外"地发掘出一块白色石头，上圆下方，石头上还有红色的字："告安汉公王莽当皇帝。"王莽得报后，立即报告了太皇太后王政君，太皇太后不屑一顾地说："这是骗局，不可信，不能行！"

王莽碰了个大钉子，只好灰溜溜地离开了。紧接着，便由亲信太保王舜出面向太后进言："事情已到了这个地步，想阻止王莽也办不到了。何况王莽也不敢有别的打算，只是想得到个摄政的名义罢了。他加强权力，也还是为了镇服天下。"

太后权衡再三，明知不可，但也无能为力，最后只得违心地答应了。王舜等人又让太后发下诏旨，称："平帝逝世以后，没有太子，只能从皇族中选取，所选之人年幼，如无有德有才之人辅佐，朝政将受极大影响。安汉公王莽曾辅佐三代帝王，功业可与周公相比美。现在，武功县发现符命，这是天意。所说'当皇帝'的意思是代行皇帝的权力，相当于皇帝。因此可以命令安汉公代行皇帝权力，就像古代周公辅佐成王那样。群臣可制定典礼仪式，上报朝廷。"

众朝臣对太后的这道旨意，一片赞颂之声，都说太后英明，能上符天意，下合民心。安汉公应登上皇位，穿戴皇帝的衣冠，在背后要树立画有斧形的屏风，面朝南接受群臣跪拜，处理朝政。出入宫廷时，所经之路要戒严。总之，一切都应按天子的制度施行。在文告中自称"假皇帝"，百姓和官员则称"摄皇帝"。安汉公朝见太皇太后及平帝皇后时，仍行人臣礼节。安汉公在自己家中，按诸侯的礼仪行事。

朝臣们的这个意见，立刻被太皇太后批准了。

三月份，只有2岁的刘婴被正式立为太子，年号改称居摄元年（6），此因王莽摄行皇帝权力之故。刘婴是汉宣帝的玄孙，广戚侯刘显的儿子。他之所以在应选太子的23名皇族中被选中，名义上是在占卜时，他得的卦最吉利，其实，是因为他年纪最小，便于王莽专权。

王莽把刘婴当作傀儡，凡事都由自己决断。帮他登上假皇帝宝座的王舜、甄丰、甄邯等心腹均提升了官职。

王莽摄政称帝，遭到了一部分皇族的反对。安众侯刘崇就很不以为然，率领部属百余人起兵，结果很快就被镇压下去了。刘崇等"反叛"的家被毁为污水池塘。

刘崇被镇压后，朝臣们便上奏章，称："刘崇等人之所以谋反，是因为摄皇帝的权力太轻，应加强摄皇帝的权力，否则难以治国。"

于是，太皇太后又下诏，命王莽在朝见自己时称"假皇帝"而不称"臣"了。接着，又将王莽在宫中休息的地方改称"摄省"，办公的地方称"摄殿"，住宅称"摄宫"。至此，除了多一个"摄"字而外，王莽与皇帝没什么区别了。

王莽是事与愿违。他越是变着法儿加强权力，反对他的人却越多。居摄二年（7）五月，东郡太守翟义与都尉刘宇、严乡侯刘信、武平侯刘璜结盟，乘九月考武士时起兵，杀死观县县令，立刘信为天子，向全国发布檄文，声讨王莽篡权。此举震动了天下，很快便攻占了河南山阳，队伍扩大到十余万人。

王莽闻讯后，寝食难安。太皇太后王政君对身边的人说："人心相同啊。我虽然是个女人，也知道王莽为此一定很害怕。"

王莽惊魂甫定，就派出自己的亲信统率大军去进攻翟义。这时，长安郊县趁京城空虚，也举起了反对王莽的旗帜，从茂陵西至汧县共23个县同时起兵，由百姓赵朋、霍鸣为首，召集各地"盗贼"，攻城略地，杀死官员。队伍很快增至十万人，就连在未央宫都能看到义军的火光了。王莽又急忙派兵迎击，并由王舜、甄丰等亲信日夜在宫中巡逻。王莽则抱着小皇帝刘婴每天都到祖庙去祷告。十月，王莽为了欺骗人心，派大夫桓谭向全国宣布，自己一定把皇位还给刘婴，同时，还大封前线将领，有55人一次被封为列侯。十二月，翟义兵败被俘，惨遭车裂。第二年春季，赵朋等也被歼灭。

王莽在白虎殿设宴庆祝胜利，大封有功将士，一次获侯、伯、子、男爵位者共计395人，获关内侯者也高达数百名。而对叛逆则大加屠戮，把翟义的祖坟刨开，将棺材、尸骨烧成灰；把活着的亲族全部处死，连婴儿也不能幸免，将被杀死的人的尸体堆在一个大坑中掩埋。还把翟义、赵朋、霍鸣的尸体依次放到濮阳、无盐、圉、槐里、盩厔等地的大道边上示众，并插上木牌子，上面大书"反虏、逆贼被杀戮"。

王莽被胜利冲昏了头脑，满以为翟义、赵朋等被歼灭，是天意和人心相助自己的结果，于是，决心把自己头上"假皇帝"的"假"字彻底抛开，完全取代汉朝皇帝。

王莽首先把自己的儿子王安、王临封为公爵，把孙子王宗封为新都侯，把侄儿王光封为衍功侯。当年九月，他母亲病死时，自己的孝服完全按天子的规格置办，经过这一系列带有试探性的举动之后，王莽见人们没什么不同的反应，于是，他更放开手脚大干了。

十一月二十一日，王莽向太皇太后王政君上奏章，说："现在陛下即将遇上汉朝十二代二百二十一年的厄运，上天屡屡示警，七月在临淄县，昌兴亭长一夜连做了几个梦，梦见有人对他讲，'我是天帝的使者，老天爷命我告诉你，摄皇帝应当做真皇帝！你如果不信，你这个驿亭明天就会出现一口新井'。该亭长早起一看，果然出现一口新井，深可百尺。十一月，巴郡出现石牛，雍县出现碑文，这两件东西都送到了未央宫前。我同王舜去察看时，忽然刮起了大风，天昏地暗，伸手不见五指。风停以后，面前发现一块铜板，上面写着'上天通告皇帝的符命，进献的人封侯爵'。对此，我不敢违抗。今后，我要取消'摄'字，把年号居摄三年改为始初元年。我今天虽然取消摄皇帝的'摄'字，我将来还是要把皇位还给小皇帝刘婴的。"

　　王莽取消"摄"字，也遭到部分朝臣的反对，期门郎张充等六人，策划要劫持王莽，立楚王刘纡为皇帝。但事情败露，张充等人被杀。

　　王莽担心夜长梦多，加快了夺取汉政权的步伐。

　　碰巧，有一个在长安读书的四川人，名叫哀章，他喜欢吹牛拍马，缺德少才，很为同学所不齿。可是，他却摸透了王莽急于当真皇帝的心思。于是，他雇人打造了一只铜柜，自己伪造了一道策书，画了一道符。策书以汉高祖刘邦的口吻，命令太皇太后按照天意叫王莽当皇帝，另外，还开列了一张辅佐王莽称帝的大臣名单，共11个人，哀章把自己的名字也填了上去。在铜柜的外边，哀章还写了两道封条"天帝行玺金匮图""赤帝玺某传予皇帝金策书"，将铜柜封好。然后，在当天黄昏，哀章换上黄袍子，捧着铜柜，来到汉高祖的陵庙，把这个铜柜交给守庙官员，自己便飘然而去。

　　守庙官员不敢怠慢，立即报告了朝廷。王莽亲自到汉高祖陵庙去瞻仰铜柜。他打开铜柜，看了策书及名单，大喜过望。王莽回宫后，直奔太皇太后寝宫，把金柜策书符命的事原原本本说了一遍，最后表示自己要登极坐殿，请太皇太后把汉朝传国的玉玺交出来。太皇太后一听，又惊又气，没想到自己的亲侄儿要夺取汉朝的天下。太皇太后坚决不交出玉玺。王莽回到未央宫前殿，一边派王舜去再向太皇太后索要玉玺，一边换上天子服装，向全国颁布文告，宣称自己虽然无德无能，但不敢不按照天意行事，决定接受汉高祖的策命，即天子之位，改国号为"新"，改年号为"始建国"，今年十二月初一日为始建国元年正月初一日。

王舜一见到太皇太后的面，便挨了一顿臭骂。太后把王莽一家人骂了个狗血喷头，最后咬着牙说："我是汉朝的一个老寡妇，早晚要死的，我要同这颗玉玺一同埋葬，他永远别想得到！"

王舜看着泪流满面的太皇太后说："王莽一定要得到这颗玉玺，我们也没什么话可说的了。太后难道真能永远不给他吗？"

太皇太后知道王莽志在必得，这是先礼而后兵，看来玉玺是肯定保不住了。太皇太后抽泣着，从怀里解下玉玺，狠狠地摔到地上，冲着王舜说："我老得快要死了，你们兄弟也快要被抄家灭门了！"说罢，掩面痛哭不止。

王舜急忙从地上捡起玉玺，一溜烟朝未央宫前殿跑去。

当王莽从王舜手里接过玉玺时，真是心花怒放。他仔细把玩，突然，发现玉玺掉了一块角，王舜说这是刚才太皇太后摔掉的。王莽抚摸着残缺的玉玺，兴高采烈地吩咐："在渐台摆宴！"

王莽当上新朝的皇帝后，觉得自己的姑母太皇太后王政君仍袭用汉朝的封号，实在令自己不堪，想给姑母更换封号，又怕她至死不从。这时，王莽的远支族人王谏建言："太皇太后不应使用汉朝封号，应使用新朝的封号，称'新室文母太皇太后'为好。"

王莽一边命人刻"新室文母太皇太后"的印，一边把王谏的奏章送给太皇太后。王政君冲王莽气呼呼地说："这个王谏说得太对了！"

王莽知道太皇太后这是说的气话、反话，于是便顺着太皇太后的口气说："这个王谏背离为臣之道，实在该杀！"

说来好笑，就在王莽把新刻的"新室文母太皇太后"的印交给太后的同时，下令毒死了王谏。

汉平帝的皇后，王莽这个不满二十岁的女儿，自从王莽夺取汉政权以后，深居定安宫，称病不与王莽面见。王莽对这个女儿又怕又怜，在太皇太后改变封号后，王莽又把身为太后的女儿的封号改为"黄皇室主"，以此表示与汉朝断绝关系。这个做法，真的把女儿气病了。王莽想把女儿改嫁，就物色了一位"乘龙快婿"，让他身着盛装，在医生的陪同下，以探病为名去见"黄皇室主"，借以观察女儿的意向。

大大出乎王莽的预料，未来的新女婿刚一迈进定安宫，女儿闻讯便勃然大怒，把身边的宫女用鞭子打了一顿，然后躺在床上失声痛哭。弄得那位"乘龙快婿"进又不敢进，退又不敢退，像泥塑木雕一般僵在了那里。

王莽见女儿如此"执迷不悟"，此后便再也不管她了。

至于那个根本没登极的小皇帝刘婴的下场就更惨了。王莽封他为定安公，住进一间徒有四壁的房子，与外界完全断绝来往，就连乳母也不准与他说话，刘婴长大后成了一个白痴，连猪狗都不认得。

王莽代汉之后，以圣君自居，接二连三地抛出改革朝政的方案，企图以此挽救社会危机。王莽的改革是一场复古的闹剧。一切改革措施都是依照儒家经典再加上他自己的穿凿附会之意而形成的，比如，他把官名、地名根据所谓的古籍改得莫名其妙，一塌糊涂，凭空增添许多不便。而他的几项重大改革，如恢复井田制、推行五均六第、禁止私人铸钱等，虽然是针对社会矛盾而发的，但是或因遭反对实行不了，或因开历史的倒车根本就无实效，结果也都以失败告终。比如恢复井田制，规定把天下土地均更名为王田，不准买卖，奴婢也不准买卖，重新按一夫一妇授田百亩来重新分配全国耕地。这无疑是针对当时土地兼并严重而提出来的，意在限制豪强兼并。可是，在大地主的反对下，又宣布取消，使井田制成为一纸空文；又如"五均六第"，意在平衡物价及确立国家专卖，可是由于贪官污吏借机盘剥，不仅没能减轻人民负担，反而加重了人民的负担；再如，禁私钱，改币制，意在稳定金融，可是却造成了不利流通，破坏经济的恶果。王莽复古改制的结局，反而使社会矛盾更加激化，"农商失业，食货俱废，民人至涕泣于市道"。

再加上王莽为了树立个人权威，对边疆少数民族肆意欺凌、压迫，激化了民族矛盾，常年用兵边地，给全国带来了灾难。王莽还在京城大兴土木，耗费数百巨万，工役死者以万计，劳民伤财。

王莽打着改革的旗号，大肆复古，而且还朝令夕改，造成了社会混乱，破坏了生产，人民在死亡线上挣扎。

由于阶级矛盾的尖锐激化，农民起义的烽火此起彼伏，酿成了全国规模的大起义，王莽最后走投无路，葬身火海。

王莽由克己到代权进而复古，演出了许多丑剧和闹剧。尽管对他有不同的评价，但有一点却是明确无误的，王莽的活动，再一次证明了开历史倒车的人是不会有好结果的。

司马昭之心

"司马昭之心，路人皆知也。"

本是魏国傀儡皇帝曹髦被篡弑前的哀鸣，

后来却成为野心家弃阴谋耍阳谋的绝妙写照。

曹魏政权，是曹操父子夺取东汉王朝建立起来的；而司马氏晋朝，则是司马昭父子夺取曹魏政权建立起来的。历史的发展有时真有惊人的相似之处。

曹魏政权由魏文帝曹丕经明帝曹叡到齐王曹芳，是每况愈下。而司马氏家族由司马懿到司马师、司马昭，势力则越来越大。

齐王曹芳继位称帝时，年仅8岁。太傅司马懿与大将军曹爽共同辅政。论才干、智谋，曹爽均远不如司马懿。但是，曹爽身为皇族，又握有兵权，而且还深得一帮知名之士如何晏、邓飏、李胜、丁谧的支持。这些名士出身世家大族，并担任要职。司马懿虽出身大族，但地位毕竟不如曹爽；虽握有重兵，但没掌握由文人组成的官僚集团。所以，他的势力还不能与曹爽相抗衡。以权谋著称于世的司马懿，采取了韬晦策略，称病家居，积极筹划，以待时机与曹爽争雄。

嘉平元年（249）正月初六日，皇帝曹芳在大将军曹爽的陪同下，到离洛阳90里地的高平陵去祭祀。司马懿乘京内空虚，发动了一场政变。他指使担任中护军的儿子司马师领兵进驻司马门，自己指挥部队占领了城内各处要害之地，并给太后上了一道奏章，要求清除曹爽。然后，他又统兵出城，在洛水北岸摆下阵势。

曹爽得知司马懿发动兵变的消息后，异常惊慌，急忙令所带人马在洛水南岸布防，并把许多大树砍伐做鹿砦，阻挡司马懿军队。

在曹爽惊魂未定之时，司马懿以给皇帝上奏章的形式，宣布曹爽的罪状，说他有篡权的野心和行动，生活荒淫奢侈；说自己奉了太后的旨意清除曹爽，保卫皇帝，安定国家。最后，又表明只要曹爽交出兵权，仍可以享受侯爵的待遇。这样一来，不仅孤立了曹爽，借用皇帝的旗帜，而且还美化了自己。

曹爽急忙召集谋士商讨对策，有识之士主张陪着皇帝去许昌，然后召集天下兵马征讨司马懿。对此上策，曹爽不仅未采纳，反而被司马懿所骗，决意交出兵权下野，过贵族生活。于是，夜里派亲信去司马懿兵营，探听司马懿动态，并与之讨价还价。司马懿对曹爽派来的使者把曹爽的罪过又数落一番，最后诚恳地表态，只要曹爽交出兵权，可以回家安享富贵。

随后，司马懿又派出平素与曹爽关系较密切的人充当使者，到曹爽营中通报司马懿的决定，并指着洛水发誓，只要曹爽接受条件下台，保证他生命财产安全。

对此，曹爽动心了。他对周围的人说："司马老先生不过是为了向我夺权，我下台回家还可以当侯，仍不失为富家翁！我答应他的条件。"

就这样，曹爽乖乖地交出了兵权，辞去了大将军职务，想回家享受。可是，他怎能料到，奸诈的司马懿焉能放过他，叫他当"富家翁"。曹爽回家不久，司马懿就指使官吏揭发曹爽与张当、何晏等人谋反。司马懿立即将曹爽兄弟及其党羽全部投进监狱，以谋反罪处死。

司马懿除掉曹爽以后，便当上了丞相。皇帝曹芳为了讨好他，还赐给他八个县两万户封邑，并赐给他九锡，上朝不向皇帝施礼，奏章不署姓名。司马懿一人独掌朝政，挟天子以令诸侯。

司马懿死后，由其长子司马师出任大将军，辅佐朝政，另一个儿子司马昭也手握重兵，驻守许昌。司马氏兄弟是实权人物，皇帝在他二人掌握之中。司马师尽管大权在握仍担心皇帝要摆脱他的羁绊，特别留心，在皇宫内布满了眼线，皇帝的一举一动他都能及时知道。当时，中书令李丰、太常卿夏侯玄、皇后的父亲张缉来往密切，而李丰还不时被皇帝单独召见，进行密谈。这一切自然逃不过司马师的耳目，引起了司马师的怀疑，担心这几个人将不利于自己。于是，司马师便把李丰召来，询问他与皇帝都说些什么，李丰支支吾吾，不正面回答。司马师见状，勃然大怒，当场就把李丰打死了。然后又下令把李丰的儿子李韬、夏侯玄、张缉抓起来审讯。

严刑之下，这三个人供认："李丰与太监苏铄、乐敦、刘贤阴谋策划，在皇帝册封妃子那天，布置禁卫军当场捕杀大将军司马师，如果皇帝不同意，就劫持皇帝，以皇帝的名义假传圣旨。成功后，由夏侯玄出任大将军，张缉出任骠骑将军。"

司马师下令将李韬、夏侯玄、张缉、苏铄、乐敦、刘贤处以死刑，诛灭三族。

皇帝曹芳对司马师此举很不以为然，心腹官吏建议曹芳，乘安东将军司马昭出征西蜀姜维皇帝检阅队伍时，将司马昭杀死，然后率领军队去攻击司马师，一举将司马氏兄弟除掉。曹芳甚表赞同，把铲除司马氏兄弟的诏书都写好了。可是，曹芳临期由于畏惧，没敢行动。

然而，司马师却要采取废黜曹芳的行动了。司马氏兄弟经过一番密谋，突然以太后的名义召集文武百官开会，宣布皇帝曹芳荒淫无道，沉溺酒色，不配当皇帝，应予以废黜，封为齐王，立即送出京城。对此，百官噤若寒蝉，无一人敢说个"不"字。

司马师派郭芝进宫向太后及皇帝宣布这一决议。当时，太后正与皇帝在一起唠嗑。郭芝对曹芳说："大将军已废黜了陛下，另立彭城王曹据为天子！"

曹芳听罢，一声没敢出，立即起身走了。太后见此情景，很不高兴。郭芝便对太后说："这是太后没能很好教诲儿子的结果。大将军主意已定，不能挽回了。为防意外，大将军已命令兵士包围了宫廷，应服从大将军的决定，不要再说什么了！"

太后无奈地说："我想见见大将军，有话同他说。"

郭芝说："没啥必要见面了，把玉玺交出来就行了。"

太后无法，只得拿出了玉玺。

司马师听了郭芝的回报后，立即派人进宫收取玉玺。太后对来人说："彭城王曹据是我的小叔子，如果立他当皇帝，我这个当嫂子的人住在什么地方啊？再说，也不能让魏明帝绝后呀。高贵乡公曹髦是文皇帝的长孙，明帝的侄儿，按礼节规定，有资格继承皇位，我希望大将军与众大臣再议一议。"

对此，司马师没有异议，因为曹髦只有14岁。不久就派使臣去元城（今河北大名东部）迎接曹髦进京即位。

司马氏兄弟虽然大权独揽，但鉴于当时外面吴、蜀并存，内部尚有人忠于曹氏，由司马氏完全取代曹氏的时机尚不成熟，所以仍效法乃父采取挟天子以令诸侯的办法，选个曹氏小孩当傀儡。

曹髦即位后的第二年春天，魏国镇守淮南的大将毌丘俭联合扬州刺史文钦，起兵反对司马师。司马师病中亲率大军前去讨伐。毌丘俭和文钦被平定之后不久，司马师便卧床不起了，不久死去，由其弟司马昭继任大将军，总揽朝政。司马昭飞扬跋扈，比起司马师有过之而无不及。小皇帝曹髦为了讨好他，赐给他只有王公才可以用的衮服、冠冕和红色木底鞋，还加大都督的封号，用天子的黄钺做仪仗。可是，司马昭对这些却不屑一顾。后来，曹髦又晋封司马昭为相国、公爵，增加八个郡的食邑，并赏九锡。司马昭拒绝接受封赏。这在明眼人看来，不过是故作姿态而已。虽然司马昭推辞了九次，但是，在景元元年（260）四月，终于接受了相国、晋公、加九锡等一系列封赏。司马昭加了九锡，与皇帝宝座的距离只差一步了！

在甘露四年（259）正月，宁陵县（今河南宁陵东南部）的井中出现了两条黄龙。在此之前，也有一些地方的井中出现龙，地方官纷纷向朝廷报告，都认为这是吉祥的象征。皇帝曹髦却不以为然，他对臣下说："龙的出现象征君主有德行，但是，今天龙不出现在天上，也不出现在地上，而是出现在井里，委屈窝囊，恐怕不是什么好兆头。”

同时，曹髦还作了一首《潜龙诗》，以抒发自己受制于人的感慨。司马昭见到这首《潜龙诗》后，了解这是皇帝有感而发，于是很反感。他对曹髦更加无礼，更加严密控制了。

对此，曹髦非常愤恨，并担心自己随时可能被废，于甘露五年（260）五月初六日晚，曹髦召见侍中王沈、尚书王经、散骑常侍王业，对他们说：“司马昭之心，路人皆知也。他控制朝政，我不能坐以待毙。今天，我召你们来，是想同你们一道去讨伐他。”

王经说：“如今大权尽归司马昭掌握，这已不是一朝一夕的了。文武百官都给他效力而不对朝廷效忠，也是由来已久的了。宫中的卫兵人数少，武器不好，发挥不了大作用，现在如果去讨伐司马昭，就好比本来是要治病，却使疾病加重一样，后果可不堪设想啊！皇上要三思。”

曹髦从怀里掏出一张黄纸，上面早已写好了讨伐司马昭的诏令，使劲地往地上一摔，果决地说：“我已决定了，就是死，也没什么可怕的。何况，还不一定死呢！”

曹髦边说边站起身对三人说：“朕这就去禀告太后。”

王经等三人急忙出宫。王沈、王业对王经说：“快走，我们快去报告大将军。”

王经痛苦地摇摇头，王沈、王业二人也不相强，匆匆而去。

曹髦这时手举宝剑，坐在车上，率领卫队大呼小叫地冲出宫门。

司马昭得到王沈、王业的报告后，立即布置军队，早已做好了准备。在宫廷东大门，由司马昭的弟弟屯骑校尉司马伷率领的部队与曹髦一行人马相遭遇。曹髦声嘶力竭地大骂司马伷，司马伷及其部下被这个场面震慑住了，不敢前进。忽然，不知是谁拔腿便跑，结果其他人也溃散了，任司马伷吆喝，也无人听令了。形势变得对曹髦有利了。

司马昭的部下中护军贾充率兵冲了上来，要与皇帝的卫队搏斗。曹髦挥着宝剑，冲在最前边。贾充的部队见皇帝冲上来，谁也不敢动作了，开始往后退。在这危急时刻，太子舍人成济问贾充："形势危险，该怎么办啊？"

贾充大声地吼道："司马大将军平时对你不薄，养兵千日，用兵一时呀！今天的事，还用问吗？！"

成济把牙一咬，挥戈催马向皇帝战车冲去。只见成济大喝一声，一戈将曹髦刺中。曹髦一头栽到车下，全身抽搐一会儿，便气绝身亡了。皇帝卫队见状，一哄而散。

司马昭听到皇帝被刺杀的报告后，倒在地上大哭小叫，痛苦万般。他在众将官的劝说下，进入宫殿，召集朝臣会议。大臣们陆续到了，只缺尚书左仆射陈泰。司马昭派陈泰的舅父荀颛去催促，陈泰对荀颛说："过去人们议论我可以比得上舅父，现在看来舅父是不如我了！"

陈泰拒不上朝。可是，在家中亲人的逼迫下，不得已跟荀颛去了。

司马昭一见陈泰，便泪流满面地说："陈先生，你替我出个主意，我该怎么办啊？"

陈泰镇静地答道："只有把贾充杀了，才能平息民愤。"

大殿上静悄悄的，众官员瞅着陈泰，大气不敢出。司马昭沉思一阵，才开口："陈泰，你还有别的办法吗？"

陈泰摇摇头："我的话就这么多，没别的可说了！"

最后，司马昭以太后的名义颁布诏书，宣布曹髦的罪状，说他企图暗害太后，"悖逆不道""自陷大祸"，把他废为平民，以平民的礼仪下葬。同时，还把王经处死、抄家。把告密有功的王沈封为安平侯；又以太后名义派司马昭的儿子司马炎到邺城迎接燕王曹宇的15岁儿子曹璜（后改名曹奂）进京为天子。

大局稳定以后，司马昭以"大逆不道"的罪名将成济及其全家处死。成济万万没有料到落得这种"卸磨杀驴"的下场。

曹奂即位后，司马昭于景元四年（263）灭掉了蜀国，自己当上了相国、晋公，并获九锡之赏。一年之后，咸熙元年（264）三月，司马昭又晋爵为王；半年后，司马昭之子司马炎出任副相国、大将军。司马氏父子二人成为国家的决策者。这时，孙吴政权腐败不堪，吴国主孙皓残暴昏庸，吴国被灭已成定局了。

咸熙二年（265）八月，司马昭死去。司马炎继任相国、晋王。他感到全国统一在望，曹奂已没有存在的价值了。于是，在十二月，司马炎把曹奂赶下了台，自己当上了皇帝。至此，由曹操开创的，曹丕建立的魏国，彻底灭亡了。

有趣的是，司马炎把曹奂赶下台与当年曹丕把汉献帝赶下台，所采取的方式一模一样，都是以"禅让"为名的。

十二月十三日，在洛阳南郊，举行"禅让"大典。司马炎穿着皇帝的衣服，高高端坐在事前搭好的台子上，台下站满了文武百官，还有周边少数民族政权派来的使节，连同参加盛典的兵士，总共达数万人，台下还点燃了火堆。典礼开始，由大臣宣读告天文，由尧舜禹说起，直说到曹魏代汉，最后则说晋代替曹魏（司马炎的新政权称晋朝）都是符合天意人心的，等等。宣读完告天文以后，另一位大臣把皇帝的玉玺呈给司马炎。司马炎这就算是奉天承运，合法地当上了皇帝。司马炎封让位的曹奂为陈留王，命他在金墉城居住，后又迁往邺城。然后，又宣布大赦天下，更改年号为泰始，国号为晋。最后，司马炎把祖父、伯父、父亲都追封为皇帝。又大封一批功臣，其他官员也都加级晋爵。

司马炎称帝15年以后，灭掉了吴国。至此，历经90余年混战、分裂的局面终于结束，中国又完成了统一。

由东汉到曹魏，再到晋朝，搞了三次"禅让"，阴谋家向阴谋家学习，螳螂捕蝉，黄雀在后。历史在曲折地前进，统治阶级内部关于财产与权力再分配的斗争愈演愈烈，而广大人民则付出了血的代价。

刘裕取代东晋

他挽救东晋于前，
取代东晋于后，
是是非非，
犹待评说……

　　晋武帝司马炎于公元265年建立晋朝，中经晋惠帝、晋怀帝、晋愍帝，历经51年，中国出现了一个暂时的统一局面。可是朝政黑暗，生产凋敝，统治阶级奢靡成风，官吏贪渎。有识之士对政治丧失信心，致力于老庄之学，崇尚清谈，对于传统的儒家入世思想是个沉重的打击，从而影响了一般士人的价值取向，不以兼善天下为意，而以独善其身为心。广大农民生活极其困苦，逃亡、起义一直不断。少数民族不断进入内地，遭受民族歧视，反压迫的斗争此伏彼起，尤其在黄河流域斗争更为激烈。

　　晋王朝如处在火山口上，危机四伏。晋王朝终于在阶级矛盾、民族矛盾和统治阶级内部矛盾的激烈斗争中趋于衰亡。北中国又呈混战局面，鲜卑、匈奴、羯、氐、羌等五个少数民族建立的政权互相攻伐，融成五胡十六国。晋朝的残余势力逃往经济、文化落后的江南，成偏安之局。新都建康（今南京）因在老都城洛阳之东，故称东晋。

　　东晋从公元317年至公元420年，历经11个皇帝，为时104年，以长江为界，与北方形成对峙局面，史称南北朝。东晋自建立之后就不断内乱，皇帝昏聩多为傀儡，朝中权臣擅政，地方握兵权者拥兵自重，互相攻杀。统治集团中多数人希望早日恢复中原，主张北伐，而一部分政治野心家更以北伐为招牌，收买人心，壮大实力，想以北伐的胜利作为个人走向权力顶峰的阶梯，是实现皇帝梦的捷径。把北伐与称帝紧紧相连的想法，在东晋晚期，尤为显著。

因此之故，恢复中原进行北伐这一举世瞩目的大业，却演变为东晋统治集团内部争夺君权的一种形式，致使东晋最高当局不愿支持北伐，主张北伐的人也都失败而回。

东晋最高当局越是不愿支持北伐，就越是失掉人心；北伐的人越是失败，就越激发了野心家力主北伐。在这个矛盾的怪圈运动中，争夺君权的斗争愈演愈烈，终于到了白热化的程度。

例如，权臣桓温积极主张北伐，他已计议妥当，一旦北伐成功，就取代东晋自立为皇帝。当然，他的这个野心也被东晋皇帝及桓温的政敌所洞悉。正因为如此，桓温在永和十年（354）北上伐秦及太和四年（369）北上伐燕，都因为缺乏军粮及援兵，大败而归。桓温虽然北伐失败，但夺权上位的念头却有增无减。在太和六年（371）废掉了皇帝司马奕，另立司马昱为君，自己则坐镇姑孰（今安徽省当涂县），遥控朝政，期望司马昱将来传位于己。但是桓温由于病死，没能登上帝位。

桓温的儿子桓玄继承父志，时时以夺位为念。他不断壮大实力，扩大地盘，最后竟同朝廷刀兵相向，终于在晋安帝元兴二年（403）将晋安帝废掉，自称皇帝，改国号为楚。

刘裕、刘毅、何无忌等人在京口起兵讨伐桓玄，使晋安帝得以复辟。刘裕等人当然是中兴功臣，自然加官晋爵，掌握了朝廷大权。

刘裕是彭城人，出生后母亲就死了。父亲刘翘因为家中贫困，要把刘裕扔掉。刘裕的姨母得知消息后，赶往刘家把刘裕要来，用自己的乳汁喂养。

刘裕长大后，胸怀大志，武勇过人，因识字不多，只得靠做小生意糊口。刘裕好赌博，甚为乡里人所轻。后来，刘裕投军，在将军孙无终属下当司马。在晋安帝隆安二年（398），东南沿海地区爆发了孙恩起义。在镇压孙恩起义的过程中，刘裕崭露头角，以军功由参军升任下邳太守。

桓玄称帝后，刘裕进京朝见。桓玄认为刘裕仪表不凡，有胆有识，是个人才。桓玄的妻子刘氏对桓玄说："刘裕走路如同蛟龙和猛虎，双目炯炯有神，绝非平凡之辈，不会久居人下，应早日将他除掉。"

桓玄对妻子说："我现在要北伐，很缺人才，少不了刘裕，等平定了中原以后再说吧！"

刘裕幸免于难返回京口后，就以从前的枪伤复发为由，闭门不出了。但是，他暗中却与何无忌、刘毅等人策划起兵反对桓玄。

刘裕等人起兵后，连败桓玄，攻入首都建康。刘裕被推为都督、徐州刺史。桓玄挟持晋安帝逃到九江，刘毅等随后紧追不舍。桓玄军队又吃败仗，桓玄与晋安帝继续西窜。后来，桓玄在逃往北汉途中被杀。晋安帝在江陵宣布恢复帝位。于义熙元年（405）三月，在何无忌等护送下，晋安帝重返京城建康，大封功臣。

刘裕被封为侍中、车骑将军、都督中外诸军事。可是，刘裕却坚决推辞，要求返回京口。晋安帝亲自去刘裕府中挽留，都没有成功。最后，改封他为都督荆、司等十六州诸军事，兼任兖州刺史，准他回京口驻守。

六月，刘裕派遣使者到北方与后秦讲和。后秦国主姚兴对手下大臣们说："刘裕出身微贱，能够崛起诛杀桓玄，复兴晋朝，对内治理朝政，对外整顿疆域，我们应成全他。"于是，答应了刘裕的要求，并将占领的南乡、顺阳、新野、舞阴等十二郡归还东晋。可见刘裕当时威望之高。

此后，刘裕的影响更加巨大。这当然引起一些实力派的猜忌。首先，当年共同起兵的刘毅就坚决反对刘裕入京辅政。为达此目的，刘毅派尚书右丞皮沈到京口就刘裕今后的去向问题协商。皮沈带去了两项建议：其一，任命谢混为扬州刺史；其二，由刘裕兼扬州刺史，但朝政由孟昶负责。

皮沈到京口后，刘裕派录事参军刘穆之接待。皮沈把上述两项建议告诉了刘穆之。刘穆之听后，立即明白了其中的奥妙，这两项议案的目的只有一个，即排斥刘裕过问朝政。刘穆之表面上不露声色，以上厕所为名，离开大厅，匆忙写了一张字条，派人给刘裕送去。

刘穆之的字条上写的是不能同意皮沈之言。刘裕看后，立即把刘穆之叫来，询问底细。刘穆之替刘裕分析形势，说："朝廷不能控制局面，已非一日，君主早成傀儡了。大人您复兴晋朝，功比天高。面对朝廷大权旁落的形势，大人您可不能自谦啊！怎么能接受担任地方长官的命令呢？刘毅、孟昶这些人都是平民出身，与大人您一同举兵匡复皇室，只是因为起兵有先后，才暂时推举您为首领，并不是甘心服从。现在，他们的实力不小于大人，将来肯定要互相攻伐。扬州乃是天下的基地，不可给别人。一旦把扬州让给别人，将来肯定要受制于人。权力一旦失去，就没办法再得到了。那时的危险则非言语所能形容的了。现在，朝廷提出这两个方案，依在下愚见，可以这样回复，就说中心地区是国家的根本，丞相一类的职务对国事至关重要，事关大局，不可在外地讨论，容进京后再仔细研究。您坚持进京，他们不便阻拦；您进京后，面对面商量，他们一定不敢越过您。丞相及扬州刺史这个官职，不会授给别人，这是很明显的。"

刘裕听罢，认为很有道理，就照此让皮沈回复朝廷。果然，刘裕进京后，被授予侍中、车骑大将军、开府仪同三司、扬州刺史、录尚书事，仍兼任徐、兖二州刺史，既控制了朝政，又主管富庶的要害之地扬州。

刘裕大权在握之后，就谋划北伐。当然，他北伐的目的也不仅仅在于收复失地，更主要的是想借北伐，为自己当皇帝搭好阶梯。

义熙五年（409）春，刘裕北伐鲜卑人建立的南燕。第二年，朝廷便任命刘裕为太尉兼中书监，一身二职，既是全国最高的军事长官，又是全国的最高行政长官。同时，还准许他使用皇帝的黄钺仪仗。对此项封赏，刘裕自然是乐于接受的，也是他心目中所企盼的，但是，他出于缓解政敌攻击的需要，力辞太尉和中书监的职务，只接受黄钺仪仗。尽管如此，一些皇族眼睁睁地看到刘裕的实力增大，为避免灾祸，纷纷逃往北方。如皇族司马国璠、司马叔璠、司马叔道兄弟三人便一起逃往后秦。后秦国主姚兴问他们三人："刘裕诛灭桓玄，辅佐晋朝，你们为什么逃到我国？"

三人齐声答道："刘裕削弱皇室，皇族中凡是有才能的人，就被他除掉。刘裕已成为国家的祸根，比桓玄还厉害！"

可见，刘裕的野心已然暴露，且产生了广泛的影响。

义熙七年（411）正月，刘裕从前线返回建康。三月，他就当上了太尉、中书监，这次他毫未推辞。他的地位因北伐而升高，仅次于皇帝了。

对此，当年一同起兵的刘毅内心很不服气。在义熙八年（412）四月，刘毅出任荆州刺史兼卫将军，都督荆、宁、秦、雍四州军事。刘毅虽说掌握了一方军政大权，但毕竟离开了中央，心中闷闷不乐，认为受了排挤。所以，他牢骚满腹，行为跋扈，故意与刘裕犯难。刘裕采取了忍让态度，可是刘毅却越发骄横。

后来，在刘裕击败卢循起义以后，势力更大了，刘毅更加不满。在他看来，刘裕不学无术，仅粗通文墨，而自己则学富五车，受到名士们及文臣们的器重。现在，自己据有长江中上游，实力雄厚，可以同刘裕摊牌了。于是，刘毅向朝廷提出要兼任广州、交州二州的刺史。刘裕为稳住刘毅，批准了他这一要求。接着，刘毅又请求任命自己的亲信郗僧施为南蛮校尉、后军将军府司马，毛脩之为南郡太守，刘裕也一一照准。

不久，刘毅又要求返回京口祭扫先人坟墓，然后再赴任所荆州。刘裕不仅批准，而且到仇塘（今南京东南）与他会面。刘毅的这一系列举动，自然引起了人们的警觉。宁远将军胡藩就曾对刘裕说："大人，您认为刘毅会服从您吗？"

刘裕沉吟许久，才问道："你认为该怎么办呢？"

胡藩答道："刘毅之所以服从您，是因为您指挥百万大军，战必胜，攻必克。至于博览群书，谈吐吟咏，他却自以为远胜过您，文人、文官都愿接近他。因此，他绝不会甘心居您之下。不如乘此番见面的机会将他捉住。"

刘裕说："我与刘毅都是复兴晋朝的功臣，他的过错也不明显，不可自相残杀啊。"

九月份，刘毅离京至荆州江陵。他下车伊始就撤换了许多郡守、县令，安插自己的亲信，并从豫州、江州抽调一批文官武将及一万多士兵，带到荆州。不久，刘毅患了重病。郗僧施等亲信担心一旦刘毅死去，刘裕是肯定不会放过他们这些党羽的，于是，就建议刘毅向朝廷提议由堂弟刘藩做自己的副职，实际是叫刘藩接自己的班。

刘裕感到事态严重了。一旦刘藩接了刘毅的班，形势将会对自己十分不利，此时是铲除刘毅势力的好机会。刘裕主意已定，表面上佯称同意刘毅的请求。刘藩接到通知后，急忙从广陵进京朝见。到京后，刘裕就将他抓了起来。同时，以皇帝的名义发出诏书，宣布刘毅勾结尚书仆射谢混与刘藩共同造反。然后，又逼令谢混、刘藩自杀。

第二天，刘裕又通过皇帝颁布大赦令，同时宣布任命皇族会稽内史司马休之为荆州刺史，取代刘毅。刘裕又进行了一番兵力部署，然后，便亲率大军直扑荆州。前锋王镇恶是刘裕的心腹，很有韬略，率一百艘战船逆江而上。行前，刘裕指示王镇恶："贼寇可攻就攻，如不可攻，就放火烧他们的战船，你率部停泊江边等我。"

王镇恶一路西上，沿途宣称护送刘藩到荆州上任。当距江陵城仅20里时，王镇恶指挥部队登岸，每艘战船上只留2名士兵守船，在岸边冲着每艘战船竖起6至7面旗帜，下面摆放战鼓，吩咐留守的士兵："估计我们到达江陵城，你们就猛擂战鼓，造出来了许多军队的声势。"同时，又派一支部队把江陵东南的船只烧掉。然后，王镇恶又命令前头部队逢人便讲："刘藩大人的部队到了。"

做好这一切部署，王镇恶便挥军直扑江陵。渡口的守军及沿途百姓听说刘藩率军来了，都安然如故。当王镇恶离江陵城尚有5里地时，与刘毅的将领朱显之不期而遇。朱显之问来人道："刘藩大人在哪里？"

王镇恶的部下答称："刘大人在后边。"

朱显之一直走到队伍后边，也没发现刘藩，只见兵士扛着武器不断从身边过去，东南方又燃起了大火，战鼓如雷，江津的战船被焚了。朱显之感到事情不妙，急忙调转马头，向江陵城飞奔。他冲进城门便喝令守城兵士赶快关城门，然后又飞马向刘毅报告。守城士兵还未来得及关闭城门，王镇恶率领的先头部队已经冲进了城内。一场激烈的巷战开始了。

从早饭时打到下午，守内城的军士挺不住，纷纷逃窜。王镇恶指挥兵士猛打猛冲，凿开内城，派人把朝廷的大赦令及皇帝惩治刘毅等人的诏书以及刘裕的亲笔信，一并给刘毅送去，刘毅看也不看，一把扔进火里烧了。他与毛脩之指挥部队抵抗。刘毅的部下与王镇恶的部下不少是乡亲，有的甚至是亲友，双方很快便搭上了话。当刘毅的兵士听说刘裕亲自率军前来，军心立刻瓦解了，纷纷四散。到了夜里，就连守卫刘毅衙署的卫兵也都逃光了。王镇恶担心在夜战中，自己的士兵自相攻击，于是下令停止战斗，把内城紧紧包围，只在南门留个缺口。

半夜时分，刘毅率亲兵300名开始突围。他见南门外无敌兵，认为肯定有埋伏，就下令部队从北门往外冲。刘毅只身冲出北门，一口气跑到城北的牛牧佛寺，想收拢残兵，稍事休息。

刘毅一见牛牧佛寺，不由百感交集。当年，他攻打桓玄时，曾因追击桓蔚抵达牛牧佛寺。寺内有个昌和尚，把桓蔚隐藏了起来。刘毅下令搜寺，擒住了桓蔚，当场便把昌和尚杀了。没想到今日自己兵败，也跑到牛牧佛寺来了。刘毅上前敲寺门，想进寺内歇息。寺内的和尚隔着山门说："从前，我们的师父昌和尚因为收留桓蔚而被刘将军杀了。今天，我们实在不敢收留你了！"

刘毅听罢，不由仰天长叹道："唉，作法自毙，没想到轮到了我的头上！"

刘毅回头一看，只见火光冲天，人嘶马叫，追兵越来越逼近了。他把脚一跺，在寺门外的大树上吊死了。

天亮以后，刘毅的尸首被发现。官兵把他的头砍了下来去请功。刘毅的儿子、侄儿全被杀死。哥哥刘模逃到襄阳（今湖北襄樊），也被捉住斩首。

十一月十三日，刘裕抵达江陵，处死了郗僧施，赦免了毛脩之。采纳刘毅的参军申永的建议，减轻赋税，减少徭役，任用名人，博得了荆州百姓的拥护。

至此，刘裕彻底消除了一个大威胁。

刘裕清除了刘毅之后，便把矛头对准了诸葛长民。诸葛长民也是消灭桓玄、复兴东晋的有功之臣，时任豫州刺史。刘裕西征刘毅时，为了稳住诸葛长民，下令叫他代理太尉府留守；为了监视他，同时任命心腹刘穆之为建武将军，统率一部兵马。当刘裕灭掉刘毅的消息传到京城时，诸葛长民感到很紧张，他对亲信说："汉高祖杀了彭越接着便杀韩信啊。"言外之意，刘裕除了刘毅，下一个该轮到自己了。

诸葛长民为了摸底，就去试探刘穆之："外面很多人传言，太尉对我深为不满，怎么搞到这程度了呢？"

刘穆之早就看破了他的心思，就安抚道："刘公远征，特命大人留守，把自己的老母及小孩子都托付给大人，如果有半点不信任，焉能如此呢！"

诸葛长民听刘穆之如此说，才放下心来。

可是，诸葛长民的弟弟诸葛黎民却不以为然，对哥哥说："刘毅灭亡，诸葛家又怎能有好下场呢！依我看，乘刘裕还没回京，我们应先发制人。"

诸葛长民犹豫不决，他便写信给冀州刺史刘敬宣，说刘毅是自取灭亡，心怀异志的人都将被消灭，现在天下太平了，如果有荣华富贵，你我共享。意在拉拢刘敬宣。刘敬宣回信说，我近年来，出任三州七郡的长官，时常担心福分过头便引来灾祸，我考虑的是满招损，谦受益，您在信中提及共享荣华富贵，我实在不敢当。刘敬宣在回复诸葛长民的同时，还将诸葛长民的来信派人送交刘裕。刘裕见信后，高兴地说："阿寿（刘敬宣字万寿）自然不会背叛我！"

这时，刘裕已成竹在胸，决定消灭诸葛长民。恰巧，辅国将军王诞请求返回京城。刘裕对他说："诸葛长民似乎已起了疑心，你一个人怎好回京呢？"

王诞说："诸葛长民知道我是您栽培起来的，深得您的信任，今天我单人回京，他一定感到自己没有危险了。这可以把他稳住，不致别生枝节，咱们便可赢得时间了。"

刘裕听罢，拍手道："好，你真是今天的孟贲、夏育啊！"

王诞回京后，刘裕也着手准备返京，于义熙九年（413）二月，从江陵启程，并事先将预定抵京的日期通知了诸葛长民。可是，刘裕却在途中故意一再滞留，不按时到京，而且每次又都通知诸葛长民自己抵京的新日期。结果，诸葛长民与京中文武百官左一次右一次去新亭（南京南边）迎接刘裕，每次都没接到。

二月二十八日，刘裕没有通知任何人，悄悄地乘快船返回了京城。第二天，诸葛长民听到消息后，立即去太尉府拜见。刘裕把武士们埋伏在幔帐后面，然后才出去迎接诸葛长民。两人进屋后，进行密谈，把误会全部解释开了。诸葛长民很高兴。突然，一名武士从幕后冲出，诸葛长民还未反应过来，就被击毙了。刘裕下令把诸葛长民的尸首送到中央监狱，并命人逮捕诸葛黎民。诸葛黎民因拒捕被杀死，他的另外两个弟弟也一同被杀。

就这样，刘裕以迅雷不及掩耳之势，消灭了另一个政敌。在地方实力派当中，已无人再敢同刘裕作对了。

最后，刘裕开始对付皇族中的实力人物了。首当其冲的是荆州刺史司马休之。司马休之颇有政绩，得到江汉地区百姓的拥护，加之又是皇族，所以威望很高。可是，他的儿子谯王司马文思却是一个凶狠残暴之人。于是，刘裕就拿他开刀。于义熙十年（414）三月，以司马文思擅自杀害属下官吏为名，将其逮捕，送交司马休之处理。刘裕此举是想借父亲的刀杀儿子。可是，司马休之没有杀司马文思，只是给皇帝上奏章请求罢免司马文思的官爵，同时还给刘裕写了一封信，表示道歉，还进行了一番解释。对此，刘裕深为不满。不久，任命江州刺史孟怀玉兼任督都豫州六郡军事，以箝制司马休之。

第二年春天，刘裕又将司马休之的二儿子司马文宝、侄儿司马文祖逮捕，并逼令他俩自杀。接着便发兵讨伐司马休之。同时，由晋安帝下诏任命刘裕兼荆州刺史。

司马休之针锋相对，一边给皇帝上奏章揭发刘裕的阴谋与罪行，一边组织力量抵抗。

刘裕派参军檀道济、朱超石率步兵、骑兵进军襄阳；派女婿振威将军徐逵之为先锋，率部队进攻江夏口（在今湖北监利县）。徐逵之与鲁轨交战，兵败阵亡。

刘裕驻军马头（今湖北公安县西北），听到女婿阵亡的消息又痛又气，催促大军强渡长江。鲁轨与司马文思率4万军队在峭立的江岸上布防，刘裕的军队失利，没能登岸。刘裕见状，披上铠甲，抽出佩剑，带头冲锋。太尉府主簿谢晦抱住刘裕，众将也从旁劝阻。刘裕勃然大怒，抢起宝剑要杀谢晦。谢晦仍紧紧抱住刘裕，急急说道："天下可以没有我谢晦，不可以没有太尉您呀！"刘裕听后，放弃了自己带队登岸的念头，派人去传建武将军胡藩，命他率队冲锋。胡藩没有立即执行命令，刘裕便命人将胡藩抓来，要砍他的头。胡藩对来人说："我正要出击，没时间见太尉！"边说边用佩刀在峭立的江岸上挖洞，小洞仅能容下脚趾。胡藩踏着小洞，攀上岸去，身后的兵士也纷纷效法，很快也冲到岸上了。一阵冲锋，逼得司马文思的军队后撤。刘裕乘势挥军冲杀，司马文思的军队溃散了。

司马休之与鲁轨弃城北逃。刘裕派兵随后紧追。五月十二日，司马休之、司马文思、鲁轨、司马道赐等人逃到后秦避难。王镇恶率部一直追到国境才收兵。司马休之到后秦首都长安后，后秦国主姚兴叫他带兵骚扰东晋襄阳一带。

刘裕打跑了司马休之以后，晋安帝下诏晋升他为太傅，兼扬州牧，可以佩剑上殿，入朝时不必快走，奏事时不用称名。之后，又不断增加他的封地及官衔。对此，刘裕有时拒绝，有时接受。他内心深处一刻也没忘记取东晋而代之。

义熙十二年（416）十一月，刘裕暗示有关官员提出给他加九锡。十二月，晋安帝便下诏任命刘裕为相国，总管百官，晋爵为宋公，加授九锡，位在诸侯王之上。可是，刘裕又故作姿态，坚决不肯接受，一则以此试探民心，二则北方后秦尚未平定。

转过年春天，刘裕北伐后秦，一举攻占长安，后秦国主姚泓投降。十二月，刘裕离开长安，返回彭城，接受相国、宋公、加九锡的封赏。

此时，刘裕取代东晋的时机已基本成熟了。就连北魏政权的君臣也看清了这点，感到东晋危亡之日已不远了，而夺取东晋政权的人就是刘裕。

当时，流行一句谶语，说"昌明之后有二帝"。晋安帝司马德宗的字为昌明，刘裕认为谶语是天意，于是决计把晋安帝害死，再立一个皇帝，然后自己再行上位。刘裕派亲信中书侍郎王韶之勾结晋安帝的贴身侍从，伺机害死晋安帝。义熙十四年（418）十二月十七日，王韶之趁晋安帝独自一人在东堂休息时，用衣服拧成绳子，将晋安帝活活勒死。

晋安帝一死，刘裕声称自己奉晋安帝遗诏，立晋安帝的弟弟琅琊王司马德文为皇帝，史称恭帝，改年号为元熙。

晋恭帝即位后，一般人都认为刘裕代晋只是时间问题了。所以，大批皇族纷纷逃往北魏避难。

元熙元年（419）七月，刘裕晋爵为宋王，驻扎寿阳（今安徽省寿县）。转过年正月，刘裕认为取代晋朝的时机已到，于是召集文武百官举行宴会，酒过三巡，刘裕不动声色地对大家说："桓玄篡位时，晋朝已经亡了，是我首举义旗，号召天下兴兵勤王，才使晋朝得以复兴。此后，我又西征北伐，屡建功勋，朝廷不断封赏，直到晋为王爵，加九锡，位极人臣。现在，我已经老了，凡事都应忌讳过头，满招损啊。今天，我决心把爵位还给朝廷，回京养老，以享天年。"

文武百官不解刘裕真意，都为他歌功颂德，称颂他太谦逊了。刘裕也不再说什么了。这个宴会直到天黑才散。

中书令傅亮离开王宫回家，刚出大门，没走多远，心里一动，恍然大悟，体会到了刘裕回京养老的言外之意。于是，他家也不回了，掉转头又奔刘裕王宫而来。这时，宫门早已紧闭了。傅亮使劲敲门，边敲边喊有要事求见宋王。刘裕闻报后，立即传令接见傅亮。傅亮一见刘裕，便说道："臣要暂时回京一趟。"

刘裕已明白了傅亮的来意，便问他："需要几个人护送？"

傅亮说："只需几十人即可。"

说罢，傅亮便告辞了。他刚走出王宫大门，突然一颗流星划过夜空，傅亮把大腿一拍，自言自语说道："我平日里不相信天象，今天可是应验了！"傅亮连夜赶回建康。他立即向晋恭帝进言，调刘裕进京。晋恭帝自然照办了。

六月，刘裕进京。傅亮在刘裕的指使下，暗示晋恭帝把皇位让给刘裕，并把让位诏书的草稿给晋恭帝看。晋恭帝强颜欢笑，装作高兴的样子说："晋朝不叫刘公，早就亡了，今天对此还有什么可遗憾的！"

说罢，便在大红纸上把傅亮拟的让位诏书抄了一遍，一个字也未改动。

元熙二年（420）六月十一日，晋恭帝正式宣布退位，离开皇宫，回到琅玡王府。十四日，刘裕在建康南郊建好了高台，举行禅让仪式，刘裕登基称帝，改国号为宋，史称宋武帝。

下台的晋恭帝司马德文被刘裕封为零陵王，迁往秣陵（江宁县）居住。刘裕宣称给他种种特权，甚至可以继续使用东晋的年号，可是所谓的种种特权不过一纸空文，一样也没兑现。司马德文深知刘裕不会放过他，于是，他十分注意安全，吃的喝的全由妻子亲手操办，妻子日夜不离开他一步。

宋武帝永初二年（421），刘裕把一坛毒酒交给郎中令张伟，命他给司马德文送去。张伟曾是司马德文未当皇帝时的属官，不忍心加害故主，但又不敢不遵从刘裕，结果，他在途中把毒酒喝了，临死时说："毒害君主，求得自己苟活，还不如死了！"

九月二十日，刘裕又命司马德文妻子的两个哥哥褚叔度、褚淡之去探望妹妹，二人到了司马德文的住所，在另外一个房间里与妹妹闲谈。这时，事先埋伏下的士兵跳墙进入院内，直奔司马德文的住室。室内只剩下司马德文一个人，兵士冲上去，把毒药送给他，逼他喝下去。司马德文不喝，对兵士说："我信佛，佛教教义规定，自杀的人来世不能再托生为人。"

士兵听罢，从床上拿过一条被子，把司马德文活活给闷死了。

刘裕听到司马德文的死讯，还假惺惺地在朝堂上率领文武百官哀悼了三天。

刘裕害死司马德文，才安下心来。他在位三年，颇有政绩，社会比较安定，生产有所发展，广用贤人，政治比较清明。刘宋政权，与北方的少数民族政权形成对峙局面，是南北朝的开始。

萧道成坐收渔利

说他抢来的天下，
莫如说他捡来的天下。

南北朝时的刘宋王朝只存在了59年，便被萧道成建立的齐朝所取代。萧道成是一介武夫，能征善战，对刘宋王朝可称得上忠心耿耿，在政治上并无野心。在刘宋王朝年轻昏庸的君主面前，他非但不居功自傲、嚣张跋扈，相反，倒显得俯首帖耳，有时甚至可以说很窝囊。

既然如此，萧道成又怎么代宋而建齐的呢？在某种程度上说，他取代刘宋王朝是被"逼"出来的。刘宋王朝时间虽不长，昏君却很多。在9个皇帝中，昏幼之君就有5名，除开国之君刘裕外，只有宋文帝刘义隆在位30年期间，局势较安定，吏治较清明，史称"元嘉之治"，号为南朝之盛世。可是，元嘉二十七年（450）开始大举北伐，军费开支庞大，消耗了国力，而不久之后北魏又大肆南侵，"元嘉之治"遂呈衰势。而宋文帝之后，内政昏暗，统治集团内部争权夺利愈演愈烈，皇帝接连被废黜，至宋后废帝刘昱元徽年间，刘宋王朝已衰微不堪，灭亡只是时间问题了。元徽五年（477），宋后废帝刘昱被刺身亡，宋顺帝刘準继位，刘宋王朝已经名存实亡，苟延两年之后，终被萧道成所取代。

萧道成生于元嘉四年（427），他的父亲是刘宋王朝的龙骧将军、男爵，历任汉中、南山太守。他14岁时离家投军，16岁就领兵作战了。宋文帝刘义隆死后不久，他袭父爵，并出任建康县令，以精明强干著称。宋明帝刘彧于公元465年继位后，他任右军将军。从宋文帝死到宋明帝继位，其间仅13年，先后有三个皇帝，其中两个皇帝被废黜，可见政治动荡之激烈。这一切萧道成或耳闻，或目睹，对统治集团的内争，感受自然是很强烈的。而他在宦海中沉浮，靠英勇善战，不断得到提拔，没有主动介入争权夺势的斗争。

宋明帝是靠刺杀前废帝刘子业而上台的，这自然要遭到一部分皇族及大臣的反对。宋明帝为了保住皇帝的宝座，自然要笼络一批有实力的人物，而萧道成就是其中之一。宋明帝接连提升他的官职，而他也甘心为宋明帝南征北战。如在征讨以会稽太守为首的反叛势力时，萧道成立下了汗马功劳，一天就攻破敌方12座阵地，很快便将浙东一带反对宋明帝的武装势力削平。当徐州刺史薛安归附北魏后，派兵南下时，宋明帝又命萧道成率部抗击，大败南侵之敌。萧道成的武装力量成了宋明帝统治的一个有力的支柱。

常言道，功高震主。萧道成尽管为宋明帝冲锋陷阵，杀敌立功，宋明帝也一次次提升他的官爵，但是，随着他权力的加大，流言也随之而产生，说萧道成要当皇帝。因此，宋明帝也开始对他产生了戒心。

一次，宋明帝派冠军将军吴喜给萧道成送去一壶酒。萧道成听说皇帝派大将给自己送酒来，急急忙忙跑出大门迎接。当他接过密封的酒壶时，心里犯了嘀咕，怕这是一壶毒酒，迟迟疑疑不敢开封，甚至想扔下酒壶逃走。吴喜看破了他的恐惧心理，就笑着对他说，这是美酒，尽管大胆喝，不要胡思乱想。说罢，自己先喝了一口，让萧道成解除顾虑。萧道成这才放下心来，高高兴兴地向皇帝谢恩。宋明帝此举是为了试验萧道成，如果没有吴喜从中斡旋，萧道成就要逃亡了。吴喜回朝向宋明帝报告说萧道成接到酒之后，很高兴，向皇帝谢恩。这样，宋明帝才暂时放下了心。

从此以后，萧道成处处留意，一举一动以不引起宋明帝怀疑为准则。泰始七年（471），宋明帝命令萧道成离开淮阴，进京就职。萧道成的部下劝他不要应召进京，怕进京后凶多吉少。萧道成说："皇帝召我进京是因为太子年幼，急需有人辅佐，事关大局，如果我不应召，便会使皇帝疑心。我不仅应召，而且立即就动身。"

萧道成的判断是正确的，进京后，他被封为散骑常侍、太子左卫率。公元472年宋明帝病死，遗诏中列出一批大臣辅佐太子登基，萧道成也在其中。他当上了右卫将军兼卫尉，不久又任侍中，率军镇守石头城，成为参与朝廷机要的大员。

新皇帝刘昱刚继位，皇族江州刺史桂阳王刘休范造反，小皇帝惊恐万状，众权臣齐聚中书省衙门商量对策。桂阳王势力很大，众权臣各怀心腹事，谁也不吱声。萧道成挺身而出，说道："从前占据长江上游造反的人，都因为行动迟缓而招致失败，此番刘休范肯定要吸取教训，轻兵急下，以求速战速决。我请求率兵到新亭驻守，以抗反贼。"

中书舍人孙千龄是刘休范的同党，他急忙插话说："还是应该像以往那样，派兵驻守梁山。"

萧道成板起面孔，反驳道："现在，贼兵已接近梁山了，我兵怎么来得及去梁山！新亭是战略要地，首当其冲，我不过是以死报国罢了。"

散会后，萧道成被任命为都督，单人匹马去了新亭。他一进入阵地，尚未来得及布好防线，叛军的先头部队就到了。萧道成在住所脱去衣服，舒舒服服地躺在床上，以此来安定军心。此举动还真有效，原来军心动摇的守军立即安定了下来。萧道成命令陆上坚守，水上出击。

刘休范自恃势力大，不把萧道成放在心上。他在战斗开始后，身着白色衣服，坐着轻便小轿，在几十个护军的保卫下，登上新亭城南的临沧观，俯视战场。

萧道成的部下屯骑校尉黄回与越骑校尉张敬儿见状，两人打算用诈降的办法，出其不意将刘休范抓获。张敬儿将此想法报告了萧道成。萧道成听罢，对张敬儿说："你如果能成功，我就把你所在的雍州赏给你！"

张敬儿与黄回潜出城南，丢下武器，奔向临沧观，口中高喊前来投诚。刘休范见状很高兴，把他俩叫到自己面前。黄回神秘地说："启禀大王，萧道成想投降，派我俩来联系。大王如果同意，请派大王的公子去新亭与萧道成接洽。"

刘休范信以为真，当下就把两个儿子刘德宣、刘德嗣送到萧道成兵营中去了。把张敬儿、黄回留在了自己身边。刘休范的两个儿子一到新亭，就被萧道成杀了。刘休范以为大局已定，自己很快便可以当皇帝了。高兴之余，喝得酩酊大醉。张敬儿乘刘休范昏睡时，抽冷子夺下刘休范的护身刀，将刘休范的头割了下来。刘休范的贴身卫士见主人被杀，一哄而散。张敬儿和黄回乘混乱之机，带着刘休范的头跑回了新亭城内。

叛军的攻城部队不知刘休范已死，攻势越来越猛。叛军的敢死队数十人在萧惠朗的率领下冲进了新亭，很快便冲到了萧道成所住的射堂。萧道成指挥部下与叛军敢死队展开肉搏，萧惠朗不支，又率队退出新亭。萧惠朗的妹妹是刘休范的妃子，哥哥萧惠明当时正在萧道成部下，也住在新城。可是萧道成对萧惠明仍照常信任，毫不怀疑。

叛军的另一支部队攻到秦淮河上的朱雀桥，与攻新亭的叛军形成南北夹击之势。后来，攻新亭的叛军放弃新亭，向北攻打朱雀桥。守军失败，纷纷逃向皇宫。石头城的守军也败退下来，逃进皇宫。霎时间，皇宫里乱了套，败将纷纷传说新亭也失守了。皇太后吓得泪流满面，拉着10岁的小皇帝，不住地喃喃自语："完了，完了，天下丢了！"

五月二十四日，抚军将军府长史褚澄打开东府门，把南部的叛军放进城。他拥戴安成王刘准占据东府，并假传刘休范的命令："安成王是我的儿子，任何人不准侵犯！"

同时，中书舍人孙千龄也打开承明门，向叛军投降。皇太后狠心地把宫中的珠宝都拿出来，赏赐守军，可是，面对叛军的攻势，守军已无斗志，朝廷和宫里乱成了一片。

这时，在叛军中忽然传开了刘休范的死讯。叛军上下顿时做好了逃跑的准备。有个别的叛将造谣说刘休范没死，现坐镇新亭。城内的朝廷官员纷纷跑到新亭，拿着手本（名片）请求拜见刘休范。一时间，前来表示效忠的官绅达数千名。

萧道成闻讯，登上新亭北城楼，对前来求见刘休范的人们说："叛逆刘休范父子已经被杀死了，尸体就放在南冈下边。我是萧道成，大家仔细看看。各位的手本我已经烧毁了，请不必顾虑！"

萧道成立即派出军队从石头城渡过秦淮河，从承明门进城，保护皇宫，同叛军开仗。结果，消灭了叛军，还攻克了东府。萧道成率军返回建康。百姓沿途围观，纷纷指点着萧道成说："保住朝廷的就是这位萧将军啊！"

在平定桂阳王刘休范的过程中，萧道成忠于朝廷，孤军支撑危局。因此，被任命为中领军、南兖州刺史，留京任职，与袁粲、褚渊、刘秉共同决定朝政，人称"四贵"。此时的萧道成在政治上仍无野心，在昏聩的君主面前仍是毕恭毕敬的。

小皇帝刘昱随着年龄的增长，越加荒唐、凶残、暴虐。他经常化装成平民出宫嬉戏，甚至夜不归宿。有时光天化日之下，在街头巷尾与地痞无赖流氓为伍，遭到他们的谩骂、踢打，不仅不怒而且很高兴。有时率领卫士全副武装出游，沿途无论碰上男人或女人，老人或小孩，牛马猪狗，都要斩尽杀绝。他随身经常携带斧锤凿锯，不管官民，随时随地便亲手杀砍，甚至剖腹取乐。

直弄得人心惶惶，鸡犬不宁。只要他上街，店铺便纷纷关门，路断行人。每逢他召集官吏，百官无不战战兢兢，不知何时丧生。就连值班的太监，也不能幸免于难。每逢值班的下岗时，无不长出一口气，又平安度过了一天！

刘昱已到了严重变态的程度了。他居然无缘无故地想杀死萧道成。夏天某日，刘昱突然驾临萧道成家。当时酷暑难当，萧道成光着膀子，躺在竹榻上乘凉。刘昱突然闯入，他连穿衣服都来不及，只得光着膀子接驾。刘昱盯着萧道成的大肚子说："这可是个好靶子！"

边说边向侍卫要弓箭，竟然瞄准萧道成的肚脐，拉开弓就要射箭。萧道成急忙说："陛下，老臣无罪！"

侍卫王天恩劝阻刘昱道："陛下，萧将军的大肚子果然是个好靶子，可是，陛下这一箭射上去，萧将军就死了，以后，陛下想找这样的好靶子可就难喽！臣想陛下不如改用响箭射，响箭的箭头是圆形的骨头，射不死人，下次还可以再射！"

刘昱听后，便换了一只响箭，朝着萧道成的肚脐射去，一发即中。刘昱把弓扔到地上，哈哈大笑起来，说："这一手怎么样？"

由于王天恩的巧言劝谏，萧道成才保住了性命。

可是，刘昱要杀萧道成之心不死。一天，他带领人马把萧道成的中领军衙门团团围住，然后就放起火来。他吩咐众兵士，只要萧道成往外一跑，当场就把他杀了。只是因为萧道成坚守衙门没有离开一步，所以才没被杀死。

刘昱三番两次要杀萧道成，都没有达到目的，于是，在宫中命人做了一个木头人，同萧道成一模一样，在木头人的肚子上画好靶心。刘昱天天都用箭射靶心，还命令卫士们射靶心，射中者予以重赏。刘昱在宫廷内外，不管碰上什么东西，都指着大呼萧道成的名字，并且亲自磨扎枪头，边磨边说："明天非扎死萧道成不可！"

刘昱的这些类似疯癫的举动，被他的生母陈太妃知道了。陈太妃把刘昱叫来，大骂道："你这个不成器的东西，萧道成为国家立下了大功，你今天把他害死了，明天谁还会给你出力效忠？！"

刘昱从小就怕陈太妃，因为宋太宗刘彧生前有令，只要刘昱不听话，陈太妃可以狠狠地打他，所以刘昱长大后仍然怕陈太妃。这次经陈太妃一顿痛骂，才不敢再提杀萧道成的事了。

萧道成几次从刘昱手下死里逃生，成天担惊受怕，不知何时死于刘昱手中。他被逼不过，才横下心来，决意废黜刘昱，以求个人无事，国家太平。于是，他同另外两个权臣袁粲、褚渊商议废黜刘昱，另立新君。袁粲说："皇上年幼，偶犯小过，可以改正。今天想效法伊尹、霍光废黜君主是行不通的啊。就是能够成功，到头来也将连个安身之处也不会有了。"

褚渊在一旁沉默不语。这次"碰头会"就这样毫无结果地散了。袁、褚二人走后，萧道成部下功曹纪僧真说："现在皇帝毫无人君的样子，人人不能自保，不能把希望寄托在袁粲、褚渊身上！将军您可不能坐等大祸降临呀！生死存亡的关键，将军可要深思熟虑啊。"

萧道成认为纪僧真说得很有道理，决心不管袁粲、褚渊等人的态度，自己单枪匹马也要拼一番。

萧道成开始行动了。

他秘密派遣亲信给青州、冀州刺史刘善明捎话说："人们劝我去广陵，我想这不是长久之计。现在秋风已起，您如果与垣荣祖太守向北魏挑衅一番，引起边境冲突，我的一切计划就可以实现了。"与此同时，萧道成给东海郡太守垣荣祖也捎去了同样内容的信。

刘善明很快就给萧道成回了信，说："刘宋王朝将要灭亡，无论聪明人或愚蠢的人都知道这个。北魏一旦有什么动作，不仅对你不利，反而会成为你的祸患。你英明神武，非常人可及，只要安心静候时机，大事不愁成功。"

同时，垣荣祖也回信说："将军的府邸离朝廷不过百步之遥，你出走人家怎么会不知道？再说，你单枪匹马去广陵，一旦人家闭门不纳，你将往何处安身？你的一举一动，难免没有人向朝廷报告，那时一切便全完了！"

纪僧真对去广陵也不赞同，他说："皇上虽然荒唐无道，但是国家的元气还没有大伤，将军一家百余口，将军北上也不可能把家人全带走。退一步说即使顺利抵达广陵，天子一旦把您定为叛逆，从京城发出一道诏令，将军能躲得了吗？这不是万全之策。"

萧道成的堂弟萧顺之及儿子萧嶷也都认为去广陵不妥。这父子二人主张趁皇帝离开宫廷到街上游逛时下手，成功的可能性最大。如果跑到京城以外的地方起兵，则成功的把握很小，甚至会引火烧身。

萧道成在众人的劝说下，改变了去广陵发动兵变推翻皇帝的主意。他决定在京城下手。越骑校尉王敬则主动在夜里到街上隐蔽，观察皇帝的行踪。萧道成授意王敬则去结交皇帝的贴身侍从杨玉夫、杨万年、陈奉伯等众人，以便在宫中安下眼线，伺机动手。

元徽五年（476）七月初六，皇帝刘昱在夜里又换上平民衣服，带上几名卫士上街游逛，信步走到萧道成府门前，身边的侍从说："领军将军府内的人现在全睡了，陛下何不爬墙进去耍耍？"

刘昱摇摇头，说："今天晚上我要到别处痛快痛快，明天晚上再来这儿吧。"

刘昱与侍从的对话，被门内的萧道成部下员外郎桓康等人听个一清二楚，立即向萧道成报告了。萧道成当机立断，明天晚上动手。他叫王敬则速去同杨玉夫联系。

第二天，是七月初七，刘昱坐着敞篷车，到台冈玩，同侍卫比赛跳高后，前往青园尼姑庵又闹了一阵，挨到晚上，又去新安寺偷狗，然后到昙度道人那里煮狗肉吃，喝得烂醉才返回仁寿殿睡觉，把昨天夜里在萧道成家门口说的话，忘了个一干二净。

侍从杨玉夫早已同王敬则定好，今夜伺机干掉刘昱。当刘昱返回仁寿殿时，吩咐杨玉夫到院内去观察织女星过天河，并说："看见织女星过天河立刻向我报告，你如果看不见，哼，我把你小子心肝肺挖出来！"

近期以来，刘昱一见到杨玉夫就咬牙切齿地说："看我不把你小子宰了的！"

现在，杨玉夫又看到刘昱那副凶狠的模样，不由得后背直冒冷气。本来，他还有点犹豫，如今一听刘昱要挖他的心肝，他横下心今晚干掉刘昱。

王敬则按照事先的约定，藏在宫门外面，静候杨玉夫的消息。

杨玉夫等到刘昱睡熟，就同杨万年一块把刘昱的防身刀拿到手中，然后，把刘昱的脑袋割了下来。对此，宫中任何人也没有觉察。因为刘昱出入皇宫毫无规律，所以宫门，包括小阁的门一律不上锁，晚上也敞着。值班警卫怕无故挨打，都躲在值班室内，不呼唤不愿出屋。偌大的一座仁寿殿，空荡荡一个人影也见不到，所以杨玉夫才能毫不费事地刺杀了刘昱。

杨玉夫杀死刘昱后，让待在走廊上的乐师陈奉伯把刘昱的脑袋藏在袖子里，带出宫去。陈奉伯顺利地走出宫门，把刘昱的人头交给了王敬则。王敬则飞马来到萧道成府门，高喊得手了，叫快开门。萧道成听到门军报告后，担心是刘昱骗自己，吩咐不准开门，并叫王敬则把人头从墙上扔进来。萧道成拿到人头后，用水冲去鲜血，确认是刘昱的脑袋，这才准许打开大门。

萧道成带着王敬则、桓康等人赶往仁寿殿。进了宫门之后，过了几重门，守门的禁军个个低着头，不敢察看来人。因为他们以为是皇帝回宫了。萧道成一行顺顺当当地抵达了仁寿殿。这时，殿内的值班人员被惊动了，警卫也从屋中跑出来。正当人们惊恐不安之时，萧道成大声宣布刘昱已经死了。人们一听先是一怔，接着便欢呼雀跃起来。

七月初八日一大早，萧道成站在仁寿殿院中，以皇太后的名义下令召袁粲、褚渊、刘秉三个决策者进宫议事。三人到齐后，萧道成首先朝皇族刘秉说："这是你们刘家的事，你看怎么办吧？"

刘秉一声不吭。

萧道成气得胡子都撅起来了，瞪着两只闪闪发光的眼睛盯着刘秉。刘秉见此情形，无可奈何地说："行政方面的事务可以交给我处理，军队方面的事务，则由你全权负责好了。"

萧道成点点头，转脸冲袁粲说："军队的事由袁大人管吧！"

袁粲一听，倒吸了一口凉气，两只手不停地摇摆说："别，别，萧将军别推辞，军队的事非将军您莫属哇！我不成，实在不成……"

这时，王敬则从座位上跳起，嗖的一声把佩刀拔出来，圆睁二目，高声说道："天下大事，都应禀报萧公裁决，谁敢说个不字，让他的血染我的宝刀！"

说罢，将条几上的皇冠一把拿起来，扣在萧道成的头上，说："办大事要打铁趁热，有谁敢乱动吗？"

萧道成对王敬则呵斥道："你这是干什么？！"

袁粲刚要张嘴，王敬则把刀一拍，冲他喝道："你要怎样？"

袁粲连忙把嘴紧紧闭上。

这时，褚渊说话了："依我看，要不是萧将军，咱们任凭谁也不能收拾这个局面呀。"

说罢，把一些应该处理的奏章，全部双手呈给萧道成。

萧道成一边接过奏章，一边说道："既然你们都不肯出头，我也就不能再推辞了。"

当下，萧道成提出请刘準继承帝位，众人一致同意。萧道成把手一挥，命令卫士们："备车，到东府迎接皇上。"

"遵命！"卫士们雷鸣一般答应。一个卫士出殿去传令，剩下的卫士按照事先的吩咐，一齐拔出腰刀，呼啦将刘秉、袁粲、褚渊围上，"请"他们去东府迎接刘準。刘秉等三个人浑身打战，乖乖地在卫士们的簇拥下，出殿上车奔东府去了。

在宫门外，刘秉与堂弟刘韫相遇。刘韫掀开车帘，对刘秉说："今天的事，该归兄长了吧？"

刘秉沮丧地答道："他们已把大权交给萧领军了！"

刘韫捶胸顿足地说："哥哥呀，哥哥，难道你的肉中就没有血吗？用不了多久，该被抄家灭族了！"

当天，萧道成以太后的名义宣布废帝刘昱的罪状，并说明这次废黜皇帝是太后决定的，命令领军将军萧道成执行的。最后，还明确宣告由安成王刘準继位当皇帝，追封已死的皇帝刘昱为苍梧王。

新皇帝刘準当时只有11岁，朝政由萧道成、袁粲、褚渊、刘秉共同辅佐。时隔不久，萧道成以司空、录尚书事、骠骑大将军的身份，兼管军政大事，总揽朝政，广置心腹。褚渊彻底投靠萧道成，袁粲和刘秉被架空，虽然心怀不满，可是也无可奈何，只得俯首听命了。

这时，萧道成已产生称帝的野心了。他开始进一步排除异己，于八月把袁粲调任镇守石头城。袁粲看破了萧道成的用心，一反常态，毫不推辞地出守石头城。他的用意是，虽然离开了决策的中书监地位，但毕竟手中握有一部分兵权，可以便于暗中策划推翻萧道成的活动。

还没等袁粲起兵，萧道成的亲家荆州刺史沈攸之已发兵讨伐萧道成了。

沈攸之与萧道成本是好朋友，二人在宋孝武帝刘骏及宋前废帝刘子业时期曾共同担任宫廷警卫，萧道成的女儿嫁给了沈攸之的儿子，二人可称得上休戚相关了。可是，当萧道成杀了宋帝刘昱，掌握了朝廷大权之后，沈攸之开始嫉妒他了。沈攸之不止一次地对人们说：“我宁可像王陵那样死去，也不当贾充！”

王陵是三国时代魏国的太尉，因要讨伐司马懿而被杀死；贾充是魏国的大臣，指使部下刺杀魏王曹髦，甘心情愿地给司马昭当鹰犬。沈攸之说这话，用意很明显，充分表露出不与萧道成联手的决心。

沈攸之一面公开表态反对萧道成，一面因力量不足却对刘準继位表示祝贺。暗中，他积极积蓄力量，等待时机起兵攻打萧道成。同时，沈攸之还向亲信们透露，他手中有一道宋明帝刘彧当年写给他的密诏，言下之意是说自己的一切言行是有依据的，是在履行宋明帝的嘱托。

在沈攸之起兵前夕，他的妾崔氏劝阻道：“大人年事已高了，怎不考虑全家百余口的生死呢？"

沈攸之指着身上的坎肩说："当年宋明帝给我的密诏，我缝在这里面，日夜不离身，时时刻刻都不忘皇帝的嘱托啊！"

接着，他又说，昨天收到太后赏赐的蜡烛，剖开后，发现里面藏有太后的亲笔诏令，指示自己："国家大事，全凭卿做主了。"正因为这些，自己才起兵讨伐萧道成。

十二月十二日，沈攸之点将发兵沿江东下，同时还给萧道成写了一封公开信，说："少帝（刘昱）昏暴，你可以与众位大臣会商，然后共同向太后建言，废黜昏君。你怎么可以勾结皇帝的侍卫刺杀君主呢？甚至暴尸不葬，致使尸体腐烂生蛆，蛆都爬到了门上。对此，群臣无不惊骇。你又随意调动大臣，安插亲信，连宫门、殿门的钥匙也由你的家人们掌管。我真不知道，当年汉朝的霍光在辅佐幼主时是这样的吗？我更不知道，三国时的诸葛亮受先帝之托，辅佐后主是这样的吗？你既然想灭亡宋朝，就怪不得我以春秋时楚国的申包胥为榜样，要到处借兵保卫国家了！"

京城众官员见到这封信后，无不惊慌。萧道成也很紧张，立即采取对策，命令侍中萧嶷替自己镇守东府，命令抚军将军萧映把守京口。接着，又下令京城戒严，命令刘赞为荆州刺史，撤销沈攸之之职务，任命右卫将军黄回为前锋，率各路兵马讨伐沈攸之，又任命自己的儿子萧赜为西讨都督。

萧道成部署妥当之后，就去探望袁粲。袁粲没给他面见。于是，萧道成就把褚渊叫来，与自己共同处理政事。褚渊对萧道成说："西部兵变不会成功，关键是你要防止朝廷内部的变故！"

这时，袁粲、刘秉正联合因母丧回京的湘州刺史王蕴准备搞掉萧道成，并取得了黄回、卜伯兴、任侯伯、孙昙瓘、王宜兴等将帅的支持。

对此，萧道成也有所闻，加上褚渊的提醒，立即采取了一些防范措施，派苏烈、薛渊、王天生等亲信去石头城协助袁粲，实则监视。任命王敬则为直阁将军，与卜伯兴共同掌管禁卫军。

袁粲等人加紧了事变的准备，一边将政变计划告知了褚渊，以谋求他的支持；一边决定假传太后圣旨，派刘韫、卜伯兴率禁卫军攻打萧道成。同时，决定刘秉、任侯伯赶往石头城，于二十三日夜里开始行动。

刘秉为人懦怯，本来约定夜里动身，可是他却提前在下午就收拾行装，天没黑就带领全家老小赶奔石头城去了。孙昙瓘听说刘秉提前动身，他也跟着奔向石头城。袁粲见刘秉等提前到来，惊呼："为什么提前行动？今天肯定要失败了！"

果不出袁粲之所料。由于刘秉等人提前行动，引起了人们的怀疑，丹阳郡丞王逊等人纷纷跑去给萧道成报信。萧道成闻讯后，立即派人秘密通知王敬则。王敬则赶到中书省逮捕刘韫。这时，刘韫已准备停当，只等夜里到点动手。突然见王敬则前来，不由得大吃一惊，慌忙立起身来说："老兄为何在这么晚前来？"

王敬则厉声呵斥道："你小子怎敢叛乱？！"

刘韫一听此话，感到事态严重，立即冲上去与王敬则厮打，结果被王敬则杀死了。之后，王敬则又杀死了卜伯兴。

与此同时，石头城内的苏烈等人也接到萧道成的命令，抢占了仓城，与袁粲对垒。

王蕴得知刘秉逃往石头城的消息后，深深地叹了一口气，说："大事休矣！"匆匆忙忙集合几百名卫士，也逃往石头城。按照事前约定，行动开始后，石头城南门大开，以便刘秉、王蕴、孙昙瓘等人进来。由于刘秉提前行动，一切都乱了套。这时，南门已被薛渊控制了。当王蕴一行来到石头城南门时，见城门紧闭，尚未来得及喊话，城上便乱箭齐发，王蕴等以为袁粲已经失败了，于是便一哄而散，乘着夜色掩护，逃命去了。

这时，萧道成派来的援军已到，进了石头城与苏烈等一同攻击袁粲。不久，袁粲的指挥部西门被焚，正在东门的袁粲急急忙忙赶往西门，与袁粲同在东城门的刘秉同两个儿子翻过城墙落荒而逃。

当袁粲与儿子袁最来到西城门时，指挥部已被占领，袁粲父子被杀死。袁粲临死之前对儿子说："我不失为忠臣，你不失为孝子。"

刘秉父子逃到额檐湖时，被追兵抓住，当场被砍了头。

任侯伯并不知道事情泄露，仍按原计划按时乘船去石头城，临近一看，朝廷的军队严阵以待，立即掉转船头回去了。黄回的部队已集合待命，只等天亮冲进宫城。当黄回听到事情败露的消息时，便不敢行动了。萧道成对黄回仍如既往，未加追究。王蕴在逃跑途中被捉，被杀；孙昙瓘一时不知去向。

就这样，袁粲等人精心策划的政变，以失败而告终。

闰十二月十四日，沈攸之率军抵达夏口。留下一部分军队围攻郢城，自己率大军继续东下。行前，又改变计划，亲自督战攻打郢城，久攻不下。

宋顺帝升明二年（478）正月，沈攸之倾全力攻打郢城，屡屡败阵。后来，他分兵攻打鄂城和黄冈东部，获得胜利。不久，黄冈东部又被朝廷收复。

这时，沈攸之的部队锐气丧尽，逃跑者日益增加。沈攸之亲自出马到各营巡视、抚慰，逃兵仍有增无减。他气急败坏地召集各将领训话："我受太后委托率兵东下，如能成功，大家都可升官发财；若是不幸失败，与你们众将无关，朝廷只拿我一人问罪。近来，士卒逃跑日有发生，全因你等管教不严所致，我也不可能逐个去审讯逃跑之人。从今天起，各部队如再有叛逃的，我就唯你们这些领兵将领是问！"

沈攸之满以为经自己这么一讲，各将领肯定会严加防范士卒逃亡。可是，却事与愿违。自从他训话之后，带兵将领不仅不去追索逃兵，甚至兵士逃亡也不上报了。

攻打郢城的将领刘攘兵担心自己受制裁，主动与守城的柳世隆接洽投降。在正月十九那天，刘攘兵放火烧毁军营，离开阵地向柳世隆投降。其他攻城部队见刘部哗变，也一轰溃逃。沈攸之闻讯，气得暴跳如雷，派兵将刘攘兵的侄儿、女婿抓获斩首。可是，兵败如山倒，沈攸之也控制不住部队了。天亮时，就连沈攸之也逃过了长江，败退到汉阳东北，这时，身边只剩下几十名卫兵了。因为守郢城的柳世隆没有追击，沈攸之才得以喘息，收拢溃兵。他对收拢的两万多士卒说："荆州城内钱粮充足，我带你们去荆州搞粮草，然后咱们再打回来！"

这时，朝廷的部队已攻到江陵沈攸之的老巢。守江陵的是沈攸之的儿子沈元琰，城里众人听说朝廷大军已到城下，一夕数惊。夜里忽然听到鹤鸣声，以为是大军攻城了，官吏和百姓四散奔逃。沈元琰逃到宠洲（江陵西南的长江中），被乱兵杀死。结果，江陵失守，沈攸之的另外两个儿子、四个孙子被杀。

沈攸之逃到华容时，身边只剩一个儿子相随，其他官兵早已逃得不见踪影了。沈攸之父子走投无路，在树林中上吊自杀。村民将沈氏父子的头颅割下，送交占领荆州的官军。

荆州捷报送到京城之后，萧道成宣布解除戒严，自己也离开宫城返回东府。

萧道成进一步肃清异己力量，于四月将黄回召到京城，乘他前来拜见之机，命手下人将他杀死在客厅之内。

萧道成为了实现夺位计划，把自己的儿子萧赜提升为领军将军。此外，他还大量引用人才，收为心腹。

一切都准备停当之后，萧道成开始找褚渊密谈，说自己要当太傅，以此试探褚渊。褚渊一则是萧道成较为亲近之人，再则为人贪生怕死，所以他明知萧道成这是夺取皇位的第一步，也装作不解，满口赞成。

不久，萧道成便获得了一连串的官衔：大都督、太傅、扬州牧，而以前获得的太尉、骠骑大将军、录尚书事、南徐州刺史仍然照旧。此外，还附加了许多特权：使用黄钺仪仗、带剑穿鞋上殿见皇帝、入朝不趋、奏事时不传呼姓名等。转过年三月，皇帝又封他为相国，总管百官，晋爵为齐公，扩大封地至10郡，加赐九锡。

至此，萧道成要取代刘宋王朝的谋划已是昭然若揭了。这自然要引起皇族的反对。临川王刘绰是皇室近支，他派人联络凌源县令潘智，想在宫中搞一场兵变，消灭萧道成。潘智把刘绰的计划全盘报告了萧道成，结果，刘绰全家及党羽于三月初八日被捕捉处决。

四月初一日，萧道成又晋爵为齐王。他离皇帝宝座只一步之遥了！

四月二十日，宋顺帝刘准下诏把皇位禅让给齐王萧道成。名曰"禅让"，实乃夺权。四月二十一日，举行禅让大典。一大早，萧道成的心腹王敬则便率领军队冲进宫殿，迎接小皇帝刘准出席禅让大典，小皇帝吓得逃进佛堂，藏在宝盖下面。太后王贞凤害怕延误了禅让大典，招致杀身之祸，焦急万分，亲自带领太监在宫中四处寻找皇帝。费了九牛二虎之力，才找到了刘准。王敬则拉着小皇帝，叫他上轿。刘准抹了一把眼泪，颤声问道："要杀我吗？"

王敬则答道："不，离开这里住到别处去。你的老祖宗取代司马氏的时候也是这个样子。"

刘准绝望地边哭边说："希望死后再也不要托生在帝王家了！"

宫中的人闻听此言，全都哭了。

小皇帝刘準拉着王敬则的手，恳求道："请将军救命，我送给你10万钱！"

王敬则把小皇帝带到早已搭好的高台下，一切都按禅让的礼仪进行。典礼过后，小皇帝被封为汝阴王，送往丹徒宫居住。

褚渊率领文武百官，捧着皇帝玉玺，来到齐王住处劝萧道成登基称帝。萧道成却故作姿态，推辞不受。直拖到四月二十三日，萧道成才"不得已"在南郊即皇帝位，改国号为齐，改年号为建元，宣布在全国实行大赦。

五月十八日，有人骑马从汝阴王刘準的府门前经过，负责看守刘準的兵士们很紧张，以为是有人来抢刘準。一个卫士把刘準杀了，然后向朝廷报告说汝阴王病死了。萧道成闻讯后，不仅未进行追究，反而对那个卫士大加封赏。一天之后，萧道成又下令把刘宋王朝的皇族全部杀死，以绝后患。

萧道成称帝后，鉴于刘宋王朝君主昏暴，社会黑暗，内讧不已，为异姓人提供了夺位的机会这一历史教训，他革除了刘宋王朝的一些弊政，提倡节俭，崇尚儒家，社会风气有所好转，统治阶级内部矛盾有所缓和，社会一度又出现了太平景象。

高氏代东魏，宇文氏代西魏

//

这不过是夺位大潮中的两个浪头。

南北朝在混乱中对峙，在对峙中混乱。这种时势，造就出一批批夺取君权的"英雄"。夺位，已成为一种"时髦"。在南方，东晋、宋、齐、梁、陈五朝更迭，全由夺位所致；在北方，北魏的解体，东魏、西魏的灭亡，也都是篡位的结果。

北魏是鲜卑族建立的政权。开国伊始就不断闹内乱，皇帝接二连三被权臣所弑。至孝文帝元宏亲政时，推行汉化政策，大力改革，北魏才变衰为盛，并南下攻打齐朝，企图统一中国。可是，由于孝文帝病死军中，统一遂成泡影。孝文帝死后，北魏又为内乱所困。外戚高肇与佞臣茹皓专权误国于前，贵族元叉与太监刘腾秽乱朝政于后，国力大衰，社会风气日下。北魏王朝已到了腐朽不堪的程度了。

北魏孝明帝正光四年（523），对北魏来讲，不啻雪上加霜。明帝与胡太后矛盾深重，内乱一触即发。而北方柔然族又大举犯边，北魏设在北部边防的六镇，也为兵变、民变所困。在内乱外衅的挤压下，北魏王朝摇摇欲坠。

孝昌二年（526），孝明帝在平定北方六镇之乱、制止柔然犯边以后，想以拥有重兵镇守晋阳的权臣尔朱荣为后盾，铲除胡太后的势力，就下诏密令尔朱荣进京。尔朱荣率军进京途中，京城发生政变，胡太后与权臣郑俨等将孝明帝害死，迎立孝文帝的曾孙，年仅3岁的元钊即皇帝位。尔朱荣闻讯后，继续挥军南下，并在途中迎立长乐王的儿子元子攸为皇帝。一国二帝，势不两立。最后，以尔朱荣攻陷京城洛阳，把胡太后及元钊扔进黄河而结束了这场内讧。

元子攸名义上为皇帝，其实不过是尔朱荣掌中的傀儡。尔朱荣坐镇晋阳，遥控朝政；他的女儿当皇后，凶悍异常，专制后宫。孝庄帝元子攸内外受制，日夜不得安宁。

孝庄帝永安三年（530），乘尔朱荣来京城之机，孝庄帝设伏兵将尔朱荣杀死在洛阳。尔朱荣的儿子尔朱兆联合尔朱荣的堂弟尔朱世隆攻陷了洛阳，俘获了孝庄帝，送往晋阳杀掉。同时，立广陵王元恭为皇帝。

与此同时，大臣高乾、高敖曹、高欢起兵声讨尔朱兆，共推渤海太守元朗为皇帝，高欢自封为丞相。于普泰二年（532）高欢率北方六镇之兵攻陷洛阳。高欢进京后，不仅把尔朱兆立的节闵帝元恭废掉，而且把前一时期自己亲手立的元朗也废掉了。高欢改立平阳王元脩为皇帝。

第二年，高欢打败尔朱兆，将其杀死，占据了晋阳，遥控朝政，与孝武帝元脩的矛盾日渐激化。孝武帝联结镇守关中的大将尔朱荣的部下贺拔岳，密谋除掉高欢。

孝武帝永熙三年（534），高欢命秦州刺史侯莫陈悦将贺拔岳杀死。而孝武帝元脩也不示弱，命大臣宇文泰率兵讨伐侯莫陈悦，并将其杀死。事后，孝武帝下令宇文泰镇守关中。

不久，孝武帝又下诏痛斥高欢，列举罪状，要杀高欢。高欢针锋相对，率军南下，攻打洛阳。孝武帝不敌，逃往长安，投奔宇文泰。高欢在洛阳拥立清河王的儿子元善见为帝，并迁都邺城。孝武帝逃到长安后，封宇文泰为大丞相，辅佐朝政。实际是在宇文泰控制下当了傀儡。不久，宇文泰把孝武帝元脩杀死，改立南阳王元宝炬为皇帝。

从此，北魏一分为二了。元善见为孝静帝，因邺城在东方，称东魏；元宝炬为文帝，因长安在西部，称西魏。这两个皇帝都是傀儡，东魏大权被高欢掌握，西魏大权由宇文泰控制。

东魏与西魏分立之后，两国内部并不太平。围绕着君权，展开了一幕幕惊心动魄的斗争。

东魏占据山西、陕西分界黄河以东、淮河以北地方，生产与文化较为发达。高欢以丞相身份，专制朝政，其长子高澄、次子高洋手握军权，东魏其实是高氏父子的天下。

高欢生前对东魏孝静帝元善见表面尚能以礼相待。高欢时刻想吞并西魏，所以他不想内部出现纷争，以挟天子令诸侯为上策。可是，高欢死后，他的儿子大将军高澄主政，对孝静帝的态度却完全不同于乃父了，不仅傲慢无礼，还派亲信监视孝静帝的一言一行，如果说孝静帝已沦为"高级犯人"也不为过。

比如，高澄在给崔季舒写信时，竟公然以"白痴"来称呼孝静帝。其实，孝静帝不仅不傻，而且仪表堂堂，武艺超群，能挟着宫门外的石头狮子跳过宫墙，射箭则百步穿杨。孝静帝怕高澄已是人所共知的了。甚至他身边的侍卫往往以大将军高澄不以为然来劝谏他。一次，孝静帝到郊外打猎，策马飞奔，侍卫担心有闪失，就在后面大声喊叫："陛下，不要飞跑了，大将军会生气的！"果然有效，孝静帝立刻勒住了缰绳。更令孝静帝难堪的，莫过于挨骂挨揍了。有一次，大将军高澄陪孝静帝吃酒，高澄一时高兴，拿起大杯向孝静帝劝酒道："来，来，我劝陛下干这一大杯！"

孝静帝平日压抑的恼怒，乘着酒劲，突然爆炸了："自古以来，没有不灭亡的国家，朕这一生还有什么用？！"

高澄见状，勃然大怒，把酒杯往地上一摔，冲着孝静帝破口大骂："朕，朕，狗脚朕！"

骂罢仍不解气，又命令身旁的崔季舒殴打孝静帝。负责监视孝静帝的崔季舒抡起拳头连打孝静帝三拳，高澄这才拂袖而去。

第二天，孝静帝一见到高澄还连连道歉，说自己昨天喝醉了酒，说了一些醉话，同时，还赏给崔季舒一百匹绢。

孝静帝受的种种窝囊气，不敢发泄，只能靠念几首古诗来排遣了。一天，孝静帝吟起了谢灵运的《临川被收》诗："韩亡了房彦，秦帝鲁连耻。本自江海人，忠义感君子。"

当时，只有常侍、侍讲荀济在场。荀济自然领会了孝静帝的用意。孝静帝切盼能有张良、鲁仲连那样的人物站出来，替自己雪耻。

事后，荀济串联了祠部郎中元谨、长秋卿刘思逸、华山王元大器、淮南王元洪宣、济北王元徽等对高澄不满的官僚、贵族，暗中策划杀死高澄，以正朝纲。荀济把除掉高澄的计划向孝静帝讲了，并得到了首肯。于是，荀济等人便按计划开始行动了。

他们以在皇宫里造土山为名，暗中挖掘通向北城的地道，以供杀高澄时使用。当地道掘到千秋门下边的时候，守门的士兵听到地下有声音，就向高澄报告了。高澄闻讯后，立即率领军队冲进皇宫。高澄见到孝静帝，也不跪拜，一屁股坐在椅子上，高声喝问："陛下为什么要造反？我高家父子是开国的功臣，有什么地方对不住陛下？这肯定是陛下左右亲信及妃嫔干的事。"

孝静帝也豁出去了，理直气壮地顶撞高澄道："自古以来，只听说臣子造皇帝的反，没听说皇帝造臣下的反。大将军自己想造反，怎么反而指控我造反？我杀死你大将军，国家就会太平；不杀死你大将军，国家立刻就要灭亡。我自己都不能自保，何况妃嫔！一定要以臣弑君，早下手晚下手都取决于你大将军。"

孝静帝这番义正辞严的话，震慑住了高澄。高澄连忙站起身，大声哭着向孝静帝请罪。孝静帝也不敢过分，只得见好就收，留下高澄饮酒。两个人直喝到半夜，高澄才出宫。

高澄回去后，很快便把事情的真相查清了。三天之后，高澄把孝静帝软禁了起来，把荀济等人逮捕。高澄平素很敬重荀济，不想处死他，就亲自找荀济谈话。高澄问他道："荀老先生你怎么要造反呢？"

荀济正色说道："我荀济奉诏诛杀高澄，这怎么能叫造反呢？"

高澄见荀济不肯向自己低头，也就不再问了。朝负责审讯的官员摆摆手，荀济便被带了下去。审判官命人用小车把荀济拉到东市，连人带车一起用火烧了。

　　高澄在处置"造反"的一班人的同时，又怀疑咨议参军温子升了解荀济、元谨等人的"造反阴谋"。当时，温子升正在奉高澄之命，为高澄的父亲高欢撰写碑文。等碑文写毕，高澄便把温子升关进晋阳的监狱里，而且不给他饭吃。温子升在狱中饥饿难挨，只得吃破衣服保命，最后，被活活地饿死了。死后，尸体被抛在路边，家中人被罚作官府奴婢。

　　高澄把"造反"的官员处理之后，才把孝静帝从软禁的地方放出来。

　　时隔不久，高澄晋爵为齐王，官职由大将军升为相国，并享有种种特权。

　　孝静帝武定七年（549）八月初八，皇子元长应高澄的要求被立为太子。对于其他皇帝，立太子是一件喜事，但是对孝静帝元善见来说，立太子却不单纯是一件喜事了，在喜的背后，藏着忧。因为，说不定哪天高澄心血来潮，就要把太子扶上皇位，然后，再由太子上演禅让的闹剧，就像历史上多次发生过的那样。所以，孝静帝在立太子后，忧心如焚。

　　就在这千钧一发之时，高澄突然遇刺身亡。

　　此前，高澄在同梁朝的一次战斗中，俘获了梁朝徐州刺史兰钦的儿子兰京。高澄罚兰京为奴，让他给自己做饭。兰钦屡次请求赎回儿子，均被高澄拒绝。兰京自己也曾多次当面求高澄放自己回家。每次，高澄都用棒子来回答他的请求，并不止一次地威吓说："今后你这个畜牲再敢提回家的事，看我不宰了你！"就这样，兰京再也不敢提回家的事了，外表上还得装出十分恭顺的样子，可是，内心深处却充满了仇恨。兰京秘密串联了六个知心朋友，暗中商量好，抓住时机杀死高澄。

就在册立太子的当天，高澄在册立太子仪式过后，召集亲信散骑常侍陈元康、吏部尚书、侍中杨愔，黄门侍郎崔季舒密谋禅让，拟定文武百官名单，连吃饭都顾不上了。兰京照常来侍候高澄吃饭，刚一进门，就被高澄撵了出去。高澄盯着兰京的背影，对崔季舒等人说："昨天夜里，我梦见这个奴才用刀砍我，应立刻把他杀了！"

兰京听到了这话，赶紧跑回厨房，端起一大盘菜，将一把尖刀藏在盘子底下，又匆匆返回来，尽量不动声色地对高澄说："大王，奴才把菜送来了。"

高澄怒吼道："我没要，为什么你又来了？！"

说时迟，那时快，兰京把盘子一扔，亮出了尖刀，冲着高澄扑来，嘴里说："来杀你！"

高澄见状，一个高儿从座位上跳起来，没料到，因为动作太急，把脚扭伤了。高澄拖着伤脚，一头钻进了床底下。兰京一把将床掀翻，向高澄猛刺数刀。陈元康冲过来，同兰京夺刀，结果肚子被扎破，肠子流了一地；杨愔吓得抱头鼠窜，脚上的靴子都跑掉了；崔季舒慌不择路，躲进厕所。霎时间，高澄的住处翻了天。

高澄的弟弟高洋住在城东，闻讯后立刻指挥军队把高澄的住处包围起来，然后冲了进去。兰京等七人被高洋的手下剁成了肉泥。高洋对外封锁高澄死亡的消息，只说："奴仆造反，相国受伤，不严重。”

消息传开，朝野上下无不惊奇。高洋仍秘不发丧。当晚，陈元康也因伤重而死。高洋也不发表陈元康死讯，而且还发表一道命令，任命陈元康为中书令，借以掩人耳目。

高洋的一些亲信大臣纷纷劝他离开京城，到晋阳去，因为大量部队都驻在太原。高洋听从了亲信们的建议，连夜部署军队，自己决定去晋阳。

高澄遇刺身死的消息渐渐传播开来。孝静帝元善见也听到了。他对身边的亲信说：“高大将军已死，这是天意。看来，权力该回到皇家了。”

高洋离京前，进宫去朝见孝静帝。他的随从兵丁足有八千名，跟他上殿的就达二百名，个个手执兵器。孝静帝吓得面如土色，浑身抖个不停。高洋通过主持朝仪的大臣给皇帝传话：“我有家事，立即动身。”说罢，拜了两拜，便带着兵丁们出宫了。孝静帝好半天才缓过神来，瞅着高洋远去的背影，无可奈何地说：“这个人好像也不能容我，我不知道在哪一天死呀！”

高洋到晋阳后，朝廷封他为丞相，总管军事，晋爵齐郡王。不久，又晋为齐王。

高洋认为时机已到，于是积极筹划当皇帝。高洋的一些心腹利用占卜大造舆论，扬言“太岁星在午，天命大变”。当高洋把自己称帝的想法告诉母亲娄太妃时，没想到娄太妃却持反对态度，严肃地说：“你爸爸如同龙，你哥哥如同虎，他们尚且不肯违背天意当皇帝，你是什么人，居然学虞舜、夏禹进行禅让！”

　　高洋碰了一鼻子灰，把母亲这番话学给亲信徐之才。徐之才说："正因为大王您赶不上父兄，所以才应早登皇位。"

　　高洋拿不定主意，就召集会议商讨，他的部下齐聚一堂，娄太妃也出席了。会上，娄太妃抢先发言："我儿子为人正直，但有些怯懦，他肯定想不出禅让这个主意，这都是高德政蓄意制造事端，教唆我儿子这样干的。"

　　高德政是高洋的老部下，高洋对他言听计从，是高洋智囊班子的骨干。

　　娄太妃发言后，有几位大臣也表示不同意搞禅让。高洋见众人意见不统一，反对自己称帝的大有人在，于是只得宣布散会。

　　会后，高洋派高德政进京，去试探朝廷公卿们的态度。随后，自己率军东进，到平都城驻扎。在平都城，高洋又召集一次会议，讨论禅让的问题。出席会议的人大都不表态，只有长史杜弼侃侃而谈："现在，西魏是我们的大敌，如果大王称帝，恐怕西魏会以此为借口，挟天子以令诸侯，自称正义之师，出兵东犯，那时，大王如何对付他们呀！"

　　杜弼话音刚落，徐之才急忙说道："与大王争天下的人，也想干大王要干的事。大不了他们也称帝罢了。"

　　这时，高德政也从京城传来消息，朝廷大多数大臣都不同意高洋称帝。高洋准备启程返回晋阳。行前，一个管军粮的官员叫李集，对高洋说："大王您此番为什么而来？怎么能回去呢！"

　　高洋为了笼络对称帝持反对态度的人，把李集训斥一通，当众命令把李集推出东门斩首。暗中却把李集释放，并赏给他10

匹薄纱。

高洋返回晋阳后，每天都算卦。北平郡太守宋景业一贯主张高洋称帝，他占了一个乾卦变鼎卦，对人们说："乾卦是皇帝的卦象，鼎卦表示五月要发生大变化。这说明，五月份可接受禅让。"

持不同态度的人反驳道："五月不便出来做官，一旦犯了这个忌讳，就要死在官位之上。"

宋景业驳斥道："大王是称帝，永远也不会下台，自然要终于官位之上喽！"

高洋听罢，立即下令进京。行前，高德政把进京后要做的事一件件开出了个清单，交给了高洋。高洋命令亲信陈山提，带着这个清单进京去找杨愔，并向杨愔转交一封密信。

在邺城的杨愔接到密信后，就按照高德政清单上的各项，积极筹备起来。他召来太常卿邢邵，研究制定禅让的礼仪，又吩咐秘书监魏收起草"九锡文""禅让诏""劝进表"。最后，把东魏的皇族亲王召进北京，集中到一起。这一切布置妥当之后，杨愔又逼着孝静帝封高洋为相国，总管百官，并赏给他九样象征最高权力的物品，谓之九锡。至此，禅让前的一切准备均告完成。

再说高洋，他行到太原东的时候，胯下的马忽然失前蹄跌倒了。对此，高洋心中老大不快，勉强走到平都城，就再也不前进了。在高德政、徐之才的苦苦请求之下，高洋才又前进。

高洋到达邺城之前，朝中大臣见木已成舟，谁也不敢反对禅让了。高洋一抵邺城，立即抓来大批民夫，赶修高高的土坛，以备禅让时用。

五月初二，司空潘乐、侍中张亮、黄门侍郎赵彦深在高洋的指使下，进宫向孝静帝奏事。孝静帝在昭阳殿接见他们，张亮首先说："天道循环，有始有终。齐王英明，万方归心，望陛下遵天道，效尧舜，尽快禅让。"

孝静帝表情严肃地说："这件事让了许久了，我早该让位了。"殿里静悄悄的，连喘气的声音都能听到。过了一会儿，孝静帝开口打破沉寂，说："举行禅让，要先写好诏书啊。"

中书郎崔劼、裴让之答道："诏书已经写好。"

杨愔立即把禅让诏书递给了孝静帝。孝静帝一看，不仅诏书已抄清，而且玉玺都盖完了。他长长吁了一口气，问："我住哪里呀？"

杨愔答道："在北城已安排妥当。"

孝静帝听罢，不发一言，起身走出大殿，在东廊下稍停一会儿，信口背诵了《后汉书》上关于汉献帝的一段赞语："献生不辰，身播国屯，终我四百，永作虞宾。"众朝臣无声无息地跟在他的身后，都理解他这是以汉献帝生不逢时，国家遭难，自己到处流浪，最后汉朝灭亡，让位后当了别人的臣子的身世来自况。

孝静帝转过脸对杨愔等说："古人怀念遗落的簪子和破旧的鞋子，我要同妃嫔告别一下，可以吗？"

大臣高隆之抢着说："今天，天下还是陛下的天下，何况妃嫔呢！"

孝静帝一言不发，徒步向后宫走去，逐一与后妃们告别，宫女们都失声痛哭起来。李妃哽咽着念了曹植《赠白马王彪》诗中的一句"王其爱玉体，俱享黄发期"，以作诀别之辞。

孝静帝与众妃嫔意黯情伤，相对流泪。这时，大臣赵道德带来了一辆牛车，已到东阁下了。孝静帝一顿足，头也不回地登上了牛车。赵道德跨上车，紧紧抱住了孝静帝。孝静帝一腔怒火冲他发泄出来："朕敬从天命，顺从人意，你这个奴才是个什么东西，竟敢逼人太甚？！"

赵道德一语不发，纹丝不动。在一片痛哭声中，牛车缓缓地走出了宫门。孝静帝到达城北的住处后，派太尉彭城王元韶将玉玺给高洋送了去。

五月初四，高洋在邺城南郊即皇帝位，改国号为北齐，改年号为天保。一年以后，下台的孝静帝被高洋用毒酒害死。

西魏的辖地包括山西、陕西交界，黄河以西及秦岭以北的地方，人力及物资条件均不如东魏。但是，因为宇文泰苦心经营，充分发挥北部边地鲜卑人的尚武精神，把境内兵与民分开，创立府兵制，提倡勇武，所以在同东魏的战斗中，互有胜负，难决雌雄，抵挡住了东魏的西下。在文化方面，宇文泰以继承周朝的传统相标榜，根据《周礼》建立官制，以此与江南的梁朝相抗衡。

孝武帝元脩逃到关中以后，仍不吸取教训，照样过着荒淫的生活。当年在洛阳时，他甚至与三个堂妹通奸，将她们长年养在宫中，不令出嫁。仓促逃往关中时，他只带一个叫明月的堂妹。宇文泰对孝武帝乱伦的行为很反感，于是，就串通几位皇族亲王，把明月杀死了。孝武帝元脩因此怀恨宇文泰。他有时拉弓射箭，口里嘟嘟囔囔地说："我射死你宇文泰！"他有时用锥子扎桌子，嘴里唠唠叨叨地说："我扎死你宇文泰！"

自然，这些事情很快便被宇文泰知道了。这样，君臣之间矛盾加深，乃至发展到不共戴天，互相戒备。一次，孝武帝元脩到逍遥园游玩，他的随行亲信劝他要处处留心，以防不测。半夜回宫时，孝武帝才松了一口气，以为不会发生意外了。于是，他命人拿酒来。万万没想到，宇文泰抢先下手，派人把毒药放到了酒内。孝武帝元脩喝了毒酒，一命呜呼。

孝武帝一死，宇文泰立即召集众大臣商议立新皇帝。多数人主张拥立孝武帝的侄儿广平王元赞。而侍中濮阳王元顺却持不同意见。元顺把宇文泰请到另外一个房间里，拉着他的手，满面流泪地说："高欢驱逐孝武帝，拥立年幼的元善见当皇帝，是为了个人专权。大人您可不要同高欢一样啊！广平王元赞年幼，最好拥立一位岁数大一些的才好。"

宇文泰采纳了元顺的意见，拥立南阳王元宝炬为帝。宇文泰总管行政与军事。元宝炬在位17年，因病而死，由其儿子元钦继位。元钦当皇帝之后，与宇文泰的关系日趋紧张。元钦与尚书元烈合谋，企图杀掉宇文泰。因事机不秘，为宇文泰侦知，结果尚书元烈被宇文泰杀死。元钦对此，每有怨言，暗中又谋划除掉宇文泰。临淮王元育、广平王元赞苦劝元钦，元钦执意不听，非杀宇文泰不可。宇文泰的亲信布满朝廷，几个女婿都是禁军的主将。因此，元钦的计划很快便暴露了。在元钦三年（554）春天，宇文泰将元钦废掉，另立其弟元廓为皇帝，将元钦流放到雍州。当年夏天，宇文泰将元钦毒死。两年后，宇文泰在外出巡视边防的途中死去。

宇文泰临死前，因为儿子都年幼，把后事托付给弟弟宇文护。宇文护威望不高，众朝臣多有不服者。宇文护无奈，就去求助宇文泰生前的心腹大将于谨。于谨跟随宇文泰屡立战功，当时任大司寇，握有实权。于谨对宇文护说："我蒙受太师（宇文泰的官爵）知遇之恩，情同手足。我一定效力，就是为此而死也在所不辞！您尽管放心。明天朝议时，研究国家的基本政策，您一定要有决断，不能谦让。其他的事情，由我出面。"

第二天，众大臣集会时，于谨首先发言："从前皇室出现危机，如果不是太师匡扶，国家就不会有今天。现在，太师突然逝世，太师的儿子们都年幼，中山公（宇文护的封爵）受太师之托，他既要照顾太师的遗孤，又要处理军国大事，我们要同心协力支持中山公，朝政应由中山公决断！"

于谨在说这番话时，满脸杀气，语调高亢。众大臣无一敢表示异议的。宇文护见此情景，立即说道："家里的事情我一定管好。至于朝政，我虽然平庸，但是也不敢推诿！"

于谨立刻站起身，说道："中山公您能这样，我们众人便有了靠山！"

说罢，朝宇文护拜了两拜。平日，在朝臣中，于谨只向宇文泰施礼。如今，众大臣见于谨一反常态，居然向宇文护施礼，也都不敢怠慢，纷纷站起来表态："我等一定服从中山公调遣！"

大家也都学于谨，朝宇文护拜了两拜。

至此，西魏的人心才安定下来。宇文泰的嫡子年仅15岁的宇文觉被封为周公。

尽管众大臣公开表示服从宇文护，但是，宇文护因为自己威望不够，宇文觉又年轻，心里仍不踏实，唯恐宇文氏的权力动摇，被别人取代。他经过反复思虑，最后认为，只有把西魏的皇帝赶下台，由侄儿宇文觉当皇帝，宇文家族才能确保无虞。

在西魏恭帝元廓三年（556）十二月三十日，宇文护的计划付诸实施，西魏恭帝被迫让位给宇文觉。

宇文觉称天王，改国号为北周。宇文护任大司马。下台的西魏恭帝元廓被封为宋公。转过年二月份，元廓被杀死，西魏政权的影子也被抹去了。

从北魏解体，到东、西魏对峙，再到高氏代东魏建北齐，宇文氏代西魏建北周，北周与北齐相攻伐，北中国一片混乱。野心家、阴谋家层出迭见，真个是乱哄哄你方唱罢我登场。可是，天下大势分久必合，公元576年，北周吞并了北齐，北中国终成统一。后来，北周政权被杨坚取代，建立隋朝，打败江南的陈朝，全中国实现了统一。南北朝对立的形成与结束，是一个复杂的历史过程，政治、经济、文化上的得失，非一言可尽。而那些夺位者的是是非非，也不是一句话可以说清楚的。不过，有一点是确定无疑的，即评论开国之君的历史作用，绝不能以其获得政权的手段为准绳，而应以其所推行的政策对社会前进的作用为依据。

夺位系兴亡

隋朝的两个皇帝都是靠夺位上台的，
隋朝的垮台也是由于夺位。

隋朝的开国之君杨坚，是靠夺北周的帝位而登上权力的顶峰的。他的儿子杨广，是靠耍阴谋挤掉哥哥杨勇才当上太子的，是乘父亲病重之机毒死父亲而坐上皇位的。杨广本人也没得善终，是被近臣勒死的，从而丢掉了江山。隋朝的兴亡，都与夺位紧密相连。

杨坚是北周王朝的外戚，他的女儿是北周宣帝宇文赟（yūn）的皇后。北周是南北朝时代，在北中国由鲜卑族建立的一个政权。北周武帝宇文邕（yōng）灭了北齐，统一了北方。不久，又向南朝进军，打败了陈朝，取得了长江以北地方，疆域超过了陈朝，国力鼎盛，大有统一中国之势。

北周武帝宣政元年（578），周武帝病死，太子宇文赟继位，称周宣帝。宇文赟缺德少才，在当太子时，有不少大臣向周武帝进言，要求废掉他。周武帝也深感太子是个不肖之子，可是，其他孩子年纪太小，都不是当太子的料，所以周武帝不想废掉太子，幻想通过自己的严加管教，再加上太子属官的善诱，太子可能会变好。于是，周武帝对太子毫不假以颜色，十分严厉，每次朝见时，都要求太子进退举止完全合乎礼仪，不得有一丝一毫疏忽，要同朝臣们一样。太子好喝酒，周武帝严令太子宫中不得饮酒。太子稍有过错，周武帝就下令杖打，太子身上棒疮累累，往往旧伤未愈，新伤又生。周武帝还严令太子的属官对太子每天的言行作详细记录，每个月向自己汇报一次。周武帝还经常训诫太子："自古以来，有多少太子被废掉！你可要当心，咱们家的孩子不少，难道他们就不能当太子么！"

太子宇文赟在严格的管教下，大有收敛，尤其听到父皇说其他皇子也可以当太子的话后，更加惴惴不安，唯恐自己被废黜，于是，着意克制自己，装出一副知书达理的模样，不敢胡作非为了。因此，周武帝对太子也就放心了。

可是，周武帝一死，宇文赟一当上皇帝，立刻原形毕露。他在哭丧时，毫无悲哀之情，只是怕碍于观瞻才不得不干号几声。他还用手抚摸身上因被杖打而留下的疤痕，对心腹们说他父亲："死晚了，死得太晚了！"以此发泄对父亲的不满。在周武帝尸骨未寒的时候，宇文赟就如苍蝇见血一般盯上了父皇留下的那些年轻貌美的妃嫔。白天，他装模作样地在大殿上父亲的棺材前哭奠；夜晚，就把他父亲的妃子们挨个召来供他淫乐。在周武帝的棺材刚刚入土后，宇文赟就命令所有官吏脱去丧服，换上吉服，庆贺自己登极。

宇文赟刚登上帝位就铲除异己，大杀功臣亲贵，大力提拔重用阿谀奉承之辈。宇文赟一意孤行，肆无忌惮，甚至超出了正常人的理智范围。他父亲丧礼未满，就在殿内歌舞奏乐，夜以继日，多日不上朝；派使臣四处挑选美女，弄得举国不宁。后来，连当皇帝都腻了，居然宣布将帝位传给年幼的太子宇文阐，而自己则当太上皇，称天元皇帝，居住的宫殿改称天台，仪仗的数量超过前代皇帝的一倍，就连戴的皇冠上面的旒也从12个增加到24个。他认为皇帝称天子有损于自己，于是自己改称天，使用的食具一律换上青铜器，而朝臣来朝见自己之前，必须斋戒三天。朝臣的衣饰如果有的与自己的衣饰相类似，一律命令去掉，绝对不许同自己的一样。因此，侍卫们的帽子上沿用多年的金蝉装饰也被拿掉了，王公身上系的绶带也被取消了。更有甚者，官吏们的名号中有"天""高""上""大"等字的，也一律改掉，比如，将姓高改为姓姜，将"高祖"改为"长祖"等等。他还盲目仿古，下令天下的车轮不准是空心的，都用圆木盘充当；禁止妇女扑粉擦胭脂。他只要兴之所至，不管白天黑夜，说出巡就立刻离开宫廷，弄得陪同出巡的官员苦不堪言。一旦他气不顺，公卿百官便大难临头。他责打大臣以120棒为基数，后来又增到240棒。后妃、宫女也不例外，受他宠幸的妃嫔几乎没有一个后背没挨过棒子的。他周围的人，从早到晚连大气儿都不敢出。一天，他又突发奇想，以地上有金、木、水、火、土五种东西为理由，宣布自己要依此数立五个皇后，并建筑五座宫殿，让皇后们各居一座。他还用五种大车装载后妃、宫女，自己率领侍卫们跟在车后，车上倒挂着活鸡，车子一走动，小鸡乱叫，他便与侍卫们一起向车上扔石块，吓得车上妇女呼天喊地，以此来取乐。这个天元皇帝如同疯子一般，昏暴程度日甚一日。

发展到后来，天元皇帝宇文赟居然对五位皇后中性情最温顺的杨后也厌烦了。时常找个借口为难她，一次甚至要将杨后处死。只因杨后的母亲独孤氏闻讯赶到天台，叩头谢罪，直磕得鲜血直流，才保住了杨后的性命。

不久，天元皇帝又迁怒于杨后的父亲杨坚。他气呼呼地对杨后说："非把你娘家满门杀绝不可！"

说罢，便召见杨坚。同时，对卫士们讲："等杨坚上殿之后，你们盯着他，只要他脸色一变，你们就立即下手，给我宰了他！"

杨坚被召来之后，神情自若，没有半点惊慌或异常表现，因此才死里逃生，得以幸免。

杨坚是将门之子，父亲是北周开国功臣。杨坚仪表不凡，二目炯炯有神，继承父职任大将军、隋国公。他见天元皇帝屡屡欲加害自己，就同好友内史上大夫郑译商量对策，请郑译设法找个机会，帮助自己调出京城到外地任职。

不久，郑译乘一次发兵攻打陈朝的机会，建言天元皇帝任命杨坚为元帅，得到了批准。可是，在出发前，杨坚却突然患了足疾，没能如愿离京。四天以后，天元皇帝得了病，病势迅速恶化，两天后连话都不能说了。天元皇帝在病危时把后事托付给心腹近臣刘昉和颜之仪。刘昉为人狡猾，因为善于谄媚而得到天元皇帝宠幸。他见老皇帝生命无望，小皇帝宇文阐年龄又太小，自己无力支撑朝政，为寻求一个帮手，他自然想到了杨坚。于是，刘昉串联了郑译、柳裘、韦谟、皇甫绩，共同商议请杨坚协助辅政。最初，杨坚执意不肯。在刘昉的一再劝说下，杨坚才同意。

天元皇帝宇文赟一死，刘昉、郑译等人立即伪造遗诏，任命杨坚为总知中外兵马事，掌握了全国的兵权。对这个遗诏，颜之仪坚决反对，拒不署名。刘昉瞒着颜之仪，替他签上名字，把遗诏发了下去。

杨坚在刘昉的谋划下得到了兵权，但他深知驻守外地的宗室藩王肯定不服从他的指挥，甚至有可能联手发动兵变来反对他。为了先发制人，杨坚以千金公主要嫁到吐厥去为由，召集赵王、陈王、越王、代王、滕王等五位藩王进京，置于自己的监控之下。

杨坚为了压服朝臣，还自己给自己定了官职，任大丞相兼管天下兵马，为树立权威还给自己配备了皇帝的部分仪仗。同时还宣布，将小皇帝曾住过的正阳宫改为丞相府。杨坚为了测试自己在朝臣中的威信，专门导演了一出"戏"：在到新的大丞相府的头一天，他命令贴身卫士卢贲向朝臣们宣布，谁要想富贵，谁就立刻跟随大丞相到东宫（正阳宫）去。众朝臣听罢，犹豫不决，三五成群交头接耳议论。这时，杨坚示意卢贲把卫队带上来。只听卢贲一声号令，大丞相的卫队呼啦一声冲了上来，将众朝臣围了起来。众朝臣个个瞠目结舌，站在原地一动也不敢动了。这时，杨坚扫了众人一眼，迈着方步出了崇阳门，向东宫走去。众朝臣犹如被虎狼驱赶一般，争先恐后地跟着杨坚跑。

杨坚当上大丞相后，总揽朝政。他担心大臣们不服，有时难免犹疑，往往遇事不能当机立断。他的妻子独孤氏是个很有主见的人，她见丈夫信心不足，就鼓励道："大事已经这样了，既然骑上虎背已下不来了，只有自己努力好自为之了！"

另外，杨坚的心腹太史大夫庾季才也劝他勇往直前，已无退路可走了。

杨坚听了这些话，才横下心来，不顾一切地同反对派决裂了。

首先，他废除了周宣帝颁布的严酷的政令，对旧的法律删繁就简，编成《刑书要制》供各级官吏遵循。另外，他率先垂范，厉行节约，博得了官民的称誉。同时，他开始整治反对自己的人，排除了政治上的障碍。

杨坚首先把矛头指向相州（今河北临漳县）总管尉迟迥。尉迟迥拥有重兵，声望显赫，还在谋划兴兵讨伐杨坚。杨坚采取先礼后兵的战略，派尉迟迥的儿子尉迟惇带着皇帝的诏书去相州召尉迟迥返京，参加老皇帝葬礼。同时，又任命韦孝宽为相州总管，叱列长义为相州刺史，并命令二人相继出发，走马上任。

当韦孝宽抵达朝歌（今河北淇县）时，尉迟迥派来的贺兰贵已在等候他了。韦孝宽在与贺兰贵交谈的过程中感到事态严重，尉迟迥可能要采取对自己不利的行动。于是，他装作生病，放慢了行程，并派人以到相州买药为名，暗中观察动静。

后来，韦孝宽又向前来迎接自己的侄儿韦艺打听消息。韦艺时任魏郡太守，受尉迟迥的差派前来迎接韦孝宽，韦艺在叔父的逼问下，把尉迟迥准备兴兵反对杨坚的计划全说了。韦孝宽得知真实情报后，立即带着韦艺急急忙忙返回长安。当尉迟迥得知韦孝宽返长安的消息后，立即派兵马追赶，结果没有追上。

杨坚又派人去相州，暗中与总管府的长史晋昶联系，让他做内应，除掉尉迟迥。不幸，消息走漏，杨坚派来的使者与晋昶均被尉迟迥杀了。尉迟迥杀了朝廷的使者以后，立即召集属下官员及百姓，他登上城楼，向大家说："杨坚凭他是皇后之父，挟持了年幼的皇帝，公然要篡权谋反。我是皇亲国戚，又出任总管要职，朝廷派我镇守相州，肩负重任，保卫国家，今天，我要同你们一道铲除反贼，你们意下如何？"

众官民一致表示服从指挥。于是，尉迟迥自称大总管，并设置百官，把赴京的赵王的儿子推出来作号召，起兵讨伐杨坚。

在长安，杨坚任命韦孝宽为元帅，督率各路兵马征讨尉迟迥。

这时，雍州牧毕剌王宇文贤与赴京的五位藩王一同刺杀杨坚的阴谋暴露，杨坚先发制人，杀死了宇文贤及其三个儿子，为了稳住大局，对五位藩王没予追究。

京城的局势安定下来了，可是相州前线却颇为紧急。尉迟迥起兵以后，他的弟弟青州总管尉迟勤率属下五州兵马响应，兵力已达数十万。不久，荣州刺史邵公胄、申州刺史李惠、东楚州刺史费也利进、潼州刺史曹孝远等也都起兵响应尉迟迥；接着，徐州总管、东平郡前太守也都起兵攻城略地；而据城抗拒尉迟迥大军的地方官有许多兵败投降。一时间，山东、河北、河南、安徽、山西等地都树起了反对杨坚的旗帜。

这时，在京城长安又发生了一起暗杀杨坚未遂事件。赵王宇文招请杨坚到王府叙谈，杨坚应邀来到王府，宇文招将他请到内室。在座的还有赵王的儿子宇文员、宇文贯及王妃的弟弟鲁封等，他们都随身带着刀剑，而在室后的阁内还埋伏着武士。杨坚的随从被远远挡在了室外，只有杨弘和元胄二人被让到台阶上，坐在门外边。杨坚刚落座，便摆上了酒宴。酒过三巡，宇文招抽出佩刀切西瓜请杨坚吃。元胄见势不妙，立即闯进室内，对杨坚说："丞相府有急事，请大丞相立即回府。"

宇文招冲着闯进来的元胄呵斥道："我与丞相还在叙谈，你是什么人敢闯进来？"

元胄瞪大双眼，紧紧护着杨坚，用手拍打着佩刀。

宇文招装出笑脸，说："你怎么这样紧张？难道我有什么恶意不成！"

宇文招急于脱身，便装出呕吐的样子，站起身向阁内走去。元胄怕有变故，一步冲上去，扶住宇文招，请他在座位上坐好。宇文招坐一会儿又站起来，元胄又请他坐下，一连几次，宇文招到底没能离席。后来，宇文招对元胄说道："烦你到厨房去拿点冰来，我嗓子太干了。"

元胄一动也不动。这时，滕王宇文逌来了。他因为有点事，没能准时来，迟到了。杨坚立即起身出迎，走下了台阶。元胄紧随其后，对着他的耳朵悄声说："大事不好，请快离开！"

杨坚小声答道："我们手边没有兵马，出去也没有办法。"

元胄说："兵马都是朝廷的。一旦他们先动手，一切就全完了。我不怕死，可死了也没用！"

杨坚与滕王一同进了室内，落座吃酒。这时，元胄又听到小阁子里有铠甲相碰的声音，他急不可耐地说："丞相府有急事，大丞相不能再逗留了。"边说边扶起杨坚往室外走去。

宇文招起身来追，元胄用身体堵住门。杨坚走到大门时，元胄才从后面赶上来。宇文招眼看着杨坚离去，一场"鸿门宴"结束了。

几天后，杨坚以谋反的罪名将宇文招及儿子处死，赏给元胄许多财物。后来，藩王们又策划了几次谋杀，但都没有成功。

在前方，战事呈对峙状态。元帅韦孝宽坚守武陟，按兵不前，与尉迟迥的军队隔沁水相持。这时，杨坚又接到密报，说军中三个主要将领都接受了尉迟迥的赠金，有可能倒戈，兵士们已开始骚动不安了。杨坚闻报后很紧张，同心腹谋士研究将三个将领调离前线。杨坚的得力助手李德林不同意这个办法，他说："大丞相与众将没有直接统辖的关系，况且那三位大将也都是朝廷重臣，依目前的情况，大丞相只能挟天子以令诸侯，退一步说，那三个将领能服从大丞相的命令，返回京城，可是，又有谁能保证新派去的将领不三心二意呢？再者说，赠金的事情只是传闻，是真是假又难以查清。如果一旦调动他们，他们出于畏罪心理逃跑了，也不好缉拿；如果立即逮捕他们，前线的将士，恐怕连元帅在内，也都要产生人人自危的感觉了。临阵换将可是兵法之大忌呀！依我愚见，不如派一位精明干练素有威信的人去前线当监军，一则可随时掌握情况，再则如有的将领有异志也可及时处理，能稳住大局。"

杨坚被李德林说服了，当下派丞相府司录官高颎当监军，赶赴前方，很快便安定了局面。然后便督军出征，强渡沁水，烧掉桥梁，以绝退路，兵士拼命厮杀，打垮了尉迟迥的军队。韦孝宽指挥部队一举攻到邺城。城下一战，尉迟迥又吃了败仗，结果，城破自杀。

韦孝宽分兵数路，乘胜将附和尉迟迥叛乱的各路兵马都镇压了下去，函谷关以东地方恢复了秩序。

九月份，杨坚的大儿子杨勇出任洛州总管，率军队驻守洛阳，管辖原北齐王朝的大片土地。杨坚的后顾之忧彻底解除了。十月份，杨坚杀了陈王宇文纯及其儿子，又派兵平定了四川。十二月份，杨坚任相国，统辖百官，晋爵为隋王，朝拜天子不称名字，并加九锡（天子特赐的九种器物，以示权位崇高），如同当年的王莽、曹操一样。至此，杨坚牢牢地掌握了朝廷大权，他取北周皇帝而代之只不过是时间早晚罢了。

北周大定元年（581）二月十四日，杨坚从自己的外孙北周静帝宇文阐手中接过了皇帝的玉玺。那天五鼓时分，天刚麻麻亮，杨坚装扮一新，身穿黄袍衮服，头戴冠冕，缓步登上临光殿，坐稳之后，大臣们献上皇帝的玉玺及册书，又宣读了周静帝的让位诏书。杨坚从此成了皇帝。他在接受众臣的朝贺之后，宣布改国号为隋，改年号为开皇。

杨坚夺位当了皇帝，史称隋文帝。他的妻子独孤氏便成了皇后，长子杨勇便成了太子。周静帝宇文阐被封为介公，昔日北周的皇太后杨氏即杨坚的女儿，被封为乐平公主。杨氏在最初认为父亲辅政比由宇文氏家族的人辅政好，可以确保自己的幼子宇文阐太平无事。可是，当她发现自己的父亲随着权力的加大，野心也在膨胀，内心开始不满，而且公开表露出来。等到杨坚逼宇文阐让位时，她怒不可遏，痛不欲生，但是已无能为力了。杨坚称帝后，曾叫自己的女儿改嫁，杨氏誓死不从，杨坚由于惭愧，也就不再逼女儿了。

杨坚称帝后，励精图治，减轻赋税，提倡节俭，而且以身作则，平时吃饭仅是一个肉菜而已。他注重吏治，废除严刑苛法，加强中央集权，强调对官吏的考核。建立科举制，废除九品中正制，广泛任用人才。尤其重视发展生产，繁荣经济。为此，他整理天下户口，清查出没有户籍的百姓多达164万人，其中壮劳力44.3万人，这不仅给国家增加了赋税收入，而且也抑制了豪强地主；另外，他还广设粮仓储粮，以官仓供养军政人员，以义仓救济灾民，稳定社会秩序，有利于发展生产；此外，他还注重兴修水利，促进农业增产。在开皇九年（589），隋文帝杨坚派兵消灭了陈朝，完成了中国统一。

因此，隋朝的国力迅速增强，较秦汉时的经济、文化更为发达，在隋文帝末年，社会呈空前繁盛的局面。

但是在统治阶级或集团内部，围绕财产与权力再分配的斗争是经常发生的，而斗争的手段往往是凶残、狡诈、阴险融为一体，这已被无数的事实所证明，已成为一条规律了。当然，隋文帝杨坚在攫取君权的过程中，也不能超越这条铁律。尽管历史上的统治者权力的获得无不伴着血腥与丑恶，但是，在评论当权的统治者的时候，却不把他如何获得权力视为重要依据，而把他如何运用权力及权力运用的结果对当时与后世的影响如何，作为评价其历史地位与社会作用的关键。

据此来分析评价隋文帝杨坚，得出的结论是肯定他对社会、历史所产生的作用。杨坚利用攫取的最高权力，推行一系列有利于国计民生，有助于社会发展的政策，而且取得了显著成效。他不失为中国历史上一位大有作为的君主。后人对杨坚夺权并不予以苛责，其原因即在于此。可以说，隋朝的建立及兴盛与杨坚获得权力、运用权力是不可分的。

历史上有许多惊人的相似之处，然而相似的历史事件却往往有着截然相反的评价。隋文帝杨坚与其儿子隋炀帝杨广的活动就是明显一例。就其对国家最高权力获得的情况而言，这父子俩都是靠夺位上台的，可是，隋文帝却有明君之誉，而隋炀帝则是一个大昏君。

杨广是隋文帝的二儿子。隋朝开国后他被封为晋王，在消灭陈朝的战斗中，他统率三军，建立了丰功伟绩。他相貌堂堂，很有文采，尤其擅长诗歌写作。他很有心计，为人深沉持重。他礼贤下士，颇为朝臣所称道。

杨广的大哥杨勇被立为太子以后，逐渐失去了父母的欢心。杨勇为人直率任性，待人宽厚，生活追求奢华，贪恋女色。正因为如此，在生活上他不为父亲所齿，在性格和手腕上他斗不过弟弟杨广。这就注定了他的悲剧命运。

隋文帝是崇尚节俭的人，甚至到了悭吝的程度。一次，太子杨勇造了一件新铠甲，装饰华贵。隋文帝见后很不悦，当即训诫道："自古以来，帝王好奢侈没有一个能长治久安的。你身为太子，应首重节俭，这样才能继承大业。我从前用过的衣物，都要留下一件，常常拿出来看看，以此提醒自己。我真担心你一味以皇太子自居，忘了从前的艰辛。因此，我才把我曾用过的佩刀赏给你，还曾赐给一盒腌咸菜，那是你从前当兵时常吃的呀。如果你能牢记过去，就应体会我的良苦用心！"

杨勇事后仍一如既往。在冬至那天，朝臣们都到太子宫中行礼，杨勇命奏乐朝拜。很快这件事被隋文帝知道了。他询问文武百官，冬至去朝拜太子合乎礼法吗？太常少卿辛亶回答说："众臣去东宫是向太子贺节，不是朝拜。"

隋文帝不悦地驳斥道："贺节可以三五成群地去，是自发的举动，可你们则不然，有人组织，文武百官在同一时辰集体前往，而且太子身穿礼服，鸣钟击鼓，这样做对吗？！"

隋文帝说罢，立即下了一道诏令，指示："礼分等级，君臣之礼不能混淆。皇太子仍然是臣子，朝臣及地方大吏在冬至朝拜皇帝时，又去拜见太子，贡献礼物，这不合礼法，今后应予禁止。"从此，隋文帝与太子之间产生了裂痕。

太子杨勇在生活上仍不收敛，他广置姬妾，而对父母给他立的正妃元氏却不爱恋，十分宠爱侧妃云氏。元妃由于失宠，郁郁寡欢，日久成疾，患心脏病而死。太子的母亲独孤皇后是一位很有个性、极有胆识的女人，对于儿媳之死，很生气，把太子召来狠狠地训了一顿，对云氏更加厌恶了。云氏恃宠，在太子宫中说一不二，令其他姬妾侧目，有不少人常到皇后独孤氏面前进谗言。独孤皇后越发气愤了，就命人专门监视太子与云氏，刻意寻找他们的错处。

杨广早有野心，想取太子而代之，所以他在广结朝臣的同时，更十分留意宫中动向，以便迎合父母心意，与哥哥杨勇对着干。当他得知父亲不满杨勇奢侈，母亲不满杨勇宠爱云氏时，他便十分留意自己的言行及生活琐事。他为了讨得父母的欢心，绞尽脑汁千方百计装模作样。比如，他虽然也很好女色，但竭力克制自己，大部分时间与元配夫人萧氏在一块儿，很少去找姬妾寻欢。他深知父亲为了避免宫廷内部可能发生的手足相残的恶性事件，只同皇后独孤氏生孩子，而不同其他妃嫔生孩子。杨广也仿效父母这种行为，残酷地命令自己的姬妾不准生儿育女，一旦生下来也不准养活。杨广的这个举动，深受父母的赞赏。

另外，杨广得知哥哥因奢侈受责后，他立即重新安排王府的陈设，连屏风都换上白绢的而不再用五光十彩的蜀锦了。一次，当杨广得知父母要来他的府邸，他急忙把身边年轻美貌的姬妾侍女全关到别处的房里，跟前只留下几个又老又丑的侍女服侍，并让所有的人都脱下华贵的衣服，换上质朴的衣裳。他还叫人把乐器上的丝弦弄断，不准拂去乐器上的灰尘。经过种种精心准备之后，杨广迎来了父母亲。

隋文帝与独孤皇后到二儿子家中后，与在太子宫中所见所闻截然相反，这老两口误以为杨广生活节俭，不喜女乐，完全被二儿子骗了。他们不仅当时心中高兴，事后还逢人便讲杨广如何如何贤明，以有这样的好儿子而沾沾自喜。

杨广不仅刻意逢迎父母之所好，而且不惜花费金钱广泛结交朝臣，甚至连皇帝皇后身边的侍从也屈尊去交好，每逢朝臣或侍从奉皇帝或皇后之命来到杨广家中传达旨意时，杨广都早早地在门外站着恭候，临走时必定以金银及珍贵之物作为馈赠。所以这些人无不在皇帝或皇后面前大讲杨广的好话。

时间一久，太子杨勇与晋王杨广在隋文帝及独孤皇后的心目中的反差越来越大了。

杨广见时机到了，便有计划地开始陷害兄长、抢夺太子宝座的活动了。杨广在出任扬州总管以后，广结心腹，总管司马张衡和安州总管宇文述等人都是他的死党。张衡受杨广之托为篡夺太子宝座进行全面策划。宇文述建议杨广为搞掉太子首要的是结交权臣杨素，因为只有杨素才能使隋文帝改变主意。而杨素又最信任弟弟杨约，若想结交杨素首先要交好杨约。宇文述还毛遂自荐，主动提出去京城打通杨约这一关节。杨广听后异常高兴，当下给了宇文述许多金银财宝，以利他进京活动。

宇文述抵京后，立即宴请杨约，并与他赌博。宇文述故意只输不赢，很快便把带来的金银输个精光，另外还赔上许多古玩。杨约酒足饭饱又发了个大财，满心高兴，口中连连称谢。宇文述乘机说道："杨大人，您可别谢我。这些金银珠宝是晋王殿下赏赐的，殿下命令我陪您玩玩，只求您高兴即可。"

杨约不解地问："宇文大人，您可把我弄糊涂了。请大人详细说明可好？"

宇文述就把杨广派他来京的用意一五一十全说了，最后又是劝谕又是威胁地说："杨大人，守常规固然是大臣的本分，可是，如果违反常规却符合天意人心，也该权变，这才是通情达理之举。常言道，识时务为俊杰。从古至今，贤人君子没有不根据形势而行动的，不避害趋利还叫什么君子？您与令兄是当今朝廷上最有地位、最有权势的大臣，劳苦功高，掌权多年，难免不得罪一些人呀。恐怕有不少朝臣对二位大人心怀不满，甚至有人还想等机会加害于二位。如果皇上一旦升天，您二位还有靠山吗？据我所知，太子对当权的大臣是很不满的，将来太子继位，不知大人与令兄可得安生？目前，皇上与皇后对太子深为不满，早有废黜之意，这点您不会不知道吧。依我愚见，只要令兄出面劝皇上立即废掉太子，另立晋王为太子，肯定能得到皇上同意。果真如此，岂不一举两得。晋王当上太子还能不感激二位大人吗？！我想，那个时候大人与令兄可谓安如泰山了。"

杨约听罢，连连点头表示同意。宇文述见目的已达到，也就不再言语了。

第二天，杨约就去见杨素，把宇文述的这番话作为自己的见解，同杨素讲了。杨素听后，也正中下怀，拍着巴掌说："贤弟，多亏你想得深远，愚兄还没想这个问题。你谈得很好，很及时啊！"

分手时，杨约又叮咛杨素："哥哥，皇上最听独孤皇后的话，你可早下决心，否则，将来难免大祸临头；你一旦成功，咱们家可就万世其昌，子孙永无后顾之忧了。"

几天以后，杨素趁进宫侍奉独孤皇后饮宴的机会，装作无意的样子，随口说道："皇后陛下，为臣应恭贺陛下呀。"

独孤皇后不解地嗯了一声，并让杨素继续说下去。

杨素说："晋王孝顺父母，友爱兄弟，礼贤下士，节俭勤奋，真像皇帝陛下一样，皇后有这样好的儿子，真是大隋天下之福啊！"

没想到皇后听罢这句话却流下了眼泪，杨素吓得赶忙离席跪到地上叩头请罪。皇后摆摆手，让他重新落座，深深叹了一口气说："你说得都对，广儿是个大孝子。皇上常跟我提及，每次派人到扬州去看他，他都早早地在府门外站着等使臣，一提到皇上和我，这孩子就流眼泪，都那么大了，还舍不得爸爸和妈妈。广儿的媳妇也贤惠，每次我派宫女去看她，她都同宫女一个桌吃饭，一张床上睡觉。这两口子可不像勇儿那两口子，阿勇和阿云一天只知道享乐，近小人远君子。尤其叫我伤心的是，勇儿还猜忌广儿，我真担心有朝一日广儿死在勇儿之手哇！"

杨素一见机会到了，说了一些安慰皇后的话，又说了许多太子杨勇的坏话。独孤皇后见杨素是这个态度，立即赏给他许多金银珠宝，并告诉他要帮助皇帝早下决心，废掉太子杨勇，立杨广为太子。杨素没想到这么轻易就达到了目的，一再向皇后表示一定向皇帝建言，豁出老命也在所不惜。

杨广除了派人向皇帝、皇后进言，自己还亲自出马。一次，他回京朝拜，离京时去辞别母亲，一见到母亲就跪在地上泣不成声，独孤皇后也流下泪来。杨广哽哽咽咽地说："孩儿实在笨拙，只知道友爱兄弟，可不知因为什么得罪了太子，太子对孩儿恨得要命，常常对人讲要杀掉孩儿。孩儿被杀倒无所谓，只是担心母后承受不了哇。孩儿就要离京回扬州了，请母后千万珍重，不要以孩儿为念！"

说罢，杨广竟呜呜大哭起来。独孤皇后用手一抹眼泪，高声说道："孩子，你站起来。这个睍地伐（杨勇的小名）越来越不像样了！我给他娶了元氏，可是他却不把人家当妻子对待，一个心眼宠着那个阿云。媳妇死了我还没追究，如今又要害你，我真不能容忍了！我活着他就敢这样，将来我死后还得了？皇上一旦千秋万岁之后，将来你们还得向阿云的儿子称臣，这可太叫人痛心了！"

杨广见母亲中了他的圈套，就更放声大哭起来，趴在地上不起来。杨广离去后，独孤皇后决心找皇上提出废掉太子杨勇。

对于废掉太子的议论，杨勇也有耳闻，虽然忧惧可又拿不出对策。后来，他竟愚蠢地去找巫师，请巫师作法帮助自己避开这场灾难。杨勇按巫师的要求，在后花园内修了一个庶人村，房屋低矮简陋，自己常住到里面，用草垫子当褥子，穿着粗布衣服，俨然是个穷百姓，幻想以此来保住自己的地位。

隋文帝对杨勇的这些举动，很快就掌握了。他虽然有意废掉太子，但总不肯轻易下决心。此番听说太子如此，就想再给太子一个机会，再考验一次。于是，隋文帝下令召见太子。杨素唯恐隋文帝与太子重归于好，就想出一条毒计来。他亲自站到宫门处，当见到太子来时，不让太子进宫，故意激怒他。直到杨勇上当发火了，杨素才答应进宫禀报皇上。杨素进宫后对隋文帝说："为臣在宫门见到太子怒容满面，恳请皇上谨防有变故。"

隋文帝一听，十分生气，感到太子实在是不可救药了。杨勇白白丢掉了一次机会。

事后，杨素安排亲信日夜侦察太子言行，添油加醋地向隋文帝汇报，不时地进行诬陷。

隋文帝在皇后与权臣的夹攻之下，对太子更加疑忌疏远了。他下令把太子宫中的警卫全部换上新人，不准身强力壮的人充任；还把太子身边的一些侍臣调走，又派出许多暗探监视太子。对此，太子表露出不满，立即被人报告了皇上。隋文帝决心废掉太子了。

一天，太史令袁充对隋文帝说："陛下，臣近日观天象，天意预示太子当废。"

隋文帝插话道："天象早就昭示废太子了，只是朝臣们不敢说罢了。"

朝中关于太子的情报，杨广都能及时收到。他见时机成熟，更加紧了活动。他派人贿买了太子宫中的宠臣姬威，让他把太子的一言一行全部及时报告杨素。从而，杨素诽谤太子的材料源源不断。当杨广听到皇上说朝臣不敢提废黜太子的报告后，立即指令姬威，命他出面上奏章，向皇帝建言废掉太子，并答应他在事成之后给予重赏，可以大富大贵。姬威立即上疏告发太子。

隋文帝下令将太子身边的官员唐令则等数人交付法官审讯，并命令杨素把太子的所谓丑行一一向朝臣们传达。

不久，隋文帝要宣布废黜太子。当时，有些朝臣曾力图劝阻，左卫大将军元旻就对隋文帝说："废立太子是国家的大事，一旦发布诏令，将来后悔可就来不及了。谗言无尽无休，请陛下明察。"

　　隋文帝立即把姬威叫来，命他当着大臣的面数说太子的罪过。姬威有条有理地揭发太子的罪状：生活骄奢，一年四季派工修宫殿台阁，谁劝谏就要杀谁；无视法规，太子随意索要物品，有关的官员按规定不同意支付，太子就扬言丞相以下的官员我要杀他几个，让人们知道怠慢太子的后果；诅咒皇上，太子曾经叫巫婆算卦求吉凶，并对身边的臣下说，皇上忌讳十八年，这个年头快到了……

　　没容姬威说完，隋文帝便流着眼泪插话道："天下谁不是父母所生？他竟然到了这种地步。朕最近读《齐书》，见书上记载北齐皇帝高欢惯儿子，我真生气，像高欢这种人可不能效法！"

　　说罢，下令将太子杨勇及其儿子们禁闭起来，并将太子的心腹官员全部监禁严审。

　　开皇二十年（600）十一月，隋文帝正式下诏废掉太子杨勇，立晋王杨广为太子。将杨勇监禁在东宫，交付杨广监管。杨勇被关押后，一再请求面见父皇申诉，结果均被杨广阻止，未能如愿。杨勇被逼无奈，只好爬到院中的大树上高声喊叫，期望父皇能听到他的声音。对此，杨素立即向隋文帝报告："杨勇疯了，已不可救药了。"因此，杨勇未能见到父皇的面。

　　杨广在杨素等人的帮助下，虽然坐上了太子的宝座，但心里仍不踏实。因为他还有两个弟弟，蜀王杨秀、汉王杨谅，令他担心。杨广把攻击的矛头，首先对准了蜀王杨秀。杨秀当时任益州总管，身强力壮，敢作敢为，武艺超群。隋文帝曾不止一次地同独孤皇后谈论这个儿子，说："秀儿将来必定不得善终，我在世还没有什么，一旦他哥哥继位，十有八九他要造反。"

杨秀自从出任益州总管以后，俨然是一方的霸主，胡作非为，无人敢问，他使用的车马、穿着的服装与皇帝所用的没有差别。他对杨广立为太子，心中愤愤不平。

杨广采取了先发制人的手段，通过杨素向隋文帝进谗言，以达到暗害杨秀的目的。隋文帝果然听信了杨素的话，下令召杨秀进京。杨秀接到旨意后，犹豫不决，进京怕凶多吉少，不进京，又怕违抗圣旨获罪。他属下的司马劝他遵旨进京，他沉下脸不悦地说："这是我的家事，与你无关！"并决心不奉召进京。

隋文帝见杨秀拒不应召进京，担心他搞叛乱，就下令撤了他益州总管的职务，并任命独孤楷为益州总管，星夜前去办交接。独孤楷当年是杨坚的卫队头头，对杨坚夺位立下过汗马功劳，同杨坚的儿子们交往密切，与杨秀尤其亲近。此番独孤楷上任后，就劝杨秀尽快进京，不要胡思乱想，更不要乱来。在独孤楷的劝说下，杨秀启程返京了。临行时，独孤楷发觉杨秀有反悔之意，于是他布置好军队以防不测。杨秀离开益州才40里地，就率警卫部队返回来要袭击独孤楷，得知独孤楷已有准备，才停止行动，悻悻上路走了。

仁寿二年（602）闰十月，杨秀抵达京城长安。隋文帝不见他，令使臣当面斥责他。杨秀低头认错。隋文帝传下旨意，将杨秀交付法官论罪。太子杨广装出痛苦的样子，流着眼泪给弟弟讲情，有的大臣也出面给杨秀讲情，说："陛下只有五位皇子，杨勇已废为庶人，秦王杨俊已病逝，何必再惩处蜀王呢？"

隋文帝把这个大臣骂了一顿，并对杨广等群臣说道："应将杨秀斩首以谢百姓！"于是，命令杨素负责审判杨秀。

杨广为了置杨秀于必死之地，暗地里叫人做了两个木偶，绑上双手，在心窝钉上钉子，分别写上隋文帝及汉王杨谅的名字，埋到华山脚下。然后，叫杨素派人前去挖掘。杨素获得这一大逆不道的"证据"之后，立即向隋文帝作了报告。杨广唯恐"证据"不充足，又假造了一道造反的檄文，内容是杨秀起兵的宣言，称"逆臣贼子专弄威柄，陛下唯守虚器一无所知""陈甲兵之盛""指期问罪"。然后，把这道檄文放进杨秀的文集中，命杨素作为罪证上报给隋文帝。

隋文帝看过这些"罪证"之后，勃然大怒，高声喊道："天下竟有如此不孝之子吗？！"

十二月，经过审判，杨秀被废为庶人，禁闭在内侍省，不许与妻子相见，受他牵连被治罪的有一百多人。

杨广对另一个弟弟汉王杨谅也不放过。当时，杨谅任并州总管，手握重兵，镇守北部边境，以防突厥，部下有不少猛将。自从太子杨勇被废之后，杨谅也有争当太子的想法，所以着意培植个人势力。当蜀王杨秀获罪以后，杨谅更加不安了，深知下一个该轮到自己了。于是，以加强战备为由，修筑城堡，扩大兵员，广招人马。因为杨谅处处设防，又很得隋文帝欢心，所以杨广一时也无可奈何于他，只得暗中寻找机会，以求早日将他除掉。

仁寿四年（604）正月二十八日，隋文帝下令政事交由太子处理，自己在郊县仁寿宫休养。四月，隋文帝越发感到身体不适。七月初十日，隋文帝病势沉重。他已着手准备后事了，把大臣们召到仁寿宫，在病榻旁同他们作最后的谈话。四天以后，隋文帝便死了。

隋文帝之死，与太子杨广有很大关系。

杨广自从当上太子后，巴不得立刻就继位当皇帝。可是，隋文帝却偏偏身体健康，一点病也没有。就连独孤皇后去世、儿子杨秀获罪，这在一年之内相继发生的大事他都经受住了。杨广好不容易盼到隋文帝有病了，立即做好了登极的准备。可是，隋文帝偏偏不死，从四月到七月，杨广真是度日如年哪。当隋文帝病重时，把杨广、尚书左仆射杨素、兵部尚书柳述、黄门侍郎元岩召到身边侍奉汤药。杨广暗中写个条子派人给杨素送去，询问他皇帝死后自己该怎么办。杨素一一写好，派人给杨广送去。不料，这个送信的人走错了路，给病中的隋文帝送去了。隋文帝见信后，十分生气，而且十分伤心，没想到杨广、杨素竟对自己如此不忠。

当时，独孤皇后已死去六年了。隋文帝身边有两个宠妃，宣华夫人陈氏和容华夫人蔡氏。二位宠妃见隋文帝气得浑身发抖，也不敢细问，只好说些宽慰的话给皇帝消气。当晚，由宣华夫人陈氏陪伴皇帝。

太子杨广不时以探视为由，来到隋文帝的寝宫窥探。在天快亮时，杨广又偷偷溜到寝宫里，正巧碰上宣华夫人陈氏解手。杨广顿时淫心陡生，冲上去将陈氏抱住要强行非礼，陈氏怕惊动睡中的隋文帝，不敢高声，只能拼力挣扎。杨广心虚，没敢再坚持，听由陈氏挣脱跑走了。

陈氏气喘吁吁地跑回隋文帝床边，神色慌张，面色苍白。隋文帝这时已醒了，一见陈氏如此狼狈，急忙问她怎么了。陈氏开始不敢说，只是默默地流泪。隋文帝急了，陈氏才不得已把刚才发生的事说了。隋文帝听罢，气得险些昏死过去。他拍着床沿儿，大骂："这个畜生，竟然如此丧尽天良！我怎么能把天下交给他！独孤皇后，你，你可真真误了我呀……"

隋文帝平静下来以后，立即把柳述和元岩召来，令他二人："去，快去把我儿子找来！"

柳述说："遵旨，微臣这就去请太子。"

隋文帝深深喘了一口气，嘶哑着说："我召的是勇儿！"

柳述和元岩不解其中的缘故，转身出去写诏令。杨素听到消息后，大吃一惊，立即给杨广去送信。杨广听罢，魂飞魄散，稍稍定定神，立刻与杨素研究对策，一个血腥而恶毒的阴谋出笼了……

杨广以皇帝的名义伪造了一道诏书，将正在草写诏书的柳述、元岩逮捕，押进大理监狱。然后，杨广又假传圣旨，把太子宫的卫队紧急调进仁寿宫，把仁寿宫的警卫换走，严密警戒，不准任何人出入。杨广又急令自己的心腹张衡立即进宫，负责皇帝的医药。最后，杨广下令把隋文帝身边的妃嫔、宫女、太监全赶出隋文帝的寝宫，软禁起来。这一切部署完毕，杨广狞笑着走到大殿上，一屁股坐到了皇帝的座位上。

这一切来得那样突然、那般迅速，病床上的隋文帝居然毫无觉察。当张衡端着一碗汤药走近隋文帝的病床前时，隋文帝竟然没有产生怀疑，把递过来的汤药喝了下去。

不大工夫，隋文帝就一命呜呼了。当被软禁的宣华夫人陈氏听到皇帝死讯时，吓得瘫软在地，泣不成声。

黄昏时候，太子杨广派太监给陈氏送来一只小金盒，开口处贴着纸条，上面有杨广亲笔写的"封"字。陈氏一见吓得魂不附体，以为是给自己送毒药来了！她接过金盒迟迟不敢打开。太监在一旁一迭声地催促快打开，陈氏被逼无奈，闭着眼睛，用颤抖的双手撕下封条，打开小盒，勉强睁开眼睛往盒里一看，陈氏不由得圆睁二目，张大了嘴巴，呆呆地站在那里。服侍她的宫女们屏住气走拢来一看，不由得"呀"了一声。小金盒里装的不是毒药，而是数枚同心结，映着烛光，放散着红光。宫女们立刻跪下给陈氏叩头，异口同声地说："恭喜娘娘，这回可好了，不必担心了。"

陈夫人一屁股坐到椅子上，满脸怒容，一声也不吭。太监与宫女们拥过来，齐声劝道："娘娘，该谢谢太子呀！"

陈夫人在宫女的扶持下，跪在地上谢恩。一更过后，陈夫人在太监们的簇拥下，被送到太子杨广的住处。杨广在父亲尸骨未寒的时候，就把父亲的爱妃奸污了。

杨广在仁寿宫即位，史称隋炀帝。伊州刺史杨约赶来祝贺。杨广命他去长安监管杨勇，不必回伊州了。杨约奉命到长安后，把杨勇提了出来，诈称奉隋文帝之命，叫杨勇自杀。然后，便不容分说把杨勇活活勒死了。

杀了杨勇之后，杨约才集合军民、朝臣，传达隋文帝病逝的噩耗。事后，隋炀帝当着杨素的面，夸奖杨约"是个能任大事的人才"。

杨广在派杨约去长安杀杨勇的同时，又派车骑将军屈突通拿着印有隋文帝玉玺印记的诏令，以隋文帝的名义召汉王并州总管杨谅进京。杨谅接到诏令后，一眼便看出这是一道假圣旨。原来，当年杨谅出任并州总管时，隋文帝曾暗中与他约定，今后接到诏令时，要先看看在诏令中的"敕"字旁有没有一个小点，有点是真的，如果没有点，则不是真的。此番杨谅一看诏令中的"敕"字旁什么也没有，当下心里就明白了，这不是父亲的旨意，感到问题严重，肯定是京中发生变故了。于是，杨谅把屈突通逮捕起来，进行审问。屈突通坚不吐实，一口咬定诏令是真的。杨谅不得要领，便把屈突通放了，打发他回京。八月，杨谅以清除奸臣杨素为名起兵了。响应杨谅起兵的共有19个州。杨谅派大将军余公理率军出太谷（今山西省太谷县），直扑河阳（今河南省孟州市西部）；大将军綦良率军出滏口（今河北省武安县南部），直捣黎阳（今河南省浚县东部）；大将军刘建率军出井陉，攻打河北、辽宁；刺史乔钟葵率军出雁门关，攻占塞北；自己率主力部队直攻长安。

杨广闻讯后，立即布置兵马迎战。派右武卫将军丘和任蒲州（今山西省永济市西）刺史，阻击杨谅。杨谅派数百名精锐骑兵，化装成妇女，声称是杨谅的宫女，要去长安。把守蒲州城门的官吏中了计，开门放行。杨谅的军队一个猛冲，轻易地占领了蒲州城，刺史丘和跳城墙逃回长安。

杨谅占领蒲州后，突然改变战略部署，停止向长安进攻，结果失去了战机。这时，杨素受隋炀帝杨广派遣，率领军队攻打蒲州。杨素夜袭获胜，打下蒲州就直扑太原。

这时，太原城里闹了一场内乱。杨谅妃子的哥哥豆卢毓倒戈，响应朝廷，虽被杨谅处死，但杨谅的军队也发生了混乱。攻打塞北的乔钟葵屡遭败绩，纂良攻打黎阳也多次受阻，只有余公理一路还比较顺利。可是，由于余公理轻敌，最后吃了大败仗，影响了纂良的部队不战而退。一时间，杨谅的军队处于劣势了。

杨谅与杨素三战三败，最后在太原被围困。杨谅走投无路，只好开城投降。杨谅被幽禁，废为庶人，后来死于狱中。

隋炀帝杨广消除了家族内部的反对派，自以为基业稳固了。他凶残、荒淫的本来面目越发暴露无遗。他仗着老子隋文帝给他留下的数不清的财富，任意挥霍。尤其迁都洛阳以后，大兴土木，在洛水之上修建显仁宫，广征天下奇材异石、珍禽怪兽装点苑囿；还修建面积达二百里的西苑，其中人工湖周围十余里，湖中的人造山高出水面十余丈，山上楼台殿阁金碧辉煌。在月明之夜，隋炀帝在数千宫女陪伴下，骑马畅游，乐曲袅袅，舞姿翩翩，恍如仙境。隋炀帝为了去江南游玩，开凿大运河，沿河广建离宫，新造的龙舟高45尺，长200丈，共四层，中间两层有房间120个，护卫船只多达数千艘，仅纤夫就有8万多人，南下船队首尾迤逦200里，运河两岸布满骑兵，列队随船队前进。距所经路线500里以内的州县都要贡献山珍海味，吃剩下的精美食物就地掩埋，犹如丘埠。隋炀帝还在国内各名胜地区建造离宫别苑，以供游幸。

隋炀帝的衣饰华贵到难以想象的程度。仅大业二年（606），隋炀帝与皇后为置办礼服及仪仗就征用十万多名工匠，仅制作羽仪一项，就几乎将各州县合乎需要的鸟兽捕捉殆尽。隋炀帝的宫廷乐工就达三万多名，供他淫乐的宫女亦万名以上。

隋炀帝不仅生活糜烂，而且好大喜功，穷兵黩武。他先后发动三次征高句丽的战争。为了赶造战船，工匠们日夜泡在水里，腰以下都生了蛆，工匠死亡五分之二以上；运送粮草的民夫多达数十万，病死途中，尸体相枕藉，不可胜数。

隋炀帝种种暴行、恶政，严重地破坏了生产，广大人民无法生活，终于酿成了全国规模的农民大起义。同时，统治阶级内部矛盾也空前激化。一些有实力的官僚纷纷割据一方，称王称霸。

尽管如此，隋炀帝非但不思节俭、改良，反而更加疯狂地镇压起义，更加变态地挥霍。大业十二年（616），隋王朝已处于风雨飘摇之中了，可是，隋炀帝仍到扬州去游玩。有多位朝臣劝谏他不宜远游，他不仅不听，反而杀了数个大臣以堵言路。隋炀帝到扬州后，又下令在丹阳修缮丹阳宫，想把国都迁来。但是，他的随行人员，多数是北方人，不愿留居江南，就连他的卫士也多有逃亡的。隋炀帝成了名副其实的孤家寡人了。面对众叛亲离的形势，他仍不思改弦易辙，而且更加凶残暴虐，甚至对自己的前途也丧失了信心。他常常夜里一个人穿着便衣，拄着拐杖，在宫中四处游荡，走累了就摆上酒宴，让萧皇后陪他痛饮。几杯酒落肚，他便操着江苏方言对萧皇后说："外边很多人都在图谋侬的皇位，可是侬大不了像陈后主那样封个长城公，爱卿你也不失为沈皇后，且不管它，咱们还是一同饮酒作乐吧！"还常常在酒醉之后，照着镜子，边用手摸自己的脖子，边喃喃自语："好头颈，不知该谁来砍它！"

在农民大起义的震撼下，在财产与权力的引诱下，隋炀帝身边的几个权臣凑到了一起，开始策划政变。

隋炀帝的亲信，卫队军官虎贲郎将司马德戡率领一支卫队驻扎扬州东城。一天，他的好友虎贲郎将元礼及宫廷卫队军官裴虔通来找他。三个人见面后，都表示对目前的形势很不安。司马德戡叹了一口气，说："现在，皇上的卫士天天都有开小差的，没逃的人也都想逃走。我想去报告皇上，又怕皇上恼怒而杀我；不去报告，将来皇帝发现卫队多有逃跑的，我也得被杀。你们说说，我可该怎么办？"

元礼及裴虔通的处境与司马德戡相同，也为这个问题所苦，自然拿不出好主意来。司马德戡见二人愁眉苦脸，一言不发，又接着说："听说关西已经被攻占了，李孝常在华阴叛乱，皇上把他的两个弟弟抓了起来，听说不久就要处死。你我的家属都在关西，这可怎么办哟！"

元礼与裴虔通吃惊地问："司马兄，你可有什么良策？"

司马德戡把手往桌子上一拍，说："卫士开小差，咱们干脆也跑回关西得了！"

元礼、裴虔通异口同声地说："好主意！"

事后，三个人分头去串联，不几天就联络了赵行枢、杨士览等十多个卫队军官，其中还有一名皇帝的御医。这些人都想逃跑，他们毫不顾忌地研究出逃的方案，有时在大庭广众之中也不隐讳。结果，被一个宫女听到了，连忙报告萧皇后说："外头人人都想造反。"

萧皇后说："你可以报告皇上。"

这个宫女真的把听来的情况报告了隋炀帝。不料想，隋炀帝认为宫女不该介入政事，盛怒之下，不容分说就把这个报信的宫女杀了。此后，宫中人听到外边的一些坏消息，谁也不敢向隋炀帝报告了。

准备集体开小差的赵行枢是大臣宇文智及的好友，杨士览是宇文智及的外甥。他俩不约而同地把逃跑计划同宇文智及说了。宇文智及对他们说："皇上虽然无道，但还是有权威的。你们要逃跑，不过是自取灭亡罢了。现在，隋朝已到了灭亡的前夕，不得天意人心，英雄豪杰四处起兵，想离开皇上的岂止数万人！如能趁此时机举大事，这可是帝王之业啊。"

司马德戡等其他人听到这番话后，觉得很有道理。于是，通过赵行枢等去找宇文智及联系，提出推举宇文智及的哥哥，右屯卫将军宇文化及为盟主，共同起兵。宇文化及刚一听到这个提议时，吓得满身冒冷汗，不敢应承。过了几天，经反复思忖，他又答应了。

于是，司马德戡派人到卫队中散布：皇帝听说卫士们要叛逃，已经准备下许多毒药酒，打算在宴会上把卫士们都毒死。今后的卫士全由南方人充当。卫士们听到这个谣言，人人自危，原来没想逃跑的人，也决心叛逃了。正值人心惶惶之时，司马德戡把卫士们全都集合起来，告诉他们，为今之计只有起来造反一条道了，否则都得死。卫士们听罢，一致表示听司马德戡的指挥。

当天夜里，暴风狂吼，星辰无光，司马德戡把皇上的马匹偷了出来，把佩刀磨得飞快。同时与在宫内值班的元礼、裴虔通约好，宫门一律不上锁，又与守城门的同伙约定，夜里不关城门。

三更天的时候，司马德戡在东城驻地集合了数万精兵，按约定的信号点起火把，与城内的同伙联系。于是，城内的同伙也开始行动，四处放火。隋炀帝被喊声惊醒，遥望满城烽火，不知所措，急问外边发生了什么事。值班的裴虔通立即回答："草坊失火，外边调兵救火。"

这时，宫内外已断绝了联系，隋炀帝信以为真。

住在城外的宇文智及也按预定时间开始行动，率领一千名士兵冲进城里，把住了各条大街小巷。

拂晓时，司马德戡已经牢牢控制了整个扬州城。裴虔通带领数百名骑兵来到宫内成象殿，把值宿的兵士全赶了出去，换上自己的人。这时，右屯卫将军独孤盛感到情况不对，就上前询问："裴将军，怎么这个时候换防？这些兵是哪里来的？"

裴虔通直截了当地说："事已如此了，不干将军的事，请您小心，不要随便走动！"

独孤盛闻言大骂："老贼，你这是什么话？"边说边率领手下十几名随从往上冲，结果被当场杀死。

司马德戡在裴虔通的配合下，很快便进了宫，来到玄武门前。玄武门内便是隋炀帝的寝宫。平时，守卫玄武门的禁军待遇超过其他卫士，特别优厚，而且皇帝还经常把宫女赏给这些守门的兵士。宇文智及为了避免冲突，早就与一个姓魏的宫女头头串通好了，由她作内应。当司马德戡率军队来到玄武门之前，魏氏假传圣旨，宣布守卫玄武门的士兵放假一天，因此守门军士早已外出寻欢作乐去了。司马德戡兵不血刃地进了玄武门，直扑隋炀帝的寝宫。

隋炀帝发觉情况不对，急忙换了服装藏到西阁之内。裴虔通与元礼带领士兵逐屋搜查，魏氏示意他俩去永巷搜索。裴、元二人来到永巷抓住一个宫女问皇上在何处，宫女用手指指西阁。跟随裴、元二人前来的校尉令狐行达"嗖"的一声拔出腰刀，径直朝西阁冲了进去。躲在阁内门后的隋炀帝朝令狐行达说："你要杀我吗？"

令狐行达说："臣不敢。臣只想陪皇上回西京。"边说边扶着隋炀帝走了出来。

隋炀帝一到院中，便看见了裴虔通，对他说："你不是我的老友吗？你为什么造反呢？"

裴虔通说："臣不敢造反，只是将士们切盼返回长安，臣不过想陪陛下返京罢了。"

隋炀帝和颜悦色地说："我正想回长安，只是因为江上运米的船未到，才没动身。如今我和你们一起回去。"

裴虔通指挥兵士将隋炀帝围了起来，名曰保护，实则逮捕。

天亮后，司马德戡把宇文化及迎进朝堂，尊他为丞相。这时，裴虔通过来对隋炀帝说："朝臣们都齐了，请陛下出去慰问。"说罢令人拉过一匹马给隋炀帝骑。隋炀帝一看马缰绳破旧，就不肯上马，直到换了一副新缰绳，他才上马。裴虔通亲手牵着马缰绳，缓步出了宫门。叛乱的军士们见此场面，一个个都欢呼起来。

坐在朝堂之上的宇文化及传来话语："不用把那个老东西拉出来了，快弄回去杀掉算了！"于是，隋炀帝又被带回了寝宫。司马德戡和裴虔通手执兵器守在他的身旁。隋炀帝见此情景，叹了一口气，说："我犯了什么罪过，到了这个地步？"

一个叫马文举的叛军首领说："陛下四处游玩，屡次对外兴兵，使多少青壮男子死在刀箭之下；对内鱼肉百姓，百业凋零，致使盗贼蜂起，男女老幼死在沟壑之中；专门宠信奸臣，杀戮正人君子，你还说你无罪吗？！"

隋炀帝说："我实在对不起百姓。可是，你们这些人跟着我享尽了荣华富贵，为什么这样对待我？今天这事是谁主使的？"

司马德戡厉声说道："普天之下怨恨你的何止一人！"

隋炀帝心爱的小儿子杨杲，当年只有12岁，也被押来了。杨杲吓得啼哭不止，裴虔通抢起刀就把他砍死了，鲜血溅了隋炀帝一身。这时，叛军高喊要杀掉隋炀帝。隋炀帝绝望地说："天子自有天子的死法，怎么能动刀呢？去拿毒酒来。"

马文举等人不答应，令狐行达一把将隋炀帝按在地上。隋炀帝把腰上的白丝带解了下来，递给了令狐行达。众人一拥而上，隋炀帝被活活地勒死了。

隋文帝杨坚靠夺位上了台，但他能顺应历史潮流，完成南北统一，发展生产，减轻赋税，使隋朝呈现了兴旺发达的局面。隋炀帝杀兄害父，夺了君权，这点与乃父有些相似，但是他逆历史潮流而动，破坏生产，残酷剥削、压迫人民，荒淫无耻，造成天下大乱、众叛亲离、"普天之下，莫非仇雠；左右之人，皆为敌国"的局面。最后，权力被权臣夺取，自己也被勒死，死无葬身之地。空前强盛的隋王朝，在隋炀帝手中变得千疮百孔，迅速崩溃，在历史上留下了许多发人深省的教训。这也可算得上一种"贡献"吧。

血溅玄武门

李世民不顾亲情，
踏着哥哥及弟弟的鲜血登上了皇位，
却看重黎民百姓，
创造了历史奇迹。

公元626年，大唐帝国建立第九个年头的夏天，在首都长安宫城的玄武门下，发生了一场大血案。皇帝李渊的二儿子秦王李世民指使属下把哥哥太子李建成及弟弟齐王李元吉射杀了。紧接着，他又逼迫父亲李渊让出了皇位。

李世民（唐太宗）当上皇帝之后，励精图治，重用人才，发展经济，减轻人民负担，革除弊政，很快便使大唐帝国走上了兴盛繁荣之路，不仅出现中国历史上的盛世，而且成为世界上一流的强国。

在历史的驱动下，李世民严重地破坏了封建的伦理道德，但是却空前地强化了封建制度，给后世之人留下了道不尽的话题，千秋功罪总待评说。

李世民是个旷世奇才，在中国封建帝王中更是个不可多得的英明君主。他为什么要杀兄诛弟夺取皇位？说起来可就话长了……

在隋末农民大起义的烽火中，太原留守李渊乘机起兵，在二儿子李世民的策划、经营之下，打败了各路义军，建立了唐朝，统一了中国。李渊当上皇帝后，准备立李世民为太子，许多将领也要求如此。可是，李世民却坚决推辞了。后来，李渊按传统制度把大儿子李建成立为太子。李建成酒色成性，喜好打猎，为人宽和不拘小节。李渊很不喜欢他，尤其同二儿子李世民比，觉得太子实在不合格，总想把二儿子立为太子。对此，李建成深感不安。为了保住太子位置，他联合四弟齐王李元吉，多次密谋搞掉李世民。李元吉为人凶狠残忍，颇有心计，大胆胡为。

李建成和李元吉首先从宫内做起了手脚。他俩曲意结交李渊的宠妃张婕妤、尹德妃，甚至不惜乱伦，与二妃私通。这样，李渊的一言一行，建成、元吉通过张、尹二妃便及时掌握了。对其他的妃嫔，建成、元吉也不时贿赂，深得众妃的欢心。另外，建成、元吉不放过任何一个机会攻击、诬蔑李世民，甚至通过李渊的宠妃大吹枕头风。比如，一次李世民因为淮安王李神通出征立功，赏给他几十顷好田。而张婕妤的父亲也相中了这些土地，就通过女儿向李渊索要，李渊当即就批准了，并发了手令。李神通自然不愿意把早已到手的肥田沃土拱手让给张妃之父。于是，张婕妤便颠倒是非，在李渊面前中伤李世民，说："皇上亲自批准赐给臣妾之父的那些田地，却被秦王硬夺了回去赏给了淮安王。"李渊一听，勃然大怒，当即叱责李世民："难道我的手谕还不如你的手令吗！"

事后，李渊还念念不忘，曾对左仆射裴寂叨咕："世民这个孩子长期领兵在外，在一群书生的教唆下变坏了，已不是从前的世民了！"

还有一次，李世民秦王府的属官杜如晦路过尹德妃父亲的府门，尹家的仆人仗势横行惯了，无论什么人，只要不顺眼就敢进行凌辱。这些豪奴恶仆无缘无故把杜如晦从马上拉下来，进行痛打，把杜如晦的手指都打断了。事后，尹妃来了个恶人先告状，对李渊哭诉道："秦王府的亲信无法无天，连臣妾的娘家人都敢欺侮！"李渊一听，更是怒不可遏，痛责李世民道："连我宠妃的娘家人你的亲信都敢欺侮，何况普通百姓！"

对于上述的责备，尽管李世民反复解释，说明真相，无奈李渊先入为主，不仅听不进去，还把他骂了一通。

最使李渊气恼的是，每逢李世民在宫中陪侍李渊宴饮时，都表情痛苦，甚至泪流满面。李世民之所以如此，是面对美女如云、灯红酒绿的场面，想起了自己逝世的母亲，感慨母亲死得太早了，没能看到父亲当上皇帝的情景。李渊对此很不悦，而众后妃就更不满，她们异口同声地中伤李世民，说："如今天下太平，皇帝陛下岁数大了，理该乐和乐和，可秦王每逢皇帝高兴的时候便独自叹息流泪，说是想皇后，其实是厌恶我们这些侍候陛下的人。一旦陛下百年之后，我们及我们的孩子肯定不能见容于秦王，恐怕那时非把我们杀个精光不可！"

这些后妃还经常对李渊说："太子建成宽厚仁慈，陛下百年之后，把我们托付给太子，我们才有活路。"

对这些毁谤李世民、吹捧李建成的花言巧语，李渊深信不疑。天长日久，李渊便打消了换太子的念头，对李世民渐渐地疏远了，对建成、元吉却日益亲近起来。

武德七年（624），李元吉认为时机已到，劝太子李建成干掉李世民，并主动提出由自己布置，等李世民陪同父皇李渊到自己府中来时，派人埋伏在室内相机动手刺杀他。李建成不同意这样干，李元吉虽然表示气恼，但也无可奈何，只得作罢。

李建成虽然反对在京内刺杀李世民，但是却不放松扩大自己的实力。一次他就擅自招收两千多名勇士充实自己的卫队，号称"长林兵"，同时还暗中把从幽州调来的三百名精锐骑兵部署在太子宫的东边街市之内，以加强太子宫的守备。李建成还收买武将，比如庆州都督杨文干曾在太子宫中当过警卫，李建成便千方百计拉拢他，并通过他私自招兵，秘密送往长安。

一次，李渊驾幸仁智宫（在陕西宜君县）时，令太子李建成留守长安，命李世民、李元吉随行。在与李元吉分手时，李建成告诉他在宜君县寻找机会干掉李世民，并说："这是关系安危的大事，一定在年内解决！"

同时，李建成还派尔朱焕和桥公山二人给杨文干送去盔甲，积极准备兵变。尔朱焕、桥公山把情报禀告了李渊，举发太子要发动兵变。与此同时，有个叫杜凤举的人也赶到宜君县仁智宫向李渊举报太子要搞兵变。李渊听罢，十分生气，立即下手令召太子李建成到仁智宫来议事。

李建成心中有鬼，突然接到父皇召他的手令，十分害怕，不敢前去。太子身边的官员有的主张立即起兵，有的主张立即去见皇上。最后，李建成决定少带随从去晋见父皇。李建成到仁智宫后，一见到李渊便一个劲地磕头，一迭声地请罪。李渊把他软禁起来，然后派宇文颖去定州宣诏杨文干。宇文颖一到定州就把情况如实地告诉了杨文干，杨文干听罢，立即起兵造反。

李渊急忙派兵去平叛。同时又找李世民商议对策。李世民说："杨文干造反，不会得逞！他的部下肯定有人要除掉他，否则，就派一员大将率兵去镇压。"

李渊沉吟一会儿，说："不妥。杨文干与建成有牵连，恐怕响应他的人不在少数。最好由你带兵前去，你得胜回来，朕就立你为太子！我不愿学隋文帝杀儿子，将来封建成为蜀王。蜀地兵力薄弱，如果他日后服从你，你就留他一条命；如果他不服从你，你收拾他也不费力气。"

李世民听罢，二话没说就率军队出发了。

李世民走后，李元吉伙同众妃子轮番向李渊替李建成讲情。这时，朝廷上以封德彝为首的一些大臣也在设法救李建成。李渊在内外说和下，改变了主意，释放了李建成，仍叫他回长安留守，只把太子身边的几个心腹官员处分了结。

秋季，杨文干叛乱被李世民肃清。

不久，边境上的突厥人兴兵内犯，李渊想迁都以避兵锋。李世民极力反对，结果李渊采纳了李世民的建议，不迁都，与突厥针锋相对。太子李建成又串通众妃子，诋毁李世民，说："突厥犯边只是为了掠夺财物，得手后便退回。秦王以防御突厥为借口，实际上是想总揽兵权，一旦羽翼丰满，他可就要篡位了！"

对此，李渊是将信将疑。不久，发生了一件"骑马事件"，在众妃的中伤下，李渊对李世民不仅猜疑而且嫌恶了。

"骑马事件"是这样的：一次，李渊到城南去打猎，让太子建成、秦王世民、齐王元吉随行，并令兄弟三人比赛骑马射箭的本事。李建成乘机送给李世民一匹烈马，想利用这匹马把李世民摔死。李世民不知是计，骑上这匹烈马去追野兽。没料到这匹马突然暴跳起来，李世民见势不妙，立即纵身跳下马背，才没有伤着。如此反复三次，终于制服了这匹烈马。这时，李世民才悟出建成的阴谋。他感慨地对手下的人说："太子想用这匹马加害于我，可是，死生有命，他焉能伤害了我呢！"

李建成听了这话以后，就串通妃子造谣，说："秦王制服劣马，得意洋洋地宣称，我上承天命，不久就要当天下共主，怎么会让马摔死呢！"

李渊听妃子这番话后，非常生气，立即把建成、元吉找来询问，二人异口同声证实妃子说的是实话。李渊立即把李世民叫来，气呼呼地训斥道："谁当天子，上天自有安排嘛！绝不是哪个人想当就能当上的。你怎么那样急于当皇帝呢？哼！"

李世民立刻跪在地上，摘下头上的帽子，连连叩头，请将自己交到刑部衙门，进行调查核实。李渊听后，怒气仍然未消。突然，有官员进来报急，突厥内犯。李渊深知，只有李世民才能对付突厥，于是才强把怒气压下，和颜悦色地对李世民说："起来吧，把帽子戴上。突厥又打来了，你有什么办法退兵啊？"

李世民一如既往，主张动用武力。当下，李渊指派李世民挂帅，李元吉配合，率大军抵御。这次战斗虽然获胜了，但李渊对李世民的猜疑非但没有减少，反而日甚一日了。

身处困境的李世民为了避开危难，打算离开京城，到洛阳常住。同时，派亲信暗中联络山东的英雄豪杰，积蓄力量，以备不时之需。

太子李建成见李世民又立军功，且发现他广交英豪，深感威胁，于是一改从前的态度，决心自己动手置李世民于死地。一天夜里，李建成突然请李世民进宫宴饮，把毒药放进酒里给李世民喝。李世民没有防备，喝下了几口毒酒。幸亏毒性发作得快，心脏绞痛，口吐鲜血，离席回到自己住处。因毒量不大，才算保住了性命。

李渊听到李世民"病酒"的消息，心里也明白了大半。他一方面吩咐李建成，今后不得再约世民饮酒，一方面告诉李世民，要派他出居洛阳，为的是既可不损害太子又可保全秦王的威势。李世民最初表示不愿离开京城，不忍离别父亲。但是，最后还是遵从父皇旨意离开长安，去了洛阳。

就在李世民离开长安去洛阳的前夕，李渊又突然改变了主意，不让他离开了。原来，李渊又受了蒙蔽。建成、元吉二人听说李世民要东去，很感紧张，认为李世民一旦到了洛阳，谁也控制不住他了。与其让他去洛阳，不如将他留长安，便于控制，就是要"收拾"他也极容易。这哥俩研究后，立即唆使几个大臣给李渊上秘密奏章，揭发李世民的属下听到去洛阳的决定后，欢呼雀跃。据此，李世民恐怕一去不返，成为朝廷的隐患。李渊被说服了，朝令夕改，不准李世民去洛阳。

建成、元吉并不就此罢手。他俩联合李渊的妃子们，日夜不停地向李渊进谗言，攻讦李世民。天长日久，李渊完全改变了对李世民的好感，竟然要惩治他了。而李元吉甚至私下劝父皇将李世民杀掉，以除后患。

建成、元吉一方面欲置李世民于死地，一方面分化、拉拢李世民的下属官员。他俩把目光首先瞄准了英勇善战的尉迟敬德。一天，暗中派人给尉迟敬德送去一车金银打造的器皿，并捎去一封希望建立友谊的信。结果，遭到尉迟敬德的婉拒。尉迟敬德还将此事报告了李世民。建成、元吉对尉迟敬德恨入骨髓，见拉不动，就决心干掉他。数次派刺客去暗杀尉迟敬德，然而均未得逞。最后，元吉亲自出头向李渊诬告尉迟敬德，只是因为李世民竭力为之辩护，才免于一死。此后，李世民身边的亲信，在建成、元吉的排挤、陷害下，大多被调出京城，或被免官治罪，李世民几乎要成为光杆司令了。

这时，李世民也深感形势严重，留在他身边的亲信只不过三五个人，他们更感到朝不保夕了。为了摆脱险境，他们日夜研究对策。尉迟敬德、长孙无忌、高士廉、侯君集力劝李世民杀掉建成、元吉，李世民一时尚下不了决心。

在这个关键时刻，驻扎在黄河南岸的突厥兵进入边塞，包围了宁夏乌城。太子李建成为了压制李世民，他向父皇李渊建议派齐王李元吉挂帅前去征伐。李渊当即批准了。元吉乘机向父皇请求把李世民属下的大将尉迟敬德、程知节、段志玄、秦叔宝调到自己部下，一同北征突厥。李渊不仅批准了，还把李世民属下的部分精锐部队拨给李元吉指挥。

建成、元吉见削弱李世民力量的目的已经达到，便立即商定乘出征时李世民前来送行的机会，搞个突然袭击，将李世民及亲信杀死，逼皇帝让位。

不料，这个密谋被太子属官王晊得知，并立即报告给了李世民。李世民听后，立即把长孙无忌等亲信找来商议对策。长孙无忌等人极力主张先发制人，动手把建成、元吉二人杀死。李世民仍念手足之情，下不了决心。尉迟敬德急切地说："现在，大家都拥戴大王您，人哪有不爱惜生命的，我们之所以豁出性命保大王，完全是为了服从天意！如今大祸已到眼前，大王仍然无动于衷，不管自己的生死存亡，这如何对得起上天和祖宗呢！大王如果不听我等的意见，敬德我可要逃到深山老林去安身，不能待在大王身边任人宰割！"

其他几个亲信异口同声地赞成尉迟敬德的主张，纷纷劝李世民立刻下决心，马上行动。

李世民沉默不语，经过一番缜密的思考，又找几个幕僚来商量，大家的意见一致，都主张马上采取行动，先发制人。这时，李世民也决心行动了。为审慎起见，他叫幕僚算一卦，看看吉凶。还没等进行占卜，一个叫张公谨的幕僚从室外闯了进来，把占卜用的龟甲一把抢过来，摔到地上，高声对李世民说："占卜是为了决疑，现在事实明明白白，毫无疑问，还占卜什么！如果占卜的结果不吉利，难道我们就不采取行动不成？"

李世民被完全说服了，决定立即行动，并派长孙无忌去找谋士房玄龄来商议行动计划。没想到长孙无忌很快一个人回来，说："房玄龄说皇帝以前有旨意，不准与秦王来往，今天如果私自见秦王，违背圣旨是要被处死的。"

李世民听罢，以为房玄龄背叛自己，十分恼怒，立即派尉迟敬德带着自己的佩刀去见房玄龄，如果他再不前来，就砍了他。

其实房玄龄不是背叛李世民，而是试探他的决心。当尉迟敬德与长孙无忌来找他时，他已同另外一个谋士杜如晦等得不耐烦了。尉迟敬德一见房玄龄和杜如晦就说："大王已决心立即行动，请你二人立即前去！"

房玄龄、杜如晦为了遮人耳目，化装成道士，与尉迟敬德、长孙无忌分头进入秦王府。

李世民同房玄龄等人经过周密策划，制定了一整套行动方案。六月三日，先由李世民出面向父皇李渊揭发太子建成、齐王元吉淫乱后宫，勾结妃嫔欺蒙皇帝，陷害自己。然后，视情况再行动。李渊听了李世民的报告后，万分气恼，当下对李世民说："这两个混蛋，竟敢如此，朕明天就审问他俩，你早早进宫当面揭发！"

第二天一大早，李世民就率领长孙无忌等亲信将士埋伏在玄武门下，单等建成、元吉进宫，便立即动手。岂料，张婕妤偷看了李世民呈给李渊的揭发李建成、李元吉的秘密奏折，急急忙忙连夜派人给李建成送信。李建成得信后，急急忙忙连夜把李元吉叫来，商议对策。李元吉说："大哥你假称有病不上朝，暗中把太子宫中的警卫部队集合好，待机行动。"

李建成说："部队我已部署好了，咱哥俩一同到朝中探探虚实，然后再行动，如何？"

于是，两人在天麻麻亮的时候就上朝了。当二人骑马到达临湖殿时，感到情况反常，就掉转马头往回跑。这时，李世民从后面边赶边召唤二人。李元吉慌慌张张朝李世民连射三箭，可是一箭也没能射出去。李世民瞄准李建成后心，"嗖"的一箭射去，李建成应声落马，当即毙命。这时，尉迟敬德带领七十余名骑兵，从埋伏的地方冲了上来，众兵士在尉迟敬德的指挥下，乱箭齐发，射向李元吉，李元吉身中数箭坠落马下。这时，李世民的坐骑受惊朝树林奔去，他被树枝从马上刮到地上，摔得很重。身受箭伤的李元吉冲了过来，夺过李世民的弓，要勒死他。正在这千钧一发之时，尉迟敬德策马冲过来，高声呐喊着，抢救李世民。李元吉自知不是对手，慌忙返身朝武德殿跑去。尉迟敬德策马紧追几步，只一箭便将李元吉射死了。

太子建成的死讯很快传到太子宫中。太子的警卫部队在翊卫车骑将军冯立及副护军薛万彻、屈咥等人的指挥下，冲向玄武门。李世民的部将张公瑾把守玄武门，挡住了太子卫队。薛万彻见玄武门难以攻下，就会合赶来增援的齐王府的卫队，高呼去攻打李世民的秦王府。形势急转直下，守卫玄武门的李世民属下将士十分惊慌。恰在这时，尉迟敬德提着建成、元吉的脑袋赶到，太子及齐王的卫队一见太子及齐王已死，立刻溃散了。

李世民兄弟相残，血溅玄武门的时候，唐高祖李渊正在海池中泛舟嬉戏，一点消息也没听到。在太子及齐王卫队溃逃时，李世民命令尉迟敬德立即到李渊的住处去，一定要保护好皇帝。当身披铠甲手执长矛的尉迟敬德出现在李渊面前时，这位唐高祖着实吃了一惊，急匆匆地问："外边发生了什么事？你来这里干什么？"

尉迟敬德不紧不慢地回答："启奏陛下，太子和齐王造反，秦王殿下已把反贼杀了。秦王殿下唯恐惊动陛下，特命臣来警卫。"

李渊不胜惊讶，对身边的近臣裴寂、肖瑀、陈叔达等说："不料今天发生了这样的事情！你们看该如何是好啊？"

肖瑀、陈叔达同声说："陛下，建成和元吉没有什么军功，还嫉妒秦王，尤其不该的是，居然阴谋造反。被秦王诛杀，是死有余辜。秦王此番又立下了大功，更赢得了举国上下的敬重。陛下如果册立秦王为太子，这是人心所向，肯定天下就太平无事了。"

李渊说："卿等所言甚好，朕早有此意。"

尉迟敬德一听此言，立即说道："陛下，如今外边战事未息，臣敢请陛下从速发布诏令，宣布军队由秦王统帅，乱事听秦王处理，事态马上便可平稳。"

李渊马上亲笔写了诏令，叫大臣去宣布。然后，又派人把李世民叫来。李渊一见李世民就说："最近以来，发生了曾子的母亲听别人说曾子杀人而跳墙逃跑的事情。"

李世民一见李渊立即扑到李渊的怀里，放声痛哭，险些晕了过去。

接着，李渊发下两道手谕，一是宣布大赦天下，除建成、元吉二人已死之外，其他人等一律不再追究；二是册立李世民为太子，国家的一切军政事务，全部由太子处理。

同年的八月，李渊宣布把皇位让给太子李世民，自己当太上皇以终身。

通过玄武门之变，李世民才当了皇帝。他继位后，对立太子的事情格外留心。最初，他也是按传统的嫡长子继承制度，立大儿子李承乾为太子的。但是，玄武门的刀光剑影时时在他的眼前晃动，他为了宫廷安稳、国家太平，特别注意太子的一言一行。经过长期的考察，他大大失望了。太子既荒淫又残忍，不以国事为重。李世民痛心到要自杀的程度。

然而，李世民毕竟是一代英明的君主，他为了国家大计，毅然把太子废掉。他这个举动，不能不说与玄武门事变有着深刻的渊源。

唐太宗李世民发现太子不成器，是在贞观十四年（640），当时太子已22岁了。太子李承乾只顾游玩、打猎，把学业扔在一边。太子的属官张玄素数次规劝，太子充耳不闻，当成了耳边风。唐太宗得知张玄素犯颜劝谏太子的事后，很高兴，立即提升张玄素的官职，期望他很好地辅佐太子。

此后，太子对张玄素有所顾忌，比如，一天太子在宫中击鼓作乐，张玄素进门劝阻，太子立即把鼓毁坏，表示再不敲鼓玩了。可是，转过身，仍然我行我素，甚至沉溺于嬉戏，竟然长时间不接见下属的官员。对于规劝他的官员于志宁，竟然派刺客去暗杀；而对张玄素也曾派人暗中去袭击，用马鞭猛抽一顿，险些打死。

唐太宗对太子李承乾日渐不满，而对四儿子李泰却日益喜爱，一些朝臣对此颇有微词。唐太宗为安定朝廷，指令贤臣魏徵辅佐太子，期望太子能改恶向善，不出现因为太子没有德行而改立太子的事情。尽管李世民在太子身上煞费苦心，但是太子非但没有改掉恶习，反而变本加厉。大肆挥霍钱财，沉湎于声色犬马，宠信太监，日甚一日。太子为了蒙蔽唐太宗，常常在属官面前装出一副假面孔，比如，一旦碰上属官劝谏他，他立即表现出虚怀若谷的样子，连连承认自己有错误，表示一定改正。太子的这一手还真发挥了作用，尽管他作恶多端，却常常博得知过必改、为人贤明的美誉。

魏王李泰深知父皇钟爱自己，当他发现太子李承乾患了脚病之后，便产生了搞掉太子，将来由自己继皇位的想法。于是，李泰不惜金钱，广交贤士、豪杰，很快便博得了礼贤下士的好名声。同时，又通过亲信广泛散布自己才能过人，大造继位的舆论。

李泰的种种活动，自然引起了太子的极大关注，为了保住太子的位子，李承乾指使人冒充李泰属官的名义向皇帝检举李泰种种不法行为。可是，当唐太宗认真追查时，却找不到检举人，太子这一计策没有奏效。

接着，太子便产生了谋杀李泰的想法。后来，甚至发展到要推翻唐太宗，自己当皇帝了。

太子李承乾为了实现篡位的目的，私下招募军队，豢养刺客，结交大臣。尤其对不满唐太宗的人更是曲意结交，以建立自己的死党。比如，名将侯君集对唐太宗不满，太子就通过在太子宫担任警卫的侯君集的女婿贺兰楚石去拉拢侯君集。此举果然奏效，侯君集被暗中召入太子宫中，太子向他坦诚表白自己的心事，侯君集发誓帮助太子谋反，并给太子出谋划策。又如，太子利用巨资收买了左屯卫中郎将李安俨。李安俨本来是李建成的老部下，现在负责唐太宗的警卫事宜，他利用这一特殊身份，把唐太宗身边发生的大事小情，都及时地报告给了太子李承乾。此外，汉王李元昌、扬州刺史赵节、驸马都尉杜荷等贵族也被太子拉了过去。这些人割臂歃血为盟，结成死党，紧锣密鼓地谋划政变。

杜荷对太子李承乾说："殿下宣称患了急病，皇上肯定前来探视，那时，咱们便可乘机动手了！"

太子认为这个建议很好。当听说齐王李佑谋反的消息时，太子得意忘形地说："我住处的西墙离皇上的住处只有二十步，我要是起事，齐王可比不了哇！"

当齐王谋反被镇压下去以后，在追查的过程中，受齐王株连的纥干承基招认，太子李承乾曾对自己说过，他起事比齐王方便得多。唐太宗对此紧追不放，终于查清了太子准备谋反的情况。唐太宗指令大臣们研究处理太子的办法，众大臣互相观望，不敢出声，只有通事舍人来济大着胆子说："陛下是圣君慈父，不妨让太子平安度过余生。"

唐太宗听后点点头，下诏令将太子李承乾废为平民，幽禁起来；对太子的死党李元昌、侯君集、李安俨、赵节、杜荷等处以死刑；对太子的属官，以劝谏不力的罪名予以革职；对于平日犯颜直谏的属官予以提升；对检举太子谋反的纥干承基加官晋爵。

太子垮台以后，魏王李泰被召进宫中侍奉皇上，众臣十分明白，这是皇帝要立李泰为太子的信号。有的大臣为了逢迎皇帝，上奏章提议立即册立李泰为太子。可是，当年追随李世民搞玄武门事变的长孙无忌却极力反对立李泰，而主张立晋王李治为太子。

鉴于此，唐太宗提出一个折中方案，让李泰当太子，将来继承皇位，等李泰死后，再把皇位传给李治。对此，谏议大夫褚遂良极言不可，他对唐太宗说："陛下这话十分不妥，陛下可千万要深思熟虑，别出现失误。陛下百年之后，魏王入承大统，怎肯把自己的亲儿子杀死将皇位留给晋王呢！陛下以前立李承乾为太子，可是又宠爱魏王，所以才酿成了今天的祸患。前车之鉴，后事之师，陛下可要三思而行呀！陛下今日如果立魏王为太子，请先安置好晋王，只有如此，朝廷才能平安无事！"

李世民犯难了，一方面他感到褚遂良说得有理，一方面自己又不能放弃立魏王李泰的想法。

不久，唐太宗发现晋王李治成天愁眉不展，便询问是何缘故。李治在父皇的一再追问下，吐露了真情，说："李泰曾找儿臣说儿臣与李元昌平日关系密切，李元昌谋反不成，自杀身死，儿臣的日子肯定不会好过。因此，儿臣忧心忡忡。"

唐太宗一听，感到李泰为人阴险，深悔自己要册立他为太子，实在太不明智了。

说来事也凑巧，就在唐太宗询问李治后，又把废太子李承乾找来训话，李承乾对父皇说："儿臣身为太子，还有什么更高的要求呢？只因为李泰陷害我，才同几个大臣研究对策。那几个大臣心怀叵测，教唆儿臣犯上作乱。如今父皇要立李泰为太子，可就中了李泰的圈套了。"

这样一来，唐太宗感到立太子可不能粗心，一定要周密思考，认真研究。于是，把心腹重臣长孙无忌、房玄龄、李世勣、褚遂良四人找来会商。李世民对四人说："我有三个儿子一个弟弟，眼下的情形实在令我苦恼。"话还没说完便用头去撞床头。长孙无忌一步冲上去，将皇帝紧紧抱住。唐太宗推开长孙无忌，"嗖"的一声拔出佩刀，就要抹脖子。褚遂良手疾眼快，一把将刀夺下，交给了身边的李治。长孙无忌等四位大臣跪在地上，苦苦请求唐太宗不要烦恼，并说皇上想立谁为太子，臣等保证遵命。唐太宗示意四位大臣站起来，然后说道："朕想立李治为太子。"

长孙无忌立即说："臣等谨遵圣旨。如有人敢表异议，臣等请将其斩首！"

唐太宗转过脸朝李治说："你舅舅（按：长孙无忌是李治的舅父）保你当太子，还不拜谢他！"

李治慌忙跪下给长孙无忌叩头。四位大臣齐刷刷跪下，称颂皇上英明。

唐太宗立即下令召集六品以上的官员到太极殿。唐太宗等官员到齐后，向众人宣布："李承乾大逆不道，李泰居心阴险，均不堪当太子。今天，朕要册立太子，众卿有何说法？"

众臣在长孙无忌等率领下，齐声高呼："晋王仁义忠孝，应立为太子！"

唐太宗见此情形，满脸堆笑，十分高兴。

就在立李治为太子的同一天，唐太宗下令将李泰拘禁起来。然后，下令大赦天下，欢宴三天。唐太宗感慨万端地对身边大臣说："朕如果立李泰为太子，岂不表明通过钻营就可以当太子了。今后要明文规定，如果发生太子失德的情况，其他王子如果处心积虑想当太子，那么，这两个人都不能用！我的这个决定要传给子孙万代，永远遵奉！我如果立李泰当太子，李承乾和李治都将难以活命；而立李治，承乾和李泰则可以平安无事以尽天年了。"

唐太宗李世民之所以当机立断解决了立太子这一关系巨大的事情，原因当然很多，但其中一个重要的主观原因，与李世民从早年的玄武门事变中所吸取的经验与教训是分不开的。李世民血溅玄武门，通过杀兄诛弟逼迫父亲而取得了皇位，从而开拓了盛唐局面。这无论对李世民本人及对唐朝的历史都是影响巨大、意义深远的大事。在封建社会，储位及皇权之争是普遍的，而这种争夺往往又演成流血事件，这种争夺又往往影响了国家的安危及后来人的思想。对此，好学的李世民是深知的，对历史上的争位夺权的掌故是熟谙的。通过李世民血溅玄武门前前后后的心态不难见出，他是在万不得已的情况下才发动玄武门事变的，他尤其不希望玄武门事变重演。正因为如此，李世民登极后，才特别关注太子的行为，在经过多方努力之后，才毅然废掉太子，另立新人。李世民的苦心孤诣，对唐朝的繁荣昌盛、稳定发展是起了很大作用的。他在解决了太子问题以后，满以为兄弟相残的玄武门事件是永远不会再上演了，可是，历史并不以人的意志为转移。李世民生前搞了一次玄武门事变，避免了另一次同类性质的事变。但是，在他死后，李唐王朝却接二连三地演出了一次次父子相逼、夫妻相害、兄弟相残的争位夺权的事变，完全可以说，"玄武门事变"从初唐一直演到了晚唐。

武则天称帝

她从儿子手中夺过皇位，
在中国历史上首开妇女当皇帝的纪录。

武则天是个不平凡的女性。历史赋予她许多机遇，她成为传奇式的人物并改写了李唐王朝的历史。在唐王朝仍处于盛世之时，她以太后之尊从儿子手中夺取了皇位，没动刀兵便建立了武周王朝，称帝二十余年，干出了许多惊世骇俗的事情。她大力提拔贤能之士，严酷打击反对派，"政由己出，明察善断"，对于发展社会生产力起到了一定的促进作用。她迷信佛教，大修寺院，庇护僧尼，加重农民负担，引发了种种社会矛盾，使一些地区阶级矛盾加剧。而她在晚年时，宠信奸邪，加深了腐败。在垂暮之年，她在权臣们的逼迫下，又把皇权还给了儿子，恢复了大唐国号。

武则天称帝时，没有把前朝皇帝杀死；武则天取消帝号时，新皇帝也令其善终。国号变更而皇帝却没有被害，这在历史上是并不多见的特例。

武则天称帝经历了漫长而又富于传奇色彩的过程。

武则天原名不详，则天，是则天顺圣皇后的省略，是封号。她是并州文水人（今山西省文水县）。父亲武士彟，商人出身，隋末当个小军官，后参加李渊父子反隋军队。唐朝开国后，曾任工部尚书。唐太宗的文德皇后长孙氏死后，唐太宗选妃嫔时，听说武士彟的女儿美貌，就将她召入宫中，封为才人，赐名武媚。

武媚离家之时，母亲杨氏悲痛万分。武媚却欣然自得地对母亲说："去见天子焉知不是喜事，为什么痛哭流涕呢？"

武则天进宫那年才14岁。唐太宗身边美女如云，武则天地位远在妃嫔之下，自然难以亲近皇上，更谈不上专宠一身了。能有机会在皇帝身旁干点粗活，就是造化了。这种处境与她进宫前的天真想法形成鲜明的反差，她内心的苦恼只有自己排解了。武则天虽然不能与唐太宗朝夕相伴，却与太子李治彼此钟情了。唐太宗死后，服侍过他的宫人一律被送出宫到感业寺为尼。武则天在唐太宗五周年忌日时，在佛寺中与前来烧香的唐高宗李治相逢。二人旧情未了，见景伤情，相对掩面而泣。

这件风流韵事，很快被唐高宗李治的皇后王氏知道了。当时，王皇后正与萧淑妃争宠。王皇后正想物色一个女人帮助自己击败萧氏，于是就暗中吩咐武则天留起头发。不久，王皇后就劝唐高宗把武则天从寺庙中接回宫里。这时，武则天已经31岁了。

武则天秀外慧中，入宫后就把唐高宗迷住了。对王皇后，她极尽恭维之能事，深得于皇后的喜欢，自认为找到了一个对付萧淑妃的好帮手。不久，武则天便被封为昭仪，成为仅次于妃的嫔了。

武则天在宫中站稳了脚跟以后，使出全身的解数，得到唐高宗极度宠爱，王皇后与萧淑妃全因她而失宠了。王皇后暗中叫苦不迭，本想找个帮手，不料请来个对头。王皇后转而与萧淑妃言归于好，二人同心协力共同对付武则天。武则天为了固宠，不惜设毒计陷害王皇后。

这时，武则天生了一个女儿，唐高宗很喜爱这个小公主。一天，王皇后来看视小公主，爱抚一阵便离去了。武则天送走王皇后，回来就亲手把小女儿掐死了。然后，照旧用小被把孩子盖好，装作没事一样。

不大工夫，唐高宗来了。一进门，唐高宗直奔床前去看望小公主，用手一摸，不由得惊呼起来。原来，小公主的身体已僵硬了。唐高宗又惊又气，连忙询问小公主怎么死了。武则天急忙奔过来，把孩子抱在怀中，放声痛哭起来，口中还不停地喃喃说道："我真没想到，你居然这般恶毒！"

唐高宗如坠云里雾中，拉着武则天追问个不停。武则天"扑通"一声跪在唐高宗面前，口中连连高喊皇上救命。闹腾了一阵之后，武则天才吞吞吐吐地说："刚才王皇后来过，还逗孩子玩来着，皇后走后，也没人到过这房间，孩子怎么突然死了呢？如果不是王皇后把孩子掐死的，难道是臣妾我把亲闺女掐死的不成？！"边哭诉着边用手指着孩子小脖颈上的红印记。

唐高宗见此情景，不由勃然大怒，咬牙切齿地说："皇后，你好狠毒，往日你同萧淑妃一道说武昭仪的坏话，今天居然又把朕的爱女害死！朕要你的好看，不给爱女报仇，朕誓不为人！"

当下，唐高宗便派人去质问王皇后，任王皇后如何解释，也说不清楚了。唐高宗已下定决心将王皇后废黜。

于是，唐高宗就同武则天一起到太尉长孙无忌家中去征求长孙无忌的意见。长孙无忌是唐高宗的舅舅，又是唐太宗遗嘱中指定的托孤之臣，他的言行是举足轻重的。废黜皇后这件国家大事，如果长孙无忌持异议，是很难进行的。唐高宗带着武则天来到长孙无忌家之后，开始对废后问题只字不提，当喝酒时，唐高宗在酒席上宣布将长孙无忌小老婆生的三个儿子封为朝散大夫，又赏给长孙无忌许多金银珠宝。唐高宗做完了这一切，才随随便便地提及王皇后至今也没有生儿子，以此暗示要另立皇后。长孙无忌立即就领会了唐高宗的用意，但是，他想到唐太宗临死前，拉着自己的手对自己说："我的好儿子和好儿媳，今后都交给你了！"于是，长孙无忌用别的话把唐高宗关于皇后无子的话题岔开。当然，唐高宗也立刻明白了长孙无忌的用意，尽管心中老大不高兴，但是，废黜皇后的话便也不再说下去了。因为唐高宗深知，废黜皇后这件国家大事，长孙无忌如持异议，其他大臣肯定附和他，而上奏章劝谏。结果，唐高宗这次试探以失败而告终。

对此，武则天仍不死心。她叫自己的母亲杨氏亲自出面，到长孙无忌家去，请求长孙无忌能赞同废黜王皇后的主张，结果还是被拒绝了。

武则天偏有那么一股韧劲，她想干的事，不达目的决不罢休。她见长孙无忌不买她的账，转过来又在唐高宗身上做文章了。永徽六年（655）六月，武则天诬陷王皇后伙同其母柳氏用巫术诅咒人。唐高宗听后，对王皇后更加厌恶了。当即下令不准王皇后母亲柳氏出入宫禁，并公开提出要废黜王皇后。九月初一日，唐高宗退朝后，命长孙无忌、李勣、褚遂良、于志宁等人到内殿。褚遂良对另外三个人说："今天皇帝召见，多半是为了皇后的事。皇上既然决心已定，逆着皇上必死无疑。太尉是皇上的舅舅，李大人你是朝廷的大功臣，可不能让皇上落下个杀死亲舅舅的恶名呀。我褚遂良出身草野，没有什么汗马功劳，为官到今天，而且受先帝之托辅佐皇上，我不以死相争，死后有何面目见先帝？"

李勣听了这番话，立即请病假，没有去内殿。长孙无忌等三人进入内殿后，唐高宗便说："皇后至今无子，武昭仪生了个儿子，现在朕想立武昭仪为皇后，卿等以为如何？"

褚遂良抢先答道："皇后出身名门，是先帝为皇上娶进宫的。先帝在弥留之际，拉着皇上的手，对臣说：'朕的佳儿佳妇现在都托付给你了。'这也是陛下亲耳所闻！如今言犹在耳，况且皇后又没有什么过失，怎么能轻易废黜呢！臣不敢曲意奉旨，有违先帝遗命。"

唐高宗听罢，不发一言，挥挥手把三人赶出了内殿。

第二天，唐高宗又同长孙无忌、褚遂良等谈起废王皇后立武则天为皇后的事。褚遂良又犯颜直谏："陛下一定要立位新皇后，可在有名望的贵族人家选取，何必非要立武昭仪呢？武昭仪曾是太宗皇帝的才人，这是天下共知的事，如何能够遮掩住天下人的耳目呢？况且，万世之后，人们又将如何评论皇上，请皇上三思。为臣今天抗旨，自应判死刑。"

说罢，将手中的笏板放在台阶上，脱下头巾，连连猛叩响头，鲜血顺着脸淌了下来，口中还连连说道："现将笏板还给皇上，请皇上准臣回家务农！"

唐高宗憋了数日的怒气，一下子迸泄出来，命令武士快把褚遂良带下去。武则天在帘子后面大声说："为什么不把这个老畜牲杀了？！"

长孙无忌也高声说："褚遂良是先帝遗嘱的顾命大臣，有罪也不能用刑！"

于志宁吓呆了，在旁沉默不语。

第二天，韩瑗、来济也齐上奏章反对废黜王皇后。

唐高宗对众大臣的劝谏不予理会。于是，单独召见李勣，问他："我要立武昭仪为皇后，褚遂良等人坚持认为不可，你看如何？"

李勣答道："此乃皇上家事，何必询问外人呢。"

唐高宗见李勣赞成自己的主张，更加坚定了废黜王皇后，册立武则天的主意。

这时，凡事都迎合皇帝的许敬宗在朝房中公开声言："普通乡下佬多收了100斗麦子还想换个老婆。贵为天子，想立个新皇后，为什么有人却坚持异议呢？"

武则天把许敬宗这话叫人禀报给了唐高宗。唐高宗认为自己简直连个乡下佬都不如了，盛怒之下，把褚遂良贬斥出京，到潭州当都督。十月十三日，唐高宗正式颁发诏书，以王皇后、萧淑妃合谋，企图毒死武昭仪为由，将王皇后废为平民百姓，并把她的母亲及兄弟革职流放到广东。十月十九日，唐高宗宣布册立武昭仪为皇后。

王皇后与萧淑妃被关押在冷宫，门窗全部堵死，只在墙上凿个洞送递饮食。一天，唐高宗思念王皇后和萧淑妃，抽空来到关押她俩的地方，触景伤怀，不由得痛苦地喊道："皇后、淑妃，你们在哪里？"

王皇后哭着在室内答道："我们二人触怒皇上，被贬为宫女，怎么还能以皇后、淑妃这样尊贵的名号来称呼呢？皇帝如果还念旧情，让我们重新陪伴，就请皇上把这座宫院叫'回心院'吧！"

唐高宗颤声说道："我立刻就处理。"

唐高宗走后，立刻有人将此事报告了武则天。武则天听罢，妒火中烧，担心唐高宗释放王皇后和萧淑妃，立即派人到冷宫，将王皇后、萧淑妃打了100棍子，又砍掉二人的手脚，然后把她俩放进酒坛子里。处置过后，武则天狞笑着说："叫这两个老骨头也醉醉酒！"

数日后，王皇后与萧淑妃含恨而死。

武则天处死二人之后，自己也常为幻觉所折磨。她不时在光天化日之下，看见王皇后与萧淑妃变作厉鬼，前来索命。她还因为萧淑妃曾说过"来世自己变成猫，武媚变作老鼠，要活活地咬住老鼠的脖子"这话，不准在宫里养猫。后来，为了摆脱幻觉，干脆与唐高宗离开长安，长住洛阳。

武则天是个权势欲很强的人。她当皇后以后，常常过问朝政。因此之故，难免与唐高宗发生冲突。唐高宗日久生厌，萌生了废黜武后的想法。

一次，宦官王伏胜向唐高宗揭发道士郭行真经常出入宫廷，仗恃武后的宠信，装神弄鬼，肆无忌惮。于是，唐高宗密召一些权臣商量如何惩处。上官仪对皇上说："皇后专横，全国上下人人不满，请陛下废黜武后！"

此言正合唐高宗心意，当下命令上官仪起草废后诏书。武则天安插在皇帝身边的亲信立即跑去将此消息报告了她。武则天闻讯后不敢怠慢，立刻跑去见唐高宗，软硬兼施，连哄带骗，终于使唐高宗转怒为喜，与她重新和好。唐高宗禁不住武则天撒娇，把废黜皇后的主意是上官仪出的，原原本本告诉了她。武后听罢，没作表示，暗中却指使许敬宗诬告上官仪、王伏胜与被废掉的梁王李忠谋反。结果，上官仪及其儿子被处死，家被抄；王伏胜也被斩首，李忠在流放地被勒令自杀。而一些与上官仪交好的朝臣也都受株连被贬职。

此后，唐高宗上朝时，武则天都要在皇帝背后隔帘听政，一切朝政都取决于她。朝廷内外称她为"二圣"，皇帝成了傀儡。上元元年（674）秋季，唐高宗称天皇，武则天称天后。

上元二年（675）三月，唐高宗的眩晕症加剧，召集朝臣议论由天后代替天皇管理国家。结果，在朝臣的反对下，此议未行。

武则天不甘心身居幕后，而代替皇帝掌管天下又没成。她认定这全是有太子的缘故。因为中书侍郎郝处俊在劝阻唐高宗让权给皇后时就明白无误地说过"陛下怎么能把高祖、太宗的天下，不传给子孙，而委托给皇后"的话。于是，武则天便决意废掉太子，排除自己当政的障碍。

太子李弘是武则天所生，为人谦恭仁孝，很得唐高宗喜爱，在群臣中间的威望也很高。他对武则天的一些做法不赞同，比如，萧淑妃生的两位公主因为受母亲连累，被幽禁宫中，已届30岁尚未出嫁。太子李弘认为母亲这种处置不适当，就直接上书唐高宗，请为两位公主择婿。唐高宗答应了，可是武则天却十分生气，当天就把两位公主草草嫁了人。不久，太子李弘就无病而死，时年24岁。人们议论纷纷，都认为是被武则天毒死的。

太子李弘死后，由武则天的另外一个儿子李贤继位为太子。武则天对李贤也是务必除之而后快。时常以写信或送书的手段责怪李贤。比如，一次武则天命人给太子李贤送去一本《孝子传》，让他用心研读，意在说太子不是个孝子。在调露二年（680），武则天因太子马棚里私藏铠甲，便给他定了造反的罪名，将其废为平民，幽禁起来，太子的官属也都受了惩处。

李贤被废以后，由其胞弟李哲继为太子。弘道元年（683）十二月，唐高宗病逝，太子李哲即位称帝，为唐中宗，却由太后武则天临朝听政。两个月以后，唐中宗就被武则天废掉。然后，立唐中宗的胞弟李旦为皇帝，为唐睿宗，朝政仍由太后武则天裁决。李旦是武则天生的最小儿子，其他皇子都不是武则天所生。李旦当皇帝后，武则天积极准备自己称帝，实现平生最大的愿望。她先是追封武氏已故的祖宗为王，接着又大封武家健在的男女老少为官，出任要职。她还把废太子李贤杀死，把废掉的唐中宗迁往房州（今湖北省房县）。

武则天的这些做法，引起了皇族们的极大不安，大家担心李唐王朝要换姓了。于是，以李敬业、李敬猷、骆宾王等人为首，于嗣圣元年（684）在扬州起兵讨伐武则天，以拥戴唐中宗复位为号召，10余日内便募集10万余人。武则天派大兵进行征剿，三个月后将叛军镇压。同时，武则天采取恐怖政策，并以高官厚禄奖励告密者；任用酷吏以严刑峻法惩治反对自己的人。

在镇压了李敬业等人之后，又镇压了唐高祖的孙子、唐太宗的儿子等皇族的起兵反抗。然后，武则天大肆屠杀宗室诸王，被害者达30余人，被流放、被抄家的就更多了。

武则天在用武力清除了异己势力之后，她给自己加尊号称"圣母神皇"，又给自己取个名字为"曌"，以示自己占有一切，高于一切。武则天经过一系列组织准备和舆论准备之后，她认为自己称帝，取代李唐王朝的时机成熟了。于是，就在天授元年（690）七月，抓住东魏国寺和尚法明献《大云经》的机会，公布了称帝的愿望。《大云经》上有"太后乃弥勒佛下生，当代唐为阎浮提主"的经文，武则天把这部经书颁行全国。九月，侍御史傅游艺率关东百姓900人上表劝武则天当皇帝。接着，朝廷百官、贵族、百姓、僧道尼姑以及周边少数民族的头人纷纷上表章请求武则天当皇帝，彻头彻尾的傀儡皇帝唐睿宗李旦也提出改姓武。霎时间，请求武则天当皇帝的声浪波及全国。明眼人一看便知，这场闹剧的总导演不是别人，正是武则天自己。

就这样，武则天在全国上下一片劝进声中，于九月九日即皇帝位，自称"圣神皇帝"，改元天授，改唐朝为周朝，把儿子李旦改姓武，立为太子，把侄儿武承嗣封为魏王，武三思封为梁王，武攸宁封为建昌王。另外，武姓子孙封郡王者尚有十来人。

追封父亲为皇帝。同时，宣布大赦天下，并命令全国举行七天宴会以示庆贺。

武则天称帝后，不再穿女人服装，完全同男性皇帝一样，穿龙袍，戴冕旒。她还广置"妃嫔"，建立控鹤监容纳她的男宠，所有男宠定名为内供奉，陪她淫乐，其中尤以张易之、张昌宗兄弟及洛阳白马寺和尚怀义最受宠幸。

武则天身为女人，而当上了皇帝，这在中国是破天荒的创举，是史无前例的。武则天之所以能够成功，原因是多方面的，归根结底是主客观实现了统一。在主观方面，她具有非凡的胆识，游刃有余地驾驭了权力，远胜过须眉自不待言。在客观上，尤其她生活的时代，儒学思想衰微，佛道思想成为时代精神主潮。这就使得男尊女卑、阻抑妇女的樊篱为之松动，为她的野心膨胀提供了较为宽松的氛围。如果武则天生活在儒家思想占统治地位的时代，她的称帝野心怕是难以实现的。常言道，时势造英雄，可以断言，武则天如果不是遇上唐初的时势，她就是再有才能，也是成不了英雄的。

武则天的非凡，主要还不是表现在她称帝上面，而表现在她利用手中的最高权力所推行的一系列有助于社会进步的政策上面。她以皇后的身份干预朝政24年，以太后的身份主持朝政7年，以皇帝的身份当政15年，总凡46年。她在预政时，于上元元年（674）提出十二条建议，即：一、劝农桑，薄徭赋；二、免除三辅地区（京城及郊县）徭役；三、息兵，以道德教化天下；四、官办手工工场中禁止浮巧；五、减少工役、节约费用；六、广开言路；七、杜绝谗言；八、王公以下全要学习《老子》；九、父在母死时，服孝由一年改为三年；十、对上元年间以前获得委任状的官吏，不予追核；十一、增加八品以上京官的薪水；十二、对于任事已久有能力而品级低下的官员应予以提拔。不难看出，这些政治举措的中心是减轻剥削，缓和社会矛盾，扶持新兴的官僚集团，重才干轻资历，借以对付贵族集团。而这些要点，基本上贯穿了她全部的统治时期。无疑，这对社会前进是有积极作用的。

更为难能可贵的是，武则天具有纳谏的政治家胸怀，这点倒很像唐太宗。这方面的实例很多，比如，在长寿元年（692）七月，镇压了各地的反对派，政权日趋巩固，有人劝她停止告密，宽刑罚。她认真地予以采纳，并对提建议的人大加赏识；又如，在长安二年（702），监察御史魏靖上奏疏指出近年以来多有冤案，请求复查大案。她不仅采纳，而且为不少冤狱平反。甚至对于攻击她个人乃至抨击她私生活的人，她也能容忍，甚或予以嘉奖。如李敬业起兵时，骆宾王写了一篇有名的《讨武氏檄》，文笔挥洒自如，情词并茂，尽管这篇檄文把武则天骂了个狗血喷头，但她在读过之后，却感慨地说，像骆宾王这样有才华的人没能很好使用，实在是宰相的过错。又如，长安元年（701），河北武邑人苏安恒上奏疏，指斥武则天贪位不让，要她退位，说她如不退位将无脸见唐高宗于地下。对此，她并未介意，也没有惩处苏安恒。另外，她临终前指示在自己的墓前要立一个空白的无字碑，自己的功过留给后人去评说，而不像历代帝王那样在自己的功德碑上极尽歌功颂德之能事。

对于武则天的大有作为，就连封建史学家也不得不承认她"挟刑赏之柄以驾御天下""故当时英贤亦竞为之用""素多智计，兼涉文史""僭于上而治于下""乘时得势""尊时宪而抑幸臣，听忠言而诛酷吏"。

武则天当政期间，基本上保持了盛唐局面，社会相对安定，生产有所发展，社会财富不断增加。

当然，武则天统治也有一些弊端，比如她宣扬迷信，赋予佛教徒种种特权，增加人民负担，任用酷吏对付反对派，兴大狱株连无辜，放纵男宠胡作非为，等等。但是，从总体上来说，武则天在历史上所起的作用功大于过，积极作用超过消极作用，可称得上是一位英主。

辽世宗之死

他在内乱中崛起，
又在内乱中倒下。

　　辽朝的世宗姓耶律，名阮，是辽开国皇帝太祖耶律阿保机的孙子。他的父亲耶律倍是阿保机的大儿子，神册元年（916）被立为太子。可是，在阿保机死后，耶律倍却没能继承皇位。因为他的母亲述律皇后偏爱二儿子耶律德光，就亲手导演了一场宫廷政变，使耶律德光当上了皇帝。耶律倍难以存身，从海上逃往中原地区，投靠后唐，于天显十一年（936）死于后唐。

　　耶律阮被耶律德光收养，长大后尽管身居显位，握有一定的兵权，不失皇族之尊，但是如果没有耶律德光夺位，他就是当然的皇位继承人了。如今，眼巴巴看着父亲的皇位被叔父抢去，而太子的位子也与自己绝缘，心中自然难平，可又不敢表示不满。耶律阮在忍耐中度日。

　　辽太宗耶律德光是一个大有作为的君主。他即位后，励精图治，发展生产，设立典章制度、举贤任能，惩治贪官污吏。因此，辽朝的经济、政治、文化均有较大的发展，为后来辽朝与北宋对峙局面的形成奠定了基础。

　　辽太宗自恃国力强盛，数次发动进犯中原的战争。于天显十一年（936）灭掉后唐；在会同七年（944）至会同九年（946）连续三次攻打后晋，并将后晋灭掉。

辽太宗发动的这几次战争，不但使中原汉族地区生产破坏，生灵涂炭，而且也使辽朝经济遭到破坏，使契丹族人民付出了巨大牺牲。尽管辽太宗占据了汴京，但在中原地区广大人民的反抗下，不得不很快离去。

辽太宗大同元年（947）四月初一日，耶律德光撤出汴京，四月二十二日行至栾城（今河北滦县杀胡林），因病而死。辽太宗死得突然，连遗诏都没有留下。军中人心惶惶，不可终日。而跟随辽太宗出征的一些亲信大臣更是顾虑重重，如坐针毡。比如南院大王（负责汉族军政的最高长官）耶律吼及北院大王（负责契丹族军政的最高长官）耶律洼，在辽太宗死后就日夜焦思苦虑，甚至鬓发都变白了。因为他们深深了解最高统治集团内的矛盾，一旦得知辽太宗的死讯，契丹族上层肯定又要爆发一场争夺皇位的斗争，而自己肯定也要被卷进去，斗争的结果很难预料，自己的生死富贵也很难说不发生问题。耶律吼与耶律洼被共同的难题所困扰，很自然二人便凑到一起商量对策了。

辽太宗一咽气，耶律吼当晚便到耶律洼的营帐中来了。他紧锁双眉地说："皇帝归天，皇位不可空着哇！"

耶律洼也同样紧锁双眉地说："那依你之见呢？"

耶律吼略一沉吟，看看帐内没有旁人，才压低声音说道："如果将皇帝的死讯报告给述律太后，太后肯定要立三皇子李胡为帝。你说对不对？"

耶律洼毫不思索地答道："肯定如此。"他瞅了一眼帐门，帐外黑黑的，一点声息也没有，接着也压低了声音说："三皇子的为人你是知道的。"

耶律吼说："我当然知道。他残暴成性，又深得太后欢心。他一旦继位，不用说国人遭殃，就连你我也休想得好！"

耶律洼抢过话头，说："他一向反对南征，你我一直在皇上身边，力主南征，如今皇上一死，你我可就有好瞧的喽！"

耶律吼用力把桌子一拍，说道："我反复考虑，决不能让李胡当皇帝！"

耶律洼紧接着说："对，他当皇帝，你我都得这样。"边说边用手做出个抹脖子的动作。

耶律吼说："没有远虑，必有近忧。依我看，国家要想太平，国人要想平安，只有立永康王为皇帝。"

永康王是耶律阮两个月前得到的封爵。

耶律洼连连点头，说："对，我也这么想。"

耶律吼说："事不宜迟，明天咱俩就召集大臣们开会，拥立永康王即位。"耶律洼说："好。一言为定！"

第二天，南院大王与北院大王召集出征大臣会议。两个人异口同声地宣称："皇帝归天，皇位一日也不可空缺，尤其在这战争时期，更不可一日无君，提议由永康王即位，主持大计。请诸位公议。"

众大臣见两位大王均如此，也就毫无异议地表示赞同了。可是，耶律阮却表示此事关系重大，自己难以承受。众大臣见他不是谦逊之词，也就不便相强。两位大王万万没有料到耶律阮会推辞，一时也没了主张，只好宣布散会，明天再议。

散会后，耶律阮心情十分矛盾。一方面，深深感到这是夺回本属于自己的皇位的大好时机，一旦错过，就再也没有机会了；另一方面，又深深感到，太后、李胡及太宗的儿子寿安王耶律璟肯定都反对自己继位，他们的势力远远超过自己，自己同他们对抗无疑是以卵击石，不会有好下场。耶律阮前思后想，左右犯难。最后，把自己的亲信安图叫来，商议对策。

安图的父亲迪里是耶律阮父亲耶律倍的亲信，当年因为主张耶律倍继位，被述律太后杀死。迪里死后，耶律阮把安图收留在身边，成为无话不谈的亲信。

今天众大臣开会时，安图正赶上值班，所以会议情况他全了解。耶律阮把他找来，他就知道是为了继位的事。所以，他一见面就说道："大王您仁慈而又聪明，又是太祖的嫡长孙，死去的皇帝对您也如同亲生的一般。天下百姓对大王的父亲没当上皇帝，无一不表同情，因此，大王如果能继位当皇帝，肯定大得人心！大王您可不能再犹豫了。常言道，机不可失，时不再来呀！大王今天如果再不决断，将来可就追悔莫及了！"

耶律阮沉思了一会儿，说道："你说的不无道理。可是，李胡可不能低估呀，远的不讲，就是在这军营之内，倾向他的怕也大有人在呀。"

安图凑近一步，低声说："大王放心，我自有妙计。刚才我到大王这之前，朝廷来了一位使臣，因为是我值班，就把他安排住下了。别人还不知道使臣到此。明天，我把他隔离起来，我就在底下放风，说李胡死了。这样，明天再开会时，倾向李胡的人就不会反对大王继位了。"

耶律阮听罢，连连点头，说："就依你之计吧。不过，一定要小心，可不能露出马脚。"

安图满脸带笑地说："大王，您就放心吧！"说完，深深施了一礼就走了。

不到一会儿，军营中便传开了李胡已死的消息。

安图见自己放出的李胡已死的消息已经传开，就去见南北两院大王。

这时，南北两院大王也听到了李胡的"死讯"，二人正在合计明天如何说服耶律阮的办法。猛然间，见安图走了进来，二人不由得一怔。二人知道安图是耶律阮的心腹，此时前来，决不是闲逛。安图抢上前向两院大王施礼，两院大王也站起身还礼。北院大王耶律洼首先开口："安图，你可听说朝廷又出什么事了吗？"

安图答道："小的来此，正是要向大王报告。京中来人说李胡王爷已经归天了。军营之内早就传开了。此事不假。"

南院大王耶律吼挺直了腰说道："安图，你也不是外人。你说，永康王不同意我们的提议，究竟是为什么？"

安图起身施了一礼，说："启禀大王，依安图之见，永康王爷是担心李胡王爷的势力大呀。如今，李胡王爷已故，我想永康王爷不会再拒绝大王的提议了。"

北院大王耶律洼说："你说得有理。不过，就是李胡不死，也没什么妨碍。因为先帝在日，早有立永康王为太子的打算，这点不仅我知道，南院大王也知道。"

耶律吼急忙插了一句："不假，我确实听先帝不止一次说过此事。"

耶律洼又说："既然如此，永康王继位当皇帝是上符天意，下合民心。今天，我们拥立永康王继位，谁敢说个'不'字！"他稍停一会儿，又接着说："不过，拥立永康王继位要向太后报告，如果不报告，难免朝廷内部要出乱子。安图，对此，你有什么看法？"

安图不紧不慢地答道："回王爷的话。安图以为，大王既然早就知道先帝要立永康王为太子，就应抓紧，因为现在是战争时期，不容迟缓，况且永康王贤明，人心所向。如果向太后报告，太后肯定不允，太后是要立李胡。李胡残暴，人所共知，残暴之君怎能安天下呢？况且，李胡已死，拥立永康王，太后未必不允，事后再报告，太后也不会怪罪。如果李胡不死，那又当别论了。"

南院大王耶律吼把双手一拍，站起身高声说道："你说得对，我的决心已定了！"

北院大王耶律洼也站起身，说道："对，事不宜迟，现在就行动。"

南院大王耶律吼对安图说："你速去传我俩的命令，军队集合，各位将领马上前来开会。"

安图跳起身，说："遵令！"说罢，一阵风似的冲出帐篷。

当众将领到齐之后，南院大王耶律吼说道："皇帝升天，国家不可一日无主。永康王是太祖皇帝嫡长孙，皇帝生前曾要立他为太子。永康王继位当皇帝是天人所属。本王和北院大王决计拥戴永康王为君。有谁胆敢不从，当以军法从事！"

北院大王耶律洼站起身，走到永康王耶律阮面前，深施一礼，请他坐到上座。然后，与南院大王耶律吼一起跪在耶律阮面前，行三跪九叩之礼，众将见此情形，纷纷离座，按照顺序，跪在两位大王身后，口中跟着两位大王高呼万岁。

就这样，耶律阮在南北两院大王的主持下，在军营中当上了皇帝。

第二天，耶律阮下令全军向定州（今河北正定）进发。四月二十九日，抵达定州。耶律阮派三个将领护送耶律德光的灵柩先回上京（今内蒙古巴林左旗林东镇波罗城），并向太后报告自己已经即位称帝的消息。

述律太后听到耶律阮称帝的报告后，十分恼火，立刻命令李胡率领军队去迎击耶律阮。

六月初一日，耶律阮抵达南京（今北京市）。听说李胡的军队已离自己不远，立即派安端、留哥二人率部前去探听。在泰德泉，安端与李胡遭遇。两军混战中，安端坠马，李胡部下王子天德策马驰至近前，举枪就刺。留哥一边急忙用自己的身体掩护安端，一边向天德射了一箭。天德中箭，因有铠甲护体，没有受伤，可是着实吃了一惊，扔下安端，拨马就跑。安端跳起来，飞身上马，继续指挥冲杀。结果，李胡被打败。

耶律阮首战告捷，并没有再战，而是派人到李胡军营中讲和。李胡自知不敌，连夜撤退了。耶律阮紧随其后，向上京挺进。当行到潢河（今内蒙古西拉木伦河）时，只见对岸旌旗招展，刀枪林立。原来，述律太后早已指挥大军布好了阵势。

述律太后与耶律阮隔着河对话。述律太后责问耶律阮不向自己报告就擅自称帝，是篡位。耶律阮没等答话，南北两院大王便齐声说："皇帝是太祖长孙，继位乃理所当然。"

述律太后气得满脸通红，李胡从旁抢着说道："他继位？我往哪摆？！有我在，兀欲（耶律阮的小名）怎么可以当皇上？"

这时，在述律太后身边的一位大臣冲着李胡说："可是，你残暴不得人心啊！"

说话的这个大臣叫耶律屋质，是太祖叔父的后代，是述律太后的心腹重臣。

李胡恶狠狠地瞪了耶律屋质一眼，说道："说我残暴，我就残暴！"扭过头冲河对岸的众将领喊道："我告诉你们，你们的老婆孩子全在我手中，你们再跟兀欲跑，我就把你们的老婆孩子全宰了！我李胡说到做到！！"

这句话不啻往滚油锅里倒了一瓢冷水，耶律阮身边的众将领轰的一声议论开了："李胡真狠毒啊！""可不能动刀枪啊，一开战，岂不是等于自己杀亲人吗！"

耶律阮见此情形，立即下令收兵回营。

述律太后也收兵回营了。

第二天，述律太后收到耶律阮给耶律屋质的一封信，信上全是挑拨述律太后与耶律屋质关系的话。述律太后立即断定这是一封离间信，当下把耶律屋质找来，将这封信交给了他。耶律屋质看过信之后，说道："太后辅佐太祖定天下，臣尽心竭力侍奉太后，如果太后怀疑臣不忠，臣也无言可辩。"

述律太后笑了一笑，说道："我如果怀疑你，还会把信给你看吗？我知道这是兀欲耍的把戏，搞离间计，骗不过我！这个就不谈了。我找你来，是想听听你对昨天发生的事有什么想法。"

耶律屋质侃侃而言道："感谢太后的信任。依臣愚见，最好是双方言和，那样国家不伤元气，此为上策；如果和不成，就要速战速决，否则人心动摇，后患无穷。"

述律太后点点头，沉吟一阵，慢声细语地说："和固然好，可是谁能当使臣呢？"

耶律屋质朗声说道："太后如果信得过臣，臣情愿前去议和。如果永康王同意议和，那可是国家的福气了。"

述律太后直视着耶律屋质，说道："我派你过河去议和，望你不要有任何顾虑！我给兀欲写封信，你一并带去。"

耶律屋质带着述律太后的亲笔信，过河去见耶律阮。耶律阮热情地接待了他。耶律阮看过述律太后的信，便吩咐耶律海思起草回信。回信的言辞多有不恭之处，耶律屋质对耶律阮说："如此回信，国家可就难得太平了。最好尽释前嫌，和为贵，应以国家安定为重啊。"

耶律阮说："他们不过是一些乌合之众，抵挡不了我！"

耶律屋质说："就算打不过你，可你们毕竟是亲骨肉，是太祖的子孙啊。再说，胜败无常。大王如获胜，部下众将的家属可全在李胡手中，难免被害呀！因此，依臣愚见，还是议和为上策。"

在场的众将领都赞成耶律屋质的这番话，都为自己的亲人担心。

耶律阮沉思一阵，才问："如何才能和解呢？"

耶律屋质不假思索地答道："大王与太后见面，只要都不含怨气，和解是很容易的。否则，再战也不晚呀。"

在耶律屋质的斡旋下，双方基本上达成了协议。可是，当述律太后与耶律阮见面时，开始仍是互相埋怨。述律太后责怪耶律阮篡位，耶律阮埋怨太后使自己父亲丢掉了皇位，导致父亲出亡乃至惨死。谈着谈着，气氛越来越紧张，眼看要决裂了。

这时，耶律屋质说话了，先从血缘关系上讲，打动祖母与孙儿的心；然后又从现实形势来分析，说明决裂对国家的危害无穷。经他这一破解，双方才缓和下来。述律太后不愧是位政治家，她一针见血地问："和议是不成问题了。自家骨肉不能刀兵相见。可是，由谁来继承皇位呢？"

耶律屋质不等别人发言，抢着说："太后如果把皇位授给永康王，上合天意，下顺民心，对此，是不会有争议的。"

李胡坐不住了，跳起来喊道："有我在，怎么能立兀欲呢？"

耶律屋质不紧不慢地说："按照礼法的规定，皇帝逝世，有嫡长子在，就不能把皇位传给弟弟。从前，太宗皇帝继位时，就因为不符礼法，引起许多议论，所幸太宗英明，才没有闹出乱子。你残暴不仁，人们都怨恨你，你能治理了国家吗？现在，万众一心拥立永康王，这是谁也难以改变的呀！"

述律太后虽有立李胡之意，见此情形，也只好让步了。她对李胡说："我和太祖都偏爱你，俗语说'偏怜之子不保业，难得之妇不主家'，不是我不想立你，实在是你自己不能立啊！"

众臣一听太后这番话，立即欢呼万岁。李胡见大势如此，也就不敢再言语了。耶律阮让李胡把佩剑解下来，然后两人握起了手。述律太后见此情景，两眼含满了热泪。

河两岸的军队会合一起，军中洋溢着欢乐。在欢歌笑语声中，耶律阮率军直奔上京。

到上京不久，有人向耶律阮告发李胡与述律太后密谋发动政变，废黜皇帝。耶律阮立即采取措施，把李胡与太后迁出上京，搬到祖州（今内蒙古巴林左旗林东镇西南），并将二人软禁起来。

耶律阮于九月份称天授皇帝，史称辽世宗，改年号为天禄。人们都认为此后可以天下太平了。

可是，出乎耶律阮的意料，在天禄二年（948）春天，又闹了一场内乱。

这场内乱的为首者，都是耶律阮的亲人。其中，耶律天德是耶律阮的儿子，萧翰是耶律阮的妹夫。留哥与盆都虽是远支皇族，但在耶律阮军中称帝之时，均极力支持，甚至亲冒矢石打败李胡的军队。他们不赞同耶律阮进行封建化，反对出兵中原、依靠汉族上层等政策。他们顽固地坚持狭隘的民族利益，满足既得权势，是阻碍辽代社会发展的守旧势力。这场斗争虽然是内乱，但却有革新与守旧的内容。

耶律天德与萧翰、留哥、盆都的叛乱阴谋，被耶律石剌揭发，天德等四人被抓进监狱，他们矢口否认，辽世宗耶律阮不想深究，把天德等四人释放了。他们不死心，又密谋刺死耶律阮。

一次，留哥乘与耶律阮下棋的机会，在袖子里藏了一把匕首，想刺杀耶律阮。因为匕首被耶律阮发现，行刺未成。耶律阮亲自审问留哥，留哥指天发誓，说："臣怎能有谋害陛下之心，带刀是为了防身。如果我有心害陛下，将来我生疮烂死！"

世宗耶律阮见他言辞恳切，就不再追究了。耶律屋质对辽世宗说："陛下，留哥等人早有叛乱之心，只因陛下宽宏才没有受到惩治。此番又要行刺，可不能再放过他们了。臣请陛下准许臣亲自审讯他们。"

辽世宗同意了。经耶律屋质对天德等四人的审讯，证实了四人确实要叛乱。结果，天德被处死，萧翰被打了一顿棒子，留哥被撵出京城，盆都被派往属国。

虽说世宗对萧翰的处理是很宽大的，但是，并没有使他感化。天禄三年（949）春天，萧翰伙同妻子阿不里公主给明王安端写信，密谋再次叛乱。这封信落到了耶律屋质手中，耶律屋质将信呈给世宗。世宗这才下令处死萧翰，将妹妹阿不里关进监狱。

萧翰事件以后，耶律屋质又发现泰宁王耶律察割阴谋叛乱，立即给辽世宗奏本，揭发此事。

耶律察割是明王安端的儿子，武艺高强，外貌很忠顺，可是内心却很奸诈。在辽世宗要称帝时，察割极力劝说父亲支持辽世宗，他认为支持辽世宗比支持李胡对自家更有利。他说服了父亲，自己的态度当然更坚决了。所以，辽世宗称帝后，察割父子均因功封王。察割更受宠信，统领军队，出入宫禁。辽世宗每次出猎，察割都诡称自己手有病，不能拉弓射箭，拿着一只链锤，不离皇帝左右。他还经常把自己家中发生的一些小事向皇帝报告，博得辽世宗的好感，认为他忠诚。

察割见获得了皇帝的宠信，便准备动手谋害辽世宗。于是，他把自己所统辖的人马安排在辽世宗所住的帐篷周围，以便随时下手。

对此，耶律屋质产生了怀疑，再加上平素对察割行为的观察，深感问题严重，便给辽世宗上奏本，指出察割这是图谋不轨。辽世宗不信，就把察割叫来，并将耶律屋质的本章给他看。察割看后着实大吃一惊，可是表面上还装出一副受委屈的样子，对辽世宗说："臣对皇上一片忠心，可昭日月。这是因为屋质嫉妒臣，才诬陷臣要造反。"边说边痛哭流涕。

辽世宗被他迷惑住了，便安慰他道："你没有反心，朕也没有怀疑你造反。今后，你要注意自己的行为，不要引起人们非议。"

几天以后，耶律屋质又向辽世宗进言，说察割怀有二心。辽世宗对耶律屋质说："你不要怀疑他了。他曾把他父亲的一些事都报告给我，还能说他对我不忠吗！"

耶律屋质说："察割连父亲都不孝顺，还谈得上忠君吗？"

对此，辽世宗一笑了之，没有采纳屋质的建议。他万万没想到，这一失足成千古恨，他终于命丧察割之手。

天禄五年（951）七月，辽世宗到太液谷野宴，察割想动手刺杀皇帝，由于没有得便，才没下手。不久，辽世宗率军攻打宋朝，察割也随同前往。九月初一日，辽世宗抵达归化州（今河北宣化）的祥古山，举行仪式纪念亡父耶律倍。辽世宗与众将领都喝醉了。察割见时机已到，便勾结随军出征的盆都，闯进帐中，将辽世宗刺杀。察割还吩咐部下，一定要捉住穿紫衣服的官员，决不能让他跑了。穿紫色衣服的官员指的是耶律屋质。察割深知，不除掉耶律屋质，自己不会有安宁。

由于耶律屋质一直保持警惕，所以才没有遇害。察割刺杀辽世宗以后，自己匆匆忙忙地称起皇帝来。耶律屋质逃出营地后，立即召集人马，连夜将辽世宗的行营包围。正在做皇帝梦的察割仓皇出战，一触即溃，部下纷纷逃散。察割见势不妙，逃又不成，死又不肯，最后，乖乖地投降了。

察割的叛乱被平息后，辽世宗的儿子耶律璟继位，史称穆宗。将察割、盆都凌迟处死，其他参加叛乱的人也都受了处分。

辽世宗死时年仅34岁，在位不到5年。本来他是辽朝第三代的皇位继承者，由于内乱，他父亲被剥夺了皇位继承权，从而他也就失去了继承皇位的可能。但是，辽太宗突然病死于出征途中，这一偶然机会使他登上了皇位。他之所以能成为皇帝，纯是辽朝统治集团内部革新与守旧两派斗争的结果。因此之故，他一上台，便处于斗争的旋涡之中。守旧势力一次次掀起政变，虽然接连被摆平，但是因为在政治斗争中辽世宗缺少必要的警惕，对反对派势力过于"仁厚"，所以终于命丧政敌之手。他的死，可以说是个悲剧。

赵匡胤黄袍加身

他黄袍加身便当了皇帝，
看似未费吹灰之力，
实则绞尽了脑汁。

赵匡胤本来是后周王朝的大将，官至殿前都点检，统率禁卫军，手握兵权。在周世宗柴荣死了之后，他经过精心策划，严密布置，抓住时机，一个晚上便夺取了皇位，建立起宋朝。

旧的史书记载赵匡胤篡位一事，无一例外地写成一个突发事件，而且赵匡胤处于被动地位，是顺天应人，身不由己。

对此，古往今来许多有识之士早已提出过质疑。比如，史学家傅乐成先生在他所著的《中国通史》中就提出五个疑点，并认定赵匡胤获得帝位是通过有计划的政变实现的。

那么，赵匡胤究竟是如何当上皇帝成为一代开国之君的呢？

公元907年至960年，在短短的54年中，中国北方，主要在黄河下游及渭河下游地方，接连产生了五个王朝，即后梁、后唐、后晋、后汉、后周。当时南北方有十个较大的"国家"割据一方，不时互相攻伐，历史称为"五代十国"。

这五代的开国之君都是军阀，搞割据，闹纷争，自是拿手好戏。这五个王朝都是短命的，后梁（907—922）16年而亡，后唐（923—935）13年而亡，后晋（936—946）11年而亡，后汉（947—950）4年而亡，后周（951—960）10年而亡。

这五个王朝中的前四个，政治都很腐败，君主荒淫，内乱迭起，大臣弄权。直到后周，政治局面才有较大改善。

后周的开创者叫郭威。他是后汉的大臣，官至枢密使。在后汉的第二个皇帝隐帝继位后，命他出任邺都留守、天雄节度使，仍兼任枢密使，以防契丹族南侵。郭威没有儿子，以妻兄之子柴荣为养子。柴荣任贵州刺史、天雄牙内都指挥使，随侍郭威帐下。父子二人握有重兵，又管辖一方，是后汉的实力人物。

后汉隐帝荒淫无道，宠信奸佞，屠杀功臣。朝廷的元老重臣史弘肇、杨邠、王章等人在乾祐三年（950）被满门抄斩。当时，郭威因出守邺都，仅以身免，而留在京城的家属则全被杀死。同时，后汉隐帝还下密诏，命令镇守邺都的众将把郭威干掉。

但是，负责执行密诏的镇宁节度使李洪义把消息报告了镇守澶州的侍卫步兵都指挥使王殷。王殷闻讯后，立即将传达密诏的使者孟业扣押，当即派人将密诏送给了郭威。郭威看罢密诏，便将枢密使魏仁浦请来，并把密诏给他过目，还问他怎么办。魏仁浦毫不犹豫地说：“大人，您是朝廷的大臣，功勋卓著，赫赫有名，握有重兵，镇守一方，一旦落到那群小人手里，后果是不堪设想的！问题也不是凭言语能解释清楚的。既然事已至此，万不可坐着等死！”

郭威取得了魏仁浦的支持，立即将邺都行营马军都指挥使郭崇威及步军都指挥使曹威及手下诸将召来，当场宣读了密诏，之后，对众将说：“我同诸位流血流汗，披荆斩棘，跟随已故老皇帝打天下。老皇帝逝世时，还将太子托付于我，希望我竭尽全力效忠朝廷。现在，朝中的几位大臣都被杀死了，我还有什么心思苟活于世！请诸位将军遵照密诏执行，把我的脑袋割下来，献给皇上，我决不连累诸位。"

众将听罢，大惊失色，相顾愕然。密诏中指名杀郭威的郭崇威，第一个发言，他边哭边说："当今皇上年幼，好冲动。这个密诏肯定出自那些奸臣之手。如果让这些小人得志，国家还能太平吗？！我郭崇威情愿跟随大人进京，向皇帝申诉，消灭那些小人，以清君侧。不能就这样叫使臣给收拾了，那可要遗臭万年呀！"

接着，翰林赵修己对郭威进言："大人，您白白死了有什么益处？不如顺应军心民心，统兵南下，这可是天意啊！"

其余众将也异口同声地主张起兵打进京去。

郭威见众将一致拥戴自己，深深吐了一口气，当即下令："柴荣听令！"

柴荣挺身而出，"命你镇守邺都，加意防范，不得有误！"

柴荣叉手在胸，声若洪钟般地答道："孩儿谨遵将令！"

"马军都指挥使郭崇威听令！"

郭崇威眼含热泪，高声答道："末将在！"

"命你统领精兵为前锋，直奔京城，即刻出发！"

郭崇威声嘶力竭地喊道："末将愿往！"

郭威扫视了众将一眼，不紧不慢地说："明天五鼓，本帅亲统大兵出征，尔等小心侍候。"

众将齐声吼道："遵令！"

郭威率领大军浩浩荡荡杀向京城开封。郭军势如破竹，仅用了七天便占领了开封。后汉隐帝躲到开封西北的赵村，被乱兵所杀。

皇帝一死，国内登时大乱。大臣们有的归附郭威，有的起兵反对郭威。郭威为了安定局势把隐帝的母后请出来临朝听政。这时，契丹族乘虚而入，兵犯内丘县。郭威率领大军迎击。

此时，地方上一些实力派策划拥立皇族刘赟为新君。这个消息震动了郭威及其下属，担心新皇帝继位后要向他们问罪。于是，郭威决心自己当皇帝。他的部下也在酝酿拥立的事情。当十二月初十日清晨，郭威刚要离开澶州时，他的部下数千人鼓噪了起来，为首者翻墙跳进郭威住的院内，冲进屋里，对郭威说："众将士与皇帝家的人结下了仇，可不能让皇族当皇帝呀！"

突然，有一个人一把将黄旗扯下来，披在了郭威身上，权当作皇帝的黄袍。其他人高呼万岁。就这样，郭威当上了皇帝，建立起后周王朝。

黄袍加身的郭威，万万没有想到，螳螂捕蝉黄雀在后。10年之后，后周的大将赵匡胤如法炮制，也演出了一出黄袍加身的戏，夺取了后周政权。

郭威当了四年皇帝，在政治上颇有建树。废除严刑苛法，厉行节俭，不准地方额外进贡。公元954年，郭威死去，由养子柴荣继位。

柴荣是一个很有作为的君主，厉行改革，鼓励农民开荒，招徕安置流亡人口，平均各地的田税，连孔府这圣人之家也照平民标准纳税。此外，柴荣还限制佛教发展，废除了三万三百多所寺院，限制僧尼数目，销毁一些铜佛像用以铸钱。他甚至亲自动手砸坏一座佛像，以为天下表率。同时，他还整顿军队，严肃军纪，一次就处死临阵退缩的军官七十余名。他还通过招募壮士的办法，改变禁军的成分，扭转了骄兵悍将尾大不掉的弊端。他还适应百姓要求统一的愿望，征讨各地的割据政权，抵御契丹族的南下骚扰。他还整顿吏治，废止武将干政，重用贤能之士。由于柴荣推行这一系列的改革，后周王朝很快壮大起来，先后打败蜀国、南唐，重创辽国，收复了燕云十六州。正当他要收复幽州之际，病倒军中，回到京城开封不久就死了。周世宗柴荣死时年仅39岁。

柴荣死后，由7岁的儿子继位，称恭帝。周恭帝继位伊始，镇州（今河北正定）、定州（今河北定州市）便传来紧急军情，说北汉联合契丹侵入边境。后周显德七年（960）正月初一那天，朝廷派殿前都点检、检校太尉兼宋州节度使赵匡胤统率精锐部队去迎击敌人。

说起这个赵匡胤，可不简单。他是涿郡（今河北省涿州市）人，出身将门世家，他的高祖赵朓是唐朝的幽都令，曾祖赵珽是唐朝的御史中丞，祖父赵敬是涿州刺史。父亲赵弘殷五代时，曾在后唐、后晋、后汉、后周四个王朝统领禁军，英勇善战，不仅深得皇帝的宠信，而且深受部下的拥护。在周世宗柴荣时，赵弘殷官至检校司徒，掌管禁军，是个举足轻重的人物。赵匡胤是赵弘殷的二儿子，生于后唐天成二年（927）。他长得仪表堂堂，为人很豁达，胆大心细并学得一身好武艺，年纪轻轻就离家闯荡江湖。在郭威当枢密使时，赵匡胤就投到他的帐下当军官。郭威当皇帝后，赵匡胤被提拔为滑州副指挥。对于赵匡胤是否参与了郭威黄袍加身的活动，史书上没有记载。但是，从郭威一当上皇帝就加封赵匡胤官职一事来推断，赵匡胤对郭威当皇帝肯定是出过力的，即或不是郭威黄袍加身的策划者，也定是个积极的参加者。后来，赵匡胤又成为柴荣的亲信。柴荣任开封府尹的时候，赵匡胤被提升为开封府马直军使。柴荣继位当皇帝后，赵匡胤又被提升，同父亲一道统率禁军。不久，又因跟随周世宗柴荣征讨北汉立下大功，晋升为殿前都虞侯兼严州刺史。很快又因军功晋升为殿前都指挥使兼节度使，成为统领禁军的第二号人物。

周世宗显德六年（959），柴荣征伐契丹时，赵匡胤随军出征，指挥水陆军，在瓦桥关打了个大胜仗。在行军途中，一次周世宗柴荣批阅文件时，突然从装文件的皮口袋里掉出一块三尺长的木板子，上面写着"点检作天子"五个刺目的字。柴荣见此，心中着实不安，点检是统率禁军的最高官职，如果点检发动军事政变是最容易获得成功的了。说来也巧，此时柴荣又突然染上重病，不得不匆忙撤军返京。柴荣返京后，病情非但没有好转，反而加重。他开始考虑身后之事了。自己的儿子才7岁，如果自己一旦死去，7岁的孩子当皇帝肯定统驭不了群臣，尤其那些手握重兵的人，难免不篡位。想到这里，那写着"点检作天子"的木板犹如磐石一般压上了心头。素以英明著称的柴荣，顾不得去追查那木板的来历，为了江山，为了儿子，他果断决定，免去了当时任殿前都点检的张永德的官职，夺了他的兵权，任命自己宠信的赵匡胤为殿前都点检，期望他在自己死后，赤胆忠心地辅佐小皇帝，确保后周的天下。柴荣刚安排好这一切便去世了。

这三尺长的木板子，肯定是有人放进公文袋里的，究竟是谁，当时也没有追查，遂成为千古之谜了。可是，有一点却是确定不疑的，从这个所谓的"木板事件"中，唯有赵匡胤是"赢家"，得到了莫大的好处，而柴荣与张永德都是"输家"。

柴荣死后不到半年，后周的皇位就被赵匡胤夺去了。赵匡胤也学着郭威当年黄袍加身，在陈桥驿发动兵变，推翻了后周，建立起宋朝。几经努力，结束了五代十国纷立的局面，统一了全中国。

赵匡胤发动陈桥兵变，看似易如反掌，如水到渠成，其实不然。他为了取代后周，费尽了心血，绞尽了脑汁。

在后周显德七年（960）正月初一那天，赵匡胤率领大军北上抵御辽国和北汉国入侵。军队尚未离京，城里便谣言四起，纷纷传说："出征那天，点检就当皇帝了。"霎时间，弄得人心惶惶，有许多人家甚至做好了逃难的准备。正在人心浮动的时候，一波未平，一波又起。初三那天，有一个小军官叫苗训，自称上通天文，下晓地理。他拉着赵匡胤的卫士楚昭辅，指着耀眼的太阳说："你看，那太阳的下边还有一个太阳，太阳里边还有黑点子一闪一闪的！"

接着，苗训又神神秘秘地说："这是天命啊！"

当天傍晚，赵匡胤指挥部队在距开封东北40里的陈桥驿

（今陈桥镇）宿营。晚饭后，将士们三三两两地聚在一起，相互议论道："当今皇帝年幼无知，我们这些人卖力气去杀敌人，流血流汗，有谁能知道我们的甘苦危险？不如拥戴点检当皇上，然后再北征，就是死了也不会白死！"

赵匡胤的卫队长李处耘把将士们的议论立即报告了赵匡胤的弟弟赵匡义及赵普。此二人随赵匡胤出征，并担任军中要职。二人听到报告后，立即命令亲信将领及卫队把赵匡胤的住所严密保护起来，彻夜值班，不许卫兵休息。同时，派卫队指挥官郭延赟乘快马连夜回京，向留守京城的殿前都指挥使石守信及都虞侯王审琦报告军中情况。石守信和王审琦都是禁军的高级将领，平日与赵匡胤交情最好，是结义的兄弟。

正月初四一大早，天刚放亮，宿营地的将士们便鼓噪起来，从四面八方奔向赵匡胤的住所。赵匡胤因为昨天夜里喝多了酒，仍然在呼呼大睡。赵匡义和赵普急忙跑进房中，连推带叫地把赵匡胤唤醒，向他报告部队哗变了。赵匡胤不慌不忙地伸伸懒腰，接连打了几个哈欠，才不紧不慢地坐起来，两手还不停地揉眼睛。

这时，院子里已挤满了军官，卫队刀出鞘，箭上弦，人声鼎沸，气氛相当紧张。冲进院子里的将士们站在台阶下齐声呼喊："众将无主，我等竭诚拥戴点检当皇帝！"

有的人边喊还边挥舞着刀枪。

赵匡胤的几名心腹大将，这时也全都来到他的身边。

赵匡胤醉眼蒙眬地看了一眼屋内的人，屋外的人越聚越多，一片嘈杂，最后变成了齐声呐喊："拥戴点检当皇帝！"

还没等赵匡胤表态，突然有个人不知从什么地方拿出一件崭新的黄袍，披在了赵匡胤的身上。

霎时间，屋里屋外的众将士如同听到号令一般，齐刷刷、黑压压地跪满了一地，异口同声地高呼："万岁！万岁！万万岁！"

赵匡胤在心腹将领的簇拥下，身披金光闪闪的黄袍，迈着大步出得房来。卫士牵过战马，他翻身上马，身边的众将也都纷纷上马，院中跪着的将士纷纷起身，向两旁闪开，中间让出一条道来。赵匡胤微笑着骑在马上，频频地向周围的将士招手，人群中又爆发出欢呼万岁的声音。赵匡胤出了院门，只见街道上、旷野里早已布满了军队，士兵在军官的率领下，按部就班地排列成整齐的队伍，大旗在寒风中飘扬，发出呼啦啦的响声，刀枪剑戟映着朝阳闪闪发光。士兵们一看见黄袍加身的赵匡胤，立即高举武器，挥舞旗帜，欢呼声犹如春雷滚动。

赵匡胤威风凛凛，喜气洋洋地骑在马上，身上的黄袍分外鲜明，在心腹将领及卫队的簇拥下，走在队伍前边，身后是一支浩浩荡荡的大军，朝着京城开封而来。

突然，赵匡胤勒住了马缰，整个队伍立即停了下来，除了偶尔马蹄刨地的声音，其他一点响动也没有。赵匡胤环顾了一下身边的将领们，朗声说道："你们听着，既然大家贪图富贵拥立我，我有个条件，就是你们必须听从我的命令，否则，我不当你们的主上！"

众将一听此言，立即都从马上跳下来，恭恭敬敬地答道：

"我等绝对服从命令！"

赵匡胤一摆手，大声说："好！现在听我的命令：第一，对太后和小皇帝不准侵犯；第二，对京中的大臣们不得凌辱；第三，对仓库不许抢劫。服从命令的，有赏；违抗命令的，决不轻饶！"

众将官齐声回答："遵令！"

赵匡胤板着面孔，把手朝前一挥，队伍又整齐地开拔了。

正月初五日，赵匡胤率领部队返回了京城。在没进城之前，他派贴身卫士楚昭辅赶回家中报信。他的母亲杜氏老夫人一听到儿子身披黄袍返京的消息，不由得两手一拍，高兴地说道："我儿子素有大志，今天果然当了皇帝！"

赵匡胤还派客省使潘美到朝房去通知执政大臣。当时，还没散朝，众大臣听到赵匡胤政变的消息，瞠目结舌，面面相觑，无言以对。好半天，宰相范质才定下神来，一把抓住宰相王溥的手臂，颤着声音说："仓促之间派出兵将，这是我们的错误啊！"

范质死死地抓住王溥的手臂不放，手指甲都抠进去了，几乎流出鲜血。王溥紧闭双唇，一句话也说不出来。

这时，侍卫亲军副都指挥使韩通急急忙忙地从皇宫赶到朝房，要众大臣合计派兵迎击赵匡胤的叛军。还没等韩通说完话，他就被一个叫王彦升的禁军头目给赶跑了。韩通跑回家还没来得及关上大门，王彦升就追了上来，一刀将韩通砍死。之后，王彦升又冲进内宅，把韩通的老婆、孩子全部杀光。

突然，京城里号角齐鸣，鼓声喧天。赵匡胤率领大军排着整齐的队伍，进了明德门。然后，赵匡胤就下令军士回归营房，没有命令，不准擅自出营门。赵匡胤安顿好部队，自己回到了衙门。

不大工夫，将士们前呼后拥地把宰相范质、王溥等大臣带来了。赵匡胤一见范质，立即跑上去，给范质行过礼后，将他让进大堂，宾主坐定，赵匡胤这才泪流满面地说："我受世宗皇帝的大恩，不想被部下所逼，到了今天这种地步，实在是愧对天地啊！这可怎么办呢？"

还没等范质答话，旁边冲出一个叫罗彦环的禁军军官，手里提着明晃晃的宝剑，厉声说道："我们众将士没有主人，今天必须立个皇上！"

范质、王溥等人手足无措，噤若寒蝉。还是王溥反应得快，他急步走下台阶，扑通跪在地上，朝着赵匡胤行起三跪九叩的大礼来。范质见此情景，也走下堂来，跪下叩头，其他大臣便争先恐后地跑到台阶下边叩头，边高呼"万岁"。范质等人叩拜之后，众将就请赵匡胤到崇元殿去举行登极大典。

当赵匡胤在范质、王溥的导引下，登上崇元殿的时候，朝廷百官也陆续被召来了。午后三时，百官到齐并按部就班站好了队。可是，这时才发现，忙活了半天，登极的诏书却没有写。赵匡胤也不由得有些着急，这时，只见从百官队伍中缓缓地走出一个人，走上殿来叩完头，从衣袖里掏出一张诏书，恭恭敬敬地呈给典礼官。赵匡胤与众朝臣定睛一看，这个人是翰林官陶谷，他提前写好了皇帝登极诏书，不声不响地在赵匡胤为忘了写诏书而焦急的时候献了上来。赵匡胤细细看完了陶谷起草的登极诏书，非常满意，当即指示举行登极大典。

赵匡胤先面向北站好，小皇帝被扶到宝座上，由典礼官高声朗诵陶谷起草的后周皇帝让位的诏书。读毕，小皇帝被换下宝座，面朝北跪在地上，赵匡胤被引到小皇帝刚刚让出的座位上坐好，接受下台的小皇帝的祝贺。殿堂之下的百官也一律跪倒，山呼"万岁"。

百官祝贺之后，赵匡胤下圣旨封下台的小皇帝为郑王，封小皇帝的母亲为周太后，搬出正宫到西宫居住。然后，又发下第二道圣旨，宣布大赦天下，改国号为宋，改年号为建隆，以显德七年为建隆元年。最后，又指派使臣分头到各地，向地方官宣布新任命。

三天后，宋朝开国皇帝赵匡胤（历史上称宋太祖）开始大封功臣。可是，第一个被他封的却不是追随他搞政变的人，而是因反对他政变而被杀死的后周大臣韩通。赵匡胤追封韩通为中书令，以表彰他为后周尽忠，同时还下令厚葬韩通。

赵匡胤表彰过韩通之后，又下圣旨追究杀死韩通的凶手王彦升，要治他擅杀大臣之罪。众大臣纷纷为王彦升讲情，赵匡胤才没有惩治王彦升，可是再也没有重用他。

之后，赵匡胤便开始大封政变有功人员了。封石守信为侍卫亲军马步军副都指挥使，高怀德为殿前副都点检，张令铎为马步军都虞侯，王审琦为殿前都指挥使，张光翰为马军都指挥使，赵彦徽为步军都指挥使，上述诸人还兼任节度使。对其他参加政变的军官也逐一加封官职。

最后，才宣布弟弟赵匡义为殿前都虞侯，并改名为光义，以避皇帝的名讳。封赵普为枢密直学士。同时，追尊高祖赵朓为文献皇帝，曾祖赵珽为惠元皇帝，祖父赵敬为简恭皇帝，父亲赵弘殷为昭武皇帝；尊高祖母、曾祖母、祖母、母亲为皇太后。

赵匡胤虽然对后周的降臣降将都给以高官厚禄，进行笼络，但是，有些握有兵权的铁腕人物对他并不恭顺。就在他称帝不到三个月的时候，原后周的昭义节度使李筠首先起兵发难。

赵匡胤称帝后，曾派使臣加封李筠为中书令。使臣到达潞州后，李筠最初打算拒不见面，只是在幕僚们的一再劝说下，才勉强摆酒接见使臣。刚刚吃了一杯酒，李筠就拿出预先准备好的周太祖郭威的画像，张挂在大厅中，他边看着画像，边热泪横流。李筠的幕僚们见此意外情况，都大吃一惊，连忙对使臣解释说："李大人喝醉了，酒后无德，请您不要责怪！"

这件事很快便传布开了。北汉国王刘钧听到这个消息后，就派人带密信联合李筠起兵反对赵匡胤。李筠接待了刘钧派来的秘密使节，准备与刘钧联兵攻打赵匡胤。李筠的大儿子李守节哭着劝父亲不要反宋，李筠不听儿子的劝告，执意要起兵。

李筠联合北汉刘钧要造反的事当即被赵匡胤侦知。赵匡胤立即加封李守节为皇城使，并召见他，命他速去潞州给李筠传话，说："我赵匡胤没当皇上时，可以任凭你李筠随意地干，今天我既然当了皇上，你李筠就不能对我让点步吗？"

李守节立即回潞州把赵匡胤这番话传达给了父亲。

对此，李筠嗤之以鼻，当天就下令起兵。一边命令幕僚起草宣言，历数赵匡胤的罪恶，一边把监军周光逊抓了起来，押送北汉做人质，请求北汉出兵援助。同时，还派人将泽州刺史张福杀掉，占据了泽州城。李筠手下的官佐闾丘仲卿给他献策道："大人孤军起事，形势很危险。虽然河东可作外援，怕的是北汉不出大力气。开封兵强马壮，难以敌对。不如西下太行山，直抵怀县、孟县，堵住虎牢关，占领洛阳，东向出兵以争天下，这才是上策。"

李筠听后并未采纳，仍一如既往坚持联合北汉伐宋。不久，北汉刘钧亲率大兵前来支援李筠。李筠亲自到太平驿迎接，两人一见面，李筠就说："我身受周太祖大恩，不敢爱惜自己的身家性命，为了后周，我可以牺牲一切！"

出乎李筠的意外，他这番表白非但没有唤起刘钧的同情，反而引起了刘钧的不快。原来，北汉与后周是世仇，刘钧对李筠口口声声效忠后周，心里老大不高兴。于是，他打断了李筠的表白，板着脸，冷冷地说："我派宣徽使卢赞到你的部队里当监军，以便有利于联合行动。"

李筠见刘钧此举，心中也犯了合计："这不是要收编我吗！不像联合呀。"另外，李筠又发现北汉的军队不但数量少，而且战斗力也不强，同监军卢赞又往往意见相左，所以很后悔同北汉联合。

李筠当机立断，命大儿子李守节镇守潞州，自己率主力部队南下。刘钧见李筠单独行动了，立即派平章事卫融赶到李筠的军中进行调节斡旋。

这时，赵匡胤派石守信、高怀德、慕容延钊、王全斌四路兵马分进合击李筠，还命令石守信："只要不放李筠西下太行山，急速率兵堵截，肯定可以消灭他。"

石守信等在长平地方打败了李筠的军队。

六月，赵匡胤亲率大军讨伐李筠。在山路上行军，道路险峻而且多乱石，赵匡胤为了不耽误行军，他以身作则，先从道路上捡起几块石头，背了起来，然后才上马。众官兵见此，立刻纷纷效法，每个人都捡石头背起来走。霎时，乱石纵横的山路变得平坦了。赵匡胤提前与石守信会师，在泽州南大败李筠，杀死了北汉监军卢赞。

李筠兵败逃到泽州死守。赵匡胤亲自督阵，指挥大军将泽州紧紧包围起来。宋朝大将马全义率领数十名精兵组成的敢死队，冒着矢石爬上城墙，冲进街里。李筠见大势已去，跳进大火中自焚而死。北汉的卫融被活捉，赵匡胤一见他很生气，一把从卫士手中抢过铁挝朝他脑袋上砸去。登时，卫融血流满面，但是他仍然直挺挺地站着，大声吼道："我死得其所！"

赵匡胤见此，转怒为喜，连连说道："忠臣，忠臣！"

当时给卫融松了绑，封他为太府卿。

北汉刘钧闻讯后，急急忙忙带领军队退回国内去了。

赵匡胤率军攻打潞州，李守节开城投降。赵匡胤没有惩治李守节，任命他为单州团练使。

七月，赵匡胤班师回京。

不久，原后周的淮南节度使李重进在扬州起兵反对宋朝。李重进是周太祖郭威的外甥，当年与赵匡胤是同僚，都是禁军的高级将领。赵匡胤称帝后，封他为中书令，命他到青州驻防。李重进一直担心赵匡胤不会放过他，决心有机会就起兵。

当李筠起兵时，李重进派心腹翟守珣秘密去潞州联合李筠。没想到翟守珣从前与赵匡胤有交情，他暗中改道去了开封，把李重进要联合李筠一起造反的事一五一十全报告了赵匡胤。赵匡胤当下问翟守珣："我想赐给李重进铁券，永保他的特权，你看，他能相信我吗？"

翟守珣肯定地答道："李重进绝对不会归顺。"

赵匡胤重赏了翟守珣，并叫他立即返回扬州，不要暴露来过开封这件事，千方百计劝止李重进联合李筠，以免自己分兵两处。翟守珣回去后，劝说李重进暂缓与李筠联合，先持观望态度。李重进中了他的计，停止与李筠联合的行动。

不久，赵匡胤派人给李重进送来铁券，李重进很高兴，居然打算随同使臣一起进京谢恩。可是，他身边的谋士们竭力阻止他进京。他又改变了主意，不仅未进京而且把使臣扣押起来。同时，派人去南唐求援，决心起兵反宋。

南唐国主把李重进求援起兵的消息通报了宋朝。赵匡胤听后，立即派石守信、王审琦、李处耘、宋偓等人率军分路攻打李重进。

十月，赵匡胤亲率大军又讨伐李重进。十一月，打下广陵。在广陵即将陷落时，李重进的部下想把扣押的宋朝使臣杀掉，李重进不同意。他说："我的大势已去，准备全家自杀，何必杀那个使臣，没有什么用处喽！"

当天，李重进全家自焚，宋朝的使臣也被杀死了。

赵匡胤进城后，把李重进的同党杀了数百名，扬州被平定了。

至此，赵匡胤才松了一口气，自年初称帝以来，动荡不定的局势才有了转机。

统观赵匡胤黄袍加身的前前后后，说他费尽心力，经过精心谋划，以郭威为样板，通过兵变夺取皇位当是不虚的了。

海陵王刺杀金熙宗

他俩是兄弟，又都是革新派，
为了争皇位，却不讲亲情，
不论道义，同室操戈，相煎更急！

海陵王完颜亮和金熙宗完颜亶都是金朝开国之君金太祖完颜阿骨打的孙子。海陵王的父亲宗干与金熙宗的父亲宗峻是亲兄弟。海陵王比金熙宗年龄大，但是是庶出的，而金熙宗则是金太祖的嫡孙。

海陵王与金熙宗自幼就生活在一起，感情很好，两人汉文化的造诣都很深，在金朝皇族子弟中，他俩是佼佼者。自从金熙宗继位当皇帝以后，海陵王便同他有了矛盾。完颜亮认为自己虽不是嫡出，但毕竟是金太祖的长孙，完全有资格继承皇位。可是，比自己年纪小的完颜亶却坐上了皇帝宝座，自己只能北面称臣，这口气实在难以下咽。于是，他打定主意，如有机会一定把皇位夺过来。

金熙宗完颜亶当皇帝后，鉴于国内外的形势，采取了改革的方略。他不因循女真族奴隶制度，大胆地学习汉族的封建制度，加速女真社会的封建化。首先，他在政治上打击、削弱守旧势力，就连皇族人士也不例外。其次，他强调文治，坚定地推行统一的路线。另外，他还注重发展生产，繁荣经济。在改革的进行过程中，金熙宗不是急于求成，而是采取渐进的办法。他对汉化的态度是坚定不移的，而对改革女真旧制却是"渐祈胥效"，一点一点有步骤地进行，务求实效。因此，金熙宗的改革比较成功。

当然，金熙宗的改革也遇到了不少阻力，甚至遭到了来自皇族内部的激烈反抗。面对阻力和反抗，金熙宗毫不退让，采取果断措施排除干扰和破坏。这样，在朝廷之上，便形成了以金熙宗为首的改革集团控制大权的局面。在这个改革集团中，宗干、宗弼是掌实权的关键人物。

完颜亮是宗干的二儿子，生母大氏出身于有较高封建文化传统的贵族之家。因此，完颜亮自幼便受到封建的汉文化的熏陶，长成之后，具有较高的封建文化素养。在父母的教诲下，完颜亮被培养成一位革新人物。因此，在政治上，完颜亮与金熙宗的路线是一致的。

完颜亮虽然有当皇帝的野心，但是，他也深知马上向熙宗夺权是不现实的。于是，他采取了以退为进的策略。首先，通过积极支持改革，取得金熙宗的信任；然后，在暗中联络各种反对金熙宗的势力，为将来自己夺权准备力量。

完颜亮为讨得金熙宗欢心，无所不用其极。比如，一次在金熙宗面前谈论起当年金太祖创业的种种艰难，完颜亮竟然说着说着泪流满面，泣不成声了。这博得了金熙宗的好感，认为他是个忠臣。完颜亮凭着父亲的地位、个人的心计，很快便发迹了。在皇统七年（1147）十一月，年仅25岁的完颜亮便当上了尚书左丞，不久又晋升为平章政事，地位仅次于丞相。他一旦大权在握，立即重用亲信，把他们安插在要害部门。完颜亮的两面派手

法，蒙蔽了金熙宗，使得金熙宗对他的信任远远超过了对他的戒备，

继改革集团的实权人物宗干死去之后，皇统八年（1148）十月，改革集团的另一实权人物宗弼也死了。因此，各派政治力量的暂时平衡失去，矛盾斗争公开化。革新集团则分成了两大势力。一股以皇帝为首，一股以皇后为首。皇权与后权的矛盾，实质是为了争夺国家的最高领导权。完颜亮出于个人的考虑站到了皇后方面。同时，他还联合反对改革的秉德、宗宪等人，以扩大自己的实力。

在海陵王过生日时，金熙宗派自己的卫士长大兴国给海陵王送礼物。皇后裴满氏也备了一份礼物，让大兴国捎去。不料，被金熙宗知道了，立即派人把大兴国追回来，还狠狠地用棒子揍了一顿。

海陵王得知此事后，内心很害怕，认为皇帝这个举动是要收拾自己的信号。于是，加紧准备篡位。事有凑巧，皇统九年（1149）四月，翰林学士张钧奉命起草诏书，里面有辱骂金熙宗的话，被金熙宗发现，一怒之下将张钧杀死，经追查，张钧是受海陵王指使才这样干的。因此，金熙宗把海陵王贬出京城，到洛阳任职。海陵王赴任路过中京（今内蒙古宁城西大明城）时，与中京留守萧裕密谋，两人约定，一旦海陵王起兵反对金熙宗，萧裕便积极配合，以河南的军队为基干，先出兵平定河东、河北，然后率军北上。同时，海陵王还指示萧裕积极活动，串联各部军队头头，扩大力量。两人商定后，海陵王才起身。

海陵王尚未抵达洛阳，金熙宗下令将他调回京城，担任平章政事。因此，海陵王企图在洛阳起兵的计划没能实施。

海陵王心中有鬼，回京后虽说提升了官职，但他却疑虑重重，越发感到处境危险。他为了壮大自己的力量，加速政变，把萧裕调进京城，出任兵部侍郎。当时，金熙宗因为皇后裴满氏干政，越闹越凶，甚至严重影响了册立太子这件大事，所以心情很烦躁，经常借酒浇愁。酒醉后，常常无故杀人、打人，身边的皇族、大臣、贴身侍卫、宫女也不能幸免。

八月，丞相秉德、唐古辩等人研究决定把辽阳、渤海地方的一些民户迁往燕南地区，金熙宗也批准了。侍从高寿星等人也在迁徙之列，他不愿迁徙，便去哀求皇后。皇后故意用此事激怒金熙宗。金熙宗盛怒之下，把秉德、唐古辩打了一顿棒子，还把郎中萨哈杀死，批准高寿星等人不必迁徙。

金熙宗杀罚过甚，自然引起一些人不满，而金熙宗对不满于己的人，更加严惩不贷。朝臣人人自危，不满情绪也随之增长。海陵王不失时机地利用普遍存在的不满情绪和恐惧心理，加紧策划政变，并为自己当皇帝公开大造舆论。

当秉德和唐古辩遭棒打之后，二人十分气恼，便与大理卿乌带密谋推翻金熙宗，另立新皇帝。乌带将此事告诉了海陵王，海陵王立即去联络秉德与唐古辩。海陵王还毫不隐讳地对唐古辩说："你们废黜完颜亶以后，要立新皇帝，可是非我莫属了！"

海陵王与秉德、唐古辩日夜谋划，引起了护卫将军特思怀疑。特思把他们的异常活动报告了皇后裴满氏。皇后感到事态严重，立即报告了金熙宗。金熙宗当时把唐古辩召来，怒冲冲地问："你与完颜亮成天密谋什么？你们想把我怎么样？"

唐古辩自然支吾搪塞，结果金熙宗也没问出个子丑寅卯，就把唐古辩打了一通棒子，轰了出去。

海陵王听到这个消息后，又怕又气。怕的是自己的阴谋一旦暴露，难免一死；气的是特思打小报告，险些坏了自己的大事。他决心将特思除掉。

说来也巧，时隔不久，河南有个叫孙进的士兵造反，自称是皇上的弟弟按察大王。金熙宗的弟弟只有常胜、查拉，于是，海陵王向金熙宗诬告常胜、查拉造反，并提出叫特思负责审讯。常胜、查拉根本没有谋反，特思自然也审不出个名堂来。对此，海陵王向金熙宗进谗言，攻击特思包庇反叛之人。结果，特思等人被杀。海陵王坐收一石二鸟之利，既除掉了仇人特思，又除掉了将来可能与自己争夺皇位的两个王爷。

海陵王为了顺利搞政变，又通过一个低级官吏李老僧结交了大兴国，以随时掌握宫中动态。另外，海陵王还串通了皇宫中护卫十人长图克坦额垾楚克、布萨呼图二人。前者是亲戚，后者是父亲宗干的老部下，通过宗干的提拔才当上护卫十人长的。海陵王答应他们，自己当皇帝后把女儿嫁给图克坦额垾楚克，让布萨呼图当丞相。二人表示一定效力，就是死了也不后悔。海陵王还把礼部侍郎高怀贞拉进自己的小集团，因为他鬼点子多，是个不可多得的军师。海陵王把他提升为丞相，他也不负所望，为海陵王制定出一整套刺杀金熙宗的计划。

正在海陵王紧锣密鼓地进行政变准备之时，朝廷上又发生了一件十分重大的事件，震动了全国，也加速了海陵王政变的实现。十一月，金熙宗盛怒之下把皇后裴满氏杀了，同时，还杀了三个妃子。这件事，本来是皇帝与皇后长期矛盾冲突的必然结果。可是，在海陵王看来，皇后一死，自己的末日也就到了。因为自己是属于皇后这一派的。于是，在十二月九日，海陵王悍然发动了一场宫廷政变。

十二月九日夜，大兴国按预定计划，在金熙宗就寝之后，假传圣旨召海陵王、秉德、唐古辩等人入宫。因为他是卫队头，又掌管宫殿的钥匙，他假传圣旨没有任何人怀疑。海陵王一行人顺利进了宫。大兴国又乘金熙宗睡下之后，将金熙宗平时睡觉时放在床头的佩刀偷偷地藏到床下。

在大兴国的安排下，图克坦额垿楚克和布萨呼图同时值夜班，守在皇帝寝宫门外。

当海陵王、秉德、唐古辩等人来到寝宫门外时，金熙宗被他们的脚步声惊醒。金熙宗喝问："什么人在外边走动？"

海陵王等一下子惊呆了，连大气也不敢出。就在这千钧一发的时刻，布萨呼图说："事已至此，不干不行了！"说罢，他一脚将房门踹开，一头冲了进去。海陵王等也随着冲了进去。图克坦额垿楚克手疾眼快，没等金熙宗下床，抢上去便是一刀。金熙宗虽然被砍了一刀，仍伸手去床头取佩刀，可是刀却不见了，为情急所迫，一翻身跳到了地上。这时，布萨呼图上去又是一刀，将金熙宗砍倒在地。海陵王不敢怠慢，朝倒在地上的金熙宗狠狠砍了一刀，只听"噗"的一声，一股鲜血溅了他一脸一身。金熙宗抽搐一阵，便气绝身亡了。

这几个"刺客"虽然都是身经百战的人，可是，刺杀皇帝还是有生以来头一遭。在摇曳的烛光下，他们脸色发青，呆呆地看着金熙宗的尸首，一言不发。这沉默犹如千斤重担，压在了他们的心头。

秉德首先说了话。他说："皇帝是死了，立哪个为新君，我心里可没有数。"

其他人仍沉默无语。

突然，布萨呼图一把将海陵王按到"龙床"上坐下，侧过身瞪大两眼说道："没什么犹豫不决的，这皇位除了海陵王，别人也坐不得！"

说罢，他首先跪了下去，叩起头来。其他几个人也跟着他叩起头来，随着他一起喊万岁。

第二天，海陵王下令将左丞相宗贤及曹国王宗敏这两个实权人物杀了。之后，才正式登基称帝。

海陵王称帝后，大封"功臣"。秉德被封为左丞相、晋爵萧王，唐古辩为右丞相，乌达为平章政事，大兴国为广宁尹。图克坦额埒楚克被封为太原尹、晋为王爵，其子珠苏尔成为驸马都尉，娶了荣国公主。布萨呼图被封为太尉、晋爵为王，李老僧被封为同知广宁尹事。萧裕被封为秘书监，高怀贞负责修起居注。其他心腹也都加官晋爵。

海陵王称帝后，仍然推行金熙宗的改革路线，使金朝及女真族的政治、经济、文化均前进了一大步。在政治上，他加强统一的封建中央集权制，加强君权，改革政府机构，便于政令统一；在经济上，继续实行"计口授田制"，重视农耕，兴修水利，发展手工业和商业；在文化上，继续提倡汉文化，改革女真族旧习，对于从思想意识上消除民族对立，促进实现民族融合有积极作用。为了保证改革顺利实现，海陵王还把首都迁到燕京，使政治中心南移，更利于推行文治，加强同汉族地主的结合。可以说，从金熙宗时开始的全面改革，到海陵王即位以后已取得了决定性的胜利。

海陵王为了维护自己的地位，对守旧势力及危及自己权力的人，毫不留情，大加杀戮。即位一年，仅皇族就被他杀了150余人，致使金太宗一系绝根。秉德、唐古辩、萧裕、乌带等"功臣"也因怀二心而被诛杀。

海陵王为了巩固夺来的政权，竟然不惜制造冤案。冤杀宗本就是一例。宗本是金太宗完颜晟的儿子，在熙宗朝被封为原王，海陵王篡位后，封他为太傅，领三省事，表面上看似乎对他很重用。可是，海陵王内心对宗本视为仇敌，务必除之而后快。海陵王远在称帝之前，对金太宗的子孙们便充满了忌恨与畏惧。因为他的父亲宗干，当年把金太宗的长子宗磐谋杀了。海陵王无时无刻不担心太宗的子孙起而复仇。他称帝后，对位高权重的宗本更加猜忌了。他指使心腹萧裕捏造事实，诬陷宗本。

萧裕为置宗本于死地，便诬称宗本与秉德联合造反。海陵王"闻报"后，立即布置人马，设下毒计刺杀宗本。他传旨叫宗本等人到球场击球，预先命令卫士们等宗本一到，就将其杀死。布置妥当以后，海陵王提前登上殿楼，以便目睹宗本被刺的场面。届时，宗本应召前来，一进球场便被宫廷卫士们给杀害了。

萧裕在宗本被害的同时，在自己的衙门内加紧制造"证据"。他命人用酒把宗本的门客尚书令史萧玉灌醉，然后，他口述，由别人笔录了一份"证词"，只等萧玉醒酒后签字画押。

萧玉酒醒后，见自己躺在萧裕的弟弟萧祚家中，再定睛一看，身边站满了手执利刀的兵士，虎视眈眈，杀气腾腾。萧玉吓得脖子后面直冒凉气。这时，萧裕不紧不慢地踱进房中，朝兵士们一挥手，把他们赶出了房门。萧玉如同见了救星一般，连连给萧裕叩头。萧裕冷笑了一声，说道："萧令史，你好清闲啊，醉了一整天，你可知道，你的主子宗本上午被皇上处死了？"

萧玉一听，吓得声音都变了，结结巴巴地说："小的不知，小的有罪！"

萧裕足足有一袋烟的工夫，直盯着萧玉，一声不吭。萧玉跪在地上，一把鼻涕一把泪，浑身抖个不住。萧裕开口了："萧玉，要死要活，可全在你自己了！"

萧玉一听，不由得放声大哭起来。

萧裕俯下身，贴到他的耳边说："你要想活命，就得揭发你的主子谋反！"

萧玉惶惑地抬头看了一眼萧裕，不知如何是好。

萧裕接着说："这也不难，证词我都给你预备好了，你只要画个押就行了！"

说罢，把一叠写满了字的纸摔到地上。

萧玉急急忙忙用颤抖的手捧起这叠纸，从头往下看——

　　关于宗本串通秉德谋反一事，臣揭发如下：在秉德被贬出任领行台尚书事时，他出京前去拜会宗本。宗美、唐古辩均在场，臣也在场。他俩人约定里应外合，发动政变。秉德曾对宗本说："如果事成之后，由太傅当皇帝，我这颗心才能放到肚子里。"唐古辩曾对宗本说过："内侍张彦精通相面，他说太傅是天子相。"宗本说："我哥哥任东京（今辽宁辽阳市）留守，怎么能轮到我当皇上呢？"宗美对宗本说："太傅您是太宗的主家之子，只有您合适。"宗本在他们走后，对我说："大事只能在近日内于围场中解决。"他还对我说："我的大儿子钖里库是个大贵之相，所以我一直也没让他见皇上。"宗本在我离开的时候，还赏给我一件袍子、一匹战马。以上谋反事件属实。臣忠于皇上，大胆揭发，决无半句虚言。

　　萧玉看完了"证词"，便瘫软在地了。萧裕站起身，冲萧玉说："这些条款你可要记住了，到时候可不能说错了。你洗洗脸，定定神，回头我就带你去见皇上。你可小心点，是死是活全凭你自己了。"说罢，便甩开大步出房去了。

　　第二天，海陵王宣布宗本、宗美等人谋反，罪不容诛，同时，把萧玉的证词也批给朝臣们看。接着又下令大杀宗本的亲人，几天时间，宗本的亲人就被杀死70多名，金太宗的后人从此便绝户了。

海陵王在当皇帝之前，曾对他的心腹们说："将来我有一天当皇帝，一定让天下的美女都给我当老婆。"他还真是"说到做到"，在即位以后，便肆无忌惮地广纳后妃，不择手段地寻欢作乐。凡是被他相中的女人，不管已嫁未嫁，无论长幼尊卑，一律掠进宫中，就连堂姊妹、外甥女也不例外。

例如，海陵王即位的第三天，就把垂涎已久的阿里库强娶入宫，封为昭妃。阿里库本是宗磐之子阿古岱的妻子，是驸马都尉穆里延的女儿。阿古岱被杀之后，阿里库再嫁给皇族囊嘉特。囊嘉特死后，海陵王打算娶阿里库，可是其父穆里延不同意，海陵王只得作罢，但是他一刻也没有忘怀。他篡位第三天，便发出旨意命阿里库入宫。他不仅强娶了阿里库，而且把阿里库的女儿重节也奸污了。

海陵王在当宰相时，为了博得好名声，竭力克制欲念，家中妻妾不过三四人。他当上皇帝以后，纵欲无厌，仅天德三年（1151）五月，他就下令把此前处死的皇族、贵戚、大臣的妻子全送进后宫。对此，就连他的心腹萧裕都觉得欠妥，进行劝谏。可是，他不为所动，反而对萧裕说："这些女人，大多数是我的表姐妹，长得都很俏丽。"于是，宗本的儿子苏尔图之妻、宗固的儿子呼喇勒之妻、秉德的弟弟嘉哩之妻数十人，便都成了他的妃嫔。海陵王除了皇后以外，有12个妃子，昭仪、充媛各9名，婕妤、美人、才人各3名，殿值以下宫女则不计其数了。

海陵王荒淫透顶，蹂躏妇女无所不用其极。比如，天德四年（1152）七月，海陵王指使自己的老情妇——乌带的妻子唐古定格将乌带害死，然后，把她纳入后宫。转过年十二月，又把守寡的婶子阿兰强行娶进宫来，封为昭妃。更令人不齿的是，海陵王还把他的堂姊妹们留在宫里，不准嫁人，与他一块儿淫乐。在寝宫里铺上地毯，让这些女人赤身露体，互相追逐。他自己于光天化日之下，众目睽睽之中，同这些女人交媾。同时，还令乐队奏乐以助兴。更为惨无人道的是，宫中有个叫辟懒的女官，被海陵王看上了，就把她的丈夫派往外地任职，并叫辟懒供他淫乐。可是，当时辟懒已经怀孕，海陵王为了发泄兽欲，竟然叫辟懒喝下大量麝香水，又亲手搓揉她的腹部，终于把她腹中的胎儿打掉。海陵王在所有荒淫的君主中，可谓"名列前茅"。

海陵王自幼攻读史书，很想当全中国的正统皇帝。他即位当皇帝后，更日夜企盼统一中国。他有个市井无赖出身的宠臣，名叫张仲轲，最能逢迎阿谀，不止一次地迎合他统一全中国的愿望，进言道："咱们金朝疆域虽然很大，但是，现在天下有四个皇帝，南边有宋朝，东边有高丽国，西边有夏朝，皇上如果能把这三个朝廷消灭，使天下一统，那才叫伟大呢！"这大大助长了海陵王用兵南宋的野心。

正隆四年（1159）冬天，海陵王派翰林学士施宜生出使南宋。施宜生南下时带了画工随行，到了南宋首都临安（今杭州）以后，命画工画了一幅临安图，临摹佳山秀水，回朝后献给了海陵王。海陵王被临安的风光所打动，提起笔来在画上题了一首诗："万里车书一混同，江南岂有别疆封？提兵百万西湖上，立马吴山第一峰。"道出了自己要以秦始皇为榜样，统一天下的雄心。接着，便从军事上积极准备伐宋。

可是，海陵王伐宋的主张却遭到许多大臣的反对。海陵王采用高压政策，诛杀了不少持不同意见的大臣，引起统治集团内部的分裂。海陵王的嫡母皇太后徒丹氏是贵族中反对伐宋的代表人物。她公开对大臣们说："咱们国家世世代代居住在上京，突然迁都到燕京，又迁都到汴京。现在又要兴兵过淮河、长江，攻打南宋，国家怎么受得了哟！"海陵王认为皇太后这是动员大臣们起来反对自己。不久，海陵王又接到侍候皇太后的奴婢高福娘的报告，说皇太后单独接见布萨思恭，密谈很长时间。据此，海陵王认为太后联络握有兵权的布萨思恭搞政变。于是，派人去杀太后。

奉命前去的大怀忠等人一见到太后，就叫太后跪下接圣旨。太后当时正在玩叶子牌，一听叫她跪下，不由得怔住了。这时，一个叫虎特默的人从太后身后一拳将其打倒在地，其他几个人一拥而上，活活地把太后勒死了。陪太后解闷的几个人也当场被杀死。

事后，海陵王命令将太后的尸体在宫中火化，把骨灰扔到井里去，不准留下一点痕迹。反对攻打南宋的大臣见此情景，再也不敢说半个"不"字了。有些人虽然嘴上不说，可是反对海陵王的决心却更加坚定，甚至有人已在暗中谋划要干掉他了。

正隆六年（1161）九月二十一日，海陵王亲率大军南下攻打南宋，命令兵部尚书完颜元宜为神武军都总管领兵从行。完颜元宜本名叫耶律阿里，是契丹族人。他的父亲是辽朝的官员，在金太祖追击辽朝天祚皇帝时，投降了金朝，因此被赐姓完颜，封官仪同三司。完颜元宜自幼能骑善射，在金太宗时任侍卫，历任牧使、武库署令、符宝郎等官。海陵王篡位后，完颜元宜被封为兵部尚书。

在南征途中，完颜元宜多次打败宋军，并因军功得到海陵王的封赏。但是，完颜元宜内心并不赞成南侵，对海陵王镇压契丹各部的叛乱，也心怀不满，他下决心有机会就干掉海陵王。

当金兵渡过长江时，忽然传来金太祖的孙子曹国公完颜雍在东京（今辽阳）称帝的消息。南征的将士有不少人打算逃回江北来投靠完颜雍。完颜元宜见海陵王的后院起火，军心涣散，公开反对海陵王的时机到了。于是，他串联了一部分将领，在儿子王祥的配合下，在十一月二十七日黎明，乘海陵王的卫队换班之时，发动了一场军事政变。

当完颜元宜率领政变军队撺到海陵王的大帐前的时候，一声呐喊冲了上去。海陵王听到帐外冲杀之声，以为是南宋军来偷袭，急忙披衣起身。突然，一阵冷箭射进了帐内。海陵王拿起一支箭在烛光下一看，不由倒吸一口凉气，惊慌地喊道："这箭是金国的呀！不好，部队哗变了！"

他身边的卫士说："皇上，情况危急，出去躲一躲吧！"

海陵王沮丧地说："到哪里去呀？"边说边把弓箭操起来。

"嗖"的一声，一支冷箭从帐外射进，正好射在海陵王身上。海陵王"啊"的一声惨叫，倒在了地上。这时，延安少尹纳哈塔鄂勒博从帐外冲了进来，一步蹿到海陵王身边，抢起刀来朝海陵王狠狠砍去。这一刀砍进了骨头里，使劲拔也拔不出来。海陵王在地上翻滚，鲜血四溢。纳哈塔鄂勒博扔了刀，猛扑到海陵王身上，两只手扼住他的喉咙，只听"咔吧"一声，海陵王的喉头被掐碎了。海陵王身体猛一抽搐，便再也不动了。

海陵王通过刺杀皇帝而登上了皇帝宝座，又因为被别人刺杀而丢掉了皇帝宝座，这大概也是历史的逻辑吧。

对于海陵王的历史评价，以前对他篡位、荒淫、残暴谈得比较多，而对他主张革新、坚持革新及他的新政对金朝社会及女真族发展所起的作用，评论得较少，有的史书甚至缺而不论。

海陵王与金熙宗的矛盾纯属统治集团内部围绕最高权力的斗争，没有什么正义与否的问题。而海陵王在取得帝位之后，坚持全面革新，使得金朝国力有所加强，女真族有所前进，这是符合历史发展趋势的。至于他的荒淫、残忍乃是统治阶级的本性的畸形表现，起到了祸国殃民的作用。

综观海陵王的一生，有功也有罪，攻其一端或美化一面，都是不符合实际的。对他功罪的评说，不能离开社会进步这个大前提。就其对金朝及女真社会的贡献而言，可否说他功大于罪呢？

元朝的皇帝们

他们特别善于内讧，
致使皇帝犹如走马灯。

元朝自从元世祖忽必烈于公元1260年三月自称大汗以来，直到元顺帝妥欢帖睦尔败走大漠以北，几乎没有一朝没有发生过帝位之争。尤其从元成宗继位到元顺帝继位的39年间（1295—1333）竟然换了10个皇帝，创下了争夺帝位的内讧纪录。

本来，蒙古汗国的传统是公推大汗，成吉思汗就是经各部族公推而上的尊号。而元太宗窝阔台继位大汗则是成吉思汗的遗嘱了，只因成吉思汗威望空前，众望所归，所以部众没有异议。而轮到元定宗贵由继大汗位时，已发生了争端。等元定宗一死，继位之争更激化了。元太宗及成吉思汗小儿子拖雷的后代都想当皇帝。争斗的结果，拖雷的儿子蒙哥在拔都（成吉思汗的长孙）与兀良哈台的支持下，登上了帝座，史称元宪宗。元宪宗死后，他的弟弟忽必烈急急从攻打南宋的前线撤兵北归，在开平（今内蒙古多伦以北的石别苏木）自称大汗，宣布继位。而他的小弟弟阿里不哥坚决反对，并在和林（今蒙古的哈尔和林）地方自立为汗。忽必烈亲自率领军队打垮了阿里不哥，稳定了大局。可是，不久太宗窝阔台的孙子海都又在巴尔喀什湖东南搞起叛乱，虽被忽必烈派去的军队打败，但海都在忽必烈撤军后又起而复叛，并在1287年联合镇守辽东的皇族乃颜起兵。忽必烈于当年率军亲征，消灭了叛乱。两年后，海都又起兵攻到和林地方。此后，海都旋退旋进，一直很猖狂。

元世祖忽必烈于公元1271年建立元朝后，鉴于蒙古汗国为争夺汗位而屡动刀兵的状况，便效法汉族由嫡长子继皇位的制度，立儿子真金为太子，想以此避免争夺皇位的斗争。

不料，真金太子短命，忽必烈在位时他就死了。忽必烈未及再立太子，于至元三十一年（1294）辞世，中央权力出现了空位。有争权夺势"传统"的元朝诸王多有垂涎皇位的，争皇位的斗争眼看就要爆发。重臣伯颜遵照忽必烈的遗嘱，拥立真金太子的三儿子铁穆耳继位，史称元成宗。这才避免了诸王争权的斗争。

元成宗在位13年而死，太子德寿又先于成宗而亡，皇位又出现空缺，一场争皇位的斗争又发生了。早在成宗病重期间，皇后卜鲁罕就插手朝政并策划夺权了。在大德九年（1305）十月，皇后以皇帝的名义，下诏令成宗的侄儿爱育黎拔力八达与其母亲弘吉剌氏离开京城到怀州居住，目的在于排除争权的对手。成宗一死，皇后卜鲁罕在左丞相阿忽台等权臣的支持下，临朝听政。同时，将安西王阿难答召入京城辅政，意欲立他为皇帝。阿难答是元世祖忽必烈的孙子，他的父亲是元世祖的三儿子忙哥剌。皇后及阿忽台的这一举动，遭到一部分朝臣的反对，御史中丞何玮甚至公开对阿忽台说："死不可怕，怕的是不合乎道义，为道义而死，死而无惧！"

右丞相哈剌哈孙也持反对态度，他把各衙门的官印全部收缴上来，锁在府库之内，同时还宣称自己有病，不接待官吏，日夜守在宫门，皇后传下来的旨意全被他扣住，不往下发。阿忽台等人想害死他，又不敢贸然采取行动。皇后的篡位计划碰到了巨大障碍。

这时，镇守漠北的怀宁王海山（元成宗的大侄儿）派部下康里脱脱进京办事。哈剌哈孙召见康里脱脱，并把京城的争权情况全告诉他，最后命他立即星夜赶回漠北，向海山报告，请海山进京。同时，哈剌哈孙还派人到怀州，请爱育黎拔力八达返京。爱育黎拔力八达接信后，迟疑不决，他的老师李孟劝他道："庶子不能继承皇位，这是世祖留下的规矩，现在皇帝晏驾，怀宁王又远在万里，殿下应尽快返回京城，以安定人心。"

在老师的力主之下，爱育黎拔力八达决定同母亲一道兼程赶往京城。于是派李孟先走一步，先期至京城找哈剌哈孙联系。李孟抵达哈剌哈孙的住处时，恰巧碰上皇后派来问候病情的使者，李孟急中生智，立刻朝哈剌哈孙作个揖，然后便不慌不忙地给哈剌哈孙摸脉，哈剌哈孙的心腹们也随机应变，近前向"医生"询问右丞相的病情。李孟的这番表演居然瞒过了使者。

使者离去后，哈剌哈孙跃身坐了起来，把京城近日的情况详细告诉了李孟，并叫他速去向爱育黎拔力八达报告："安西王阿难答已到京，不久就要即帝位了，快请殿下早作安排，事情已到火烧眉毛的程度了！"

李孟赶回爱育黎拔力八达的处所，详细汇报后，并催促尽快至京。爱育黎拔力八达听后，派人把算卦的找来，占卜以后再决定。李孟把算卦的人找来，单独对他说："现在殿下有一件非常重大的事情要叫你算一卦，不管怎样，你都说算得的是个大吉的卦！"

算卦的人按照李孟的吩咐办了，结果得的自然是个大吉大利的卦。李孟对爱育黎拔力八达说："卦是天意，与人心又相同，这就叫大同！"

爱育黎拔力八达很高兴，当即下令启程。

爱育黎拔力八达同母亲到京后，就进宫吊丧，然后离开宫廷住到自己的家中。安西王阿难答急忙与心腹商议对策，结果决定在三月初三日以祝寿为由，发动政变，将政敌铲除。这一消息很快被哈剌哈孙得知，连夜派人通知了爱育黎拔力八达，并传达自己的主张："怀宁王海山离京甚远，短时间内不可能至京，时间不允许了，迟了恐怕发生不测，应抢先下手。"

爱育黎拔力八达接报后，立即找支持自己的大臣、贵族们商量，这些人都支持他先发制人。于是，决定在三月初一日动手。

三月初一那天，爱育黎拔力八达如同平日一样，带着几名卫士进宫，见到安西王阿难答就说："怀宁王海山派人来请安西王议事。"

安西王阿难答毫无戒备，按照爱育黎拔力八达说的地点、时间，准时到达。万万没料到，一进门便被捉了起来。一经审讯，阿难答便全部招供了。爱育黎拔力八达下令将阿难答押往上都（内蒙古多伦附近），同时派兵搜捕阿忽台、八都马辛、赛典赤伯颜等策划发动政变的人，立即处死。

阿难答政变阴谋被粉碎后，一些贵族出面劝爱育黎拔力八达即皇帝位。爱育黎拔力八达对劝进的众王说："你们何出此言呢？阿忽台等奸臣勾结宫中的人，乱我朝纲，所以我杀了他们，我并不是奢望当皇帝呀！怀宁王是我的哥哥，应由他继位。我已经派使者捧着玉玺去北方迎接他了。"

爱育黎拔力八达任命李孟为参知政事，处理日常政务。自己与哈剌哈孙住在宫内，日夜防范，不敢松懈，唯恐再发生变故。

五月，怀宁王海山到达上都。在此之前，海山一听到元成宗逝世的消息，便从阿尔泰山赶到和林。他身边的一些贵族都劝他立即继位当皇帝，海山婉辞了，并说："我母亲和弟弟爱育黎拔力八达全在大都，我应同他们见面后，再与诸王商议这继位的大事。"

当海山离京日近之时，他的庶母弘吉剌听信了方士们的谗言，不想让海山当皇帝，而要让自己的亲生儿子爱育黎拔力八达登极。海山在上都听到了这个消息，便吩咐康里脱脱进京去观察形势。自己将军队分成三路，暂停前进。

康里脱脱火速赶到京城，面见皇妃弘吉剌，把来意说明。弘吉剌解释道："是有方士说过海山太子在位时间不会长这话，我询问方士没有别的意思，都是为海山太子着想呀。如今，篡位的奸臣都已除掉了，海山太子应该尽快进京即位当皇帝。你所说的传言，是坏人挑拨我与太子的关系，太子虽不是我生的，我们毕竟是母子呀。你快快去见太子，把误会解释清楚，催促太子尽快来京即位！"

虽然弘吉剌曾一度听信了方士的谗言，说海山在位不会长，但是，她并没有想废掉海山，不过是想同海山商议让位给爱育黎拔力八达。因此，在康里脱脱进京之前，弘吉剌已派使者去迎接海山进京，并责成使者向海山传达京中的情况，说明爱育黎拔力八达现在只是监国，众大臣已推举海山继位，请海山早日至京。使者到达上都后，便向海山传达了弘吉剌的上述决定。不久，康里脱脱也返回了上都。康里脱脱如实地传达了弘吉剌的话，海山听后，误会全消，心中十分高兴。

海山继位后，称元武宗，封弘吉剌氏为皇太后、哈剌哈孙为太傅，其他粉碎政变有功人员也一一加官晋爵。对于策划政变的卜鲁罕皇后及安西王阿难答处以死刑。

海山当皇帝不到10天，便按照登极前与弘吉剌、爱育黎拔力八达的约定，立爱育黎拔力八达为太子，在海山死后由他继位，而爱育黎拔力八达继位后则要立海山的儿子和世㻋为太子，死后由和世㻋继位。

这个约定，在当时不失为化解争夺帝位矛盾的一个良方，对于加固海山与弘吉剌、爱育黎拔力八达的联盟起到了决定性作用，对于稳定局势大有好处。

可是，由于爱育黎拔力八达继位后，改变了当年的约定，没有立和世㻋为太子，而立自己的亲儿子硕德八剌为太子。这一违约行为，引起了元武宗旧臣的不满，围绕帝位继承问题又爆发了一系列斗争，致使元朝国力日趋衰落。

爱育黎拔力八达当皇帝三年之后，在延祐二年（1315）要立太子了。按照从前与海山的约定，应由海山的儿子和世㻋当太子，这时，弘吉剌太后的心腹重臣右丞相铁木迭儿提议立爱育黎拔力八达的儿子硕德八剌为太子。这个提议正合太后与皇帝的心意，于是，和世㻋没当上太子，被封为周王，到云南去镇守边疆，其实是被赶出了京城。

延祐三年（1316）十一月，和世㻋到了陕西延安，他的一些老部下及元武宗的一些旧臣纷纷前来拜见他。这些旧部对和世㻋没当太子十分不满，有人当众提议给朝廷施加压力，说："天下是武宗皇帝的天下，大王离京去云南，是奸臣们搞的鬼，不符合皇帝的心意。我们应通过行省向皇帝报告，明确表示反对奸臣搞鬼，离间皇室骨肉。如果不除奸臣，后果将不堪设想。"

可是，因为提议者不久被暗杀，给朝廷施加压力的事情也就搁浅了。和世㻋继续西行，到达阿尔泰山定居下来。争太子的风波才平息下来了。

延祐七年（1320），元仁宗爱育黎拔力八达死了，由太子硕德八剌继位，史称元英宗。元英宗对权臣铁木迭儿的专权恶行很不满，日益疏远他。铁木迭儿为保全自己，称病闭门不出，后来抑郁而死。在他死后一年，元英宗下令追夺他的官爵，毁了他墓前的石碑，并抄了他的家产。

元英宗与铁木迭儿的斗争，纯属统治阶级内部的派系斗争，当然不止涉及一两个人。铁木迭儿掌大权多年，又有皇太后弘吉剌氏为后台，仁宗皇帝尚且要让他三分，可见其势力之大了，党羽之众就更不必言了。如今，铁木迭儿被追究，他的党羽们自然人人自危了。为了摆脱困境，以御史大夫铁失为首的残余势力开始谋划政变了。

元英宗至治三年（1323）八月，即惩治铁木迭儿三个月之后，元英宗就在上都附近的南坡被刺杀了。原来，元英宗在上都时，曾一度夜里失眠，就下令僧人做佛事，祈祷平安。右丞相拜住为节省开支，劝说元英宗免做佛事。而以御史大夫铁失为首的铁木迭儿的余党，暗地里指使和尚们请求继续做佛事，并散布流言国家将有大灾难，要做佛事、宣布大赦才能平安。铁失等的本意是想求个大赦的机会，自己就可以不再被追究了。可是，右丞相拜住为节省国库开支，坚决驳回了和尚们的请求，并严厉申斥他们："你们这些和尚为了得到些金钱和布帛，一个劲要做佛事，全然不顾国家的困难。现在，又提出大赦，难道你们还要庇护那些罪人吗？！"

铁失等人听了这番话，深感不妙，认为皇帝一回到京城，他们的末日也就到了。于是，他们加紧策划政变，最后决定在皇帝回京途中，把皇帝杀掉。

当元英宗一行离开上都回京，一天夜里住在南坡店时，铁失勾结知枢密院事也先铁木儿、藩王按梯不花等人，搞了一场政变。以铁失率领的阿速卫兵为基本力量，铁失父子与前平章政事赤斤铁木儿亲自动手，首先刺杀了右丞相拜住。然后，铁失便冲进元英宗住的帐篷，亲手杀死了元英宗。

政变成功之后，按梯不花与也先铁木儿等人经商议，决定拥立与自己关系密切的晋王也孙铁木儿当皇帝。于是，他二人捧着从元英宗身上夺来的玉玺匆匆北上，赶往晋王封地去迎接新君。

九月，晋王也孙铁木儿在龙居河（今怯绿连河）称帝，封也先铁木儿为右丞相，铁失为知枢密院事，并大赦天下。也孙铁木儿的亲信藩王买奴暗中进言："陛下靠搞政变弒君的人当上皇帝，这个名声可不好。如今之计，陛下应把那些刺杀英宗皇帝的叛乱分子杀死，宣布他们的罪状，这才能博得好名声，天下才会归心陛下！"

也孙铁木儿对此话深以为然，他一边派使臣赶赴京城以他的名义祭祀天地、宗庙、社稷，使自己继位合法化，一边下令以叛逆罪将身边的也先铁木儿等处死。远在京城的铁失、赤斤铁木儿等叛逆也一一被捕处死，并抄没家产。也孙铁木儿于十一月抵达京城后，又大肆搜捕参与政变之人，并全部处死。至此，铁木迭儿的余党全部被消灭了。

也孙铁木儿下诏明年改元为泰定，历史称其为泰定帝。泰定帝继位伊始，部分朝臣拥立和世琜的呼声再起，不过，尚未酿成大的事变。泰定帝在位五年，死时年仅36岁。泰定五年（1328）七月，泰定帝刚刚去世，争夺帝位的斗争又爆发了。

这场争帝位的斗争是由燕铁木儿为首的17人掀起的。八月初四日，朝廷文武百官齐集兴圣宫，从前曾任元武宗侍卫现任同签枢密院事的燕铁木儿率领阿剌铁木儿、孛伦赤等17人，拔出佩刀，冲着众官员高声说道："武宗皇帝有两个儿子，大儿子和世琜在漠北，小儿子图帖睦尔在江南，他们才是正统，本应由他们继承皇位。现在，有没有人不同意？谁胆敢反对，就宰了他！"

众官员先是一惊，莫敢置可否，接着便一哄而散了。燕铁木儿指挥同伙把平章政事乌伯都剌、伯颜察儿等政敌绑了起来，又把这两人的亲信也都抓了起来，关进监狱。燕铁木儿与安西王阿剌忒纳失里一起守卫宫廷，任命前湖广行省左丞相别不花为中书左丞相，詹事塔失海牙为中书平章，凡是重要岗位都安排了适当人选，朝政没有出现混乱状况。同时，又调动军队把守各处要塞，屯驻京城，所以秩序井然。因为和世㻋远在漠北，短时间不能抵达京城，燕铁木儿毅然决定派人去江陵迎接图帖睦尔进京主持朝政，以免发生其他变故。同时，广为传布怀王图帖睦尔已经到了京城的消息，借以安定人心。不久，燕铁木儿又散布周王和世㻋正率领人马进京来了。人们听后，都表示拥护。因此之故，局势比较平稳。

怀王图帖睦尔很快便抵达京城，住进了宫内。这时，梁王王禅、右丞相塔失铁木儿、倒剌沙等一批文官武将起兵反对图帖睦尔和燕铁木儿，他们于九月份在上都拥立泰定帝九岁的儿子阿速吉八继位当皇帝，并改年号为天顺。燕铁木儿亲自到居庸关督战，打败了上都的军队。九月初八日，燕铁木儿在京城请怀王图帖睦尔继位称帝。怀王因为哥哥和世㻋远在漠北，自己不想称帝。燕铁木儿对怀王说：“现在正是人心向背的紧要关头，上都的叛逆仍在蠢蠢欲动，一旦失去机会，将追悔莫及了！”

怀王说：“如果万不得已急需我称帝，那也得把我的心意公布天下，我不想跟哥哥争帝位，我想把帝位留给哥哥。”

九月十三日，图帖睦尔即位称帝，同时发布诏令，肯定了英宗以前历代君主以公天下之心，依次传位；否定了泰定帝也孙铁木儿的篡位活动；声讨铁失、也先铁木儿弑君的罪恶以及倒剌沙、乌伯都剌的叛逆行为。最后，声明自己本想等哥哥进京后，由哥哥继承皇位，可是转瞬过去了三个月，哥哥尚未抵达京城，奸臣为私利拥立泰定帝幼子，百姓人心惶惶，为了安定人心，平定天下，自己在众贤臣的劝谏之下，不得已先称帝，一旦哥哥至京，自己立刻把皇位让出，以遂初衷。

怀王称帝后，封燕铁木儿为太平王，并派他率军出征迎击从上都方面攻来的军队。燕铁木儿接连打败由王禅指挥的上都军队。后来，齐王月鲁帖木儿、蒙古元帅别不花率兵包围了上都，倒剌沙拿着皇帝的玉玺出城投降，王禅弃城逃跑，小皇帝阿速吉八不知去向。辽东、山西等地叛军也接连被肃清。十一月十六日，把泰定帝皇后赶出宫廷，迁往东安州（今湖南东安）居住。二十二日派使臣去漠北迎接和世㻋。二十五日，将倒剌沙、王禅、马某沙、纽泽、撒的迷失、也先铁木儿等人斩首示众。此后，图帖睦尔又接二连三派出官员去迎接和世㻋，并请他称帝。

和世㻋在弟弟的一再敦请之下，于第二年正月二十八日，在由漠北去京城的途中和林地方称帝。三月初四日，图帖睦尔派燕铁木儿带着皇帝的玉玺离京去迎接哥哥。四月初六日，和世㻋在途中驻地接见了燕铁木儿，并封他为太师。同时，还任命了一批大臣。10天以后，和世㻋又宣布册立弟弟图帖睦尔为太子。

八月初一日，和世㻋行至一个叫王忽察都的地方。第二天，接见由京城赶来的弟弟图帖睦尔。弟兄相见，百感交集。和世㻋下令摆下盛宴庆祝。初六那天，和世㻋突然死亡。初九日，图帖睦尔返回上都，并在上都宣布继位当皇帝。这已是他第二次称帝了。

至此，一般时人认为帝位之争总可以平息了。其实不然，虽然图帖睦尔坐稳了皇帝宝座，没有竞争者了，可是，围绕太子问题，宫廷内又爆发了一场血淋淋的争斗。

就在图帖睦尔第二次称帝的第二年四月，他的皇后把和世㻋的妻子八不沙杀死了。目的是让自己的儿子阿剌忒纳答剌将来继位当皇帝。如果不将八不沙除掉，是不可能达到此目的的。因为八不沙的儿子妥懽帖睦尔本是太子，图帖睦尔死后，应由妥懽帖睦尔继位，轮不到阿剌忒纳答剌当皇帝。八不沙被害一个月之后，皇帝图帖睦尔便宣布废黜太子妥懽帖睦尔。原因是和世㻋活着的时候经常提到妥懽帖睦尔不是自己的儿子。而这个说法是由妥懽帖睦尔的乳母的丈夫提供的，可见，基本上是不实之词。无父无母的妥懽帖睦尔只能听任摆布，被贬到江南。图帖睦尔还下令将此事载入秘史之中。

半年以后，阿剌忒纳答剌被立为太子。图帖睦尔和皇后都松了一口气，将来不愁儿子当皇帝了。可是，事与愿违，转过年正月，太子便死了。太子死后一年零八个月，皇帝图帖睦尔也死了。皇后为了专权，下令由和世㻋的二儿子鄜王懿璘质班即位当皇帝。懿璘质班当时只有7岁，政事全由皇太后做主。不料，小皇帝即位一个月便死了。皇太后主张召回妥懽帖睦尔继位。

燕铁木儿虽然不同意，但毕竟拗不过皇太后。于是，只得派人去广西迎接妥懽帖睦尔回京继位。当妥懽帖睦尔行至良乡时，燕铁木儿亲到良乡迎候。一见到新皇帝，燕铁木儿便竭力表白因为自己极力主张拥立，新皇帝才能有今天。在进京的路上，燕铁木儿与新皇帝并马而行，絮絮呱呱向新皇帝讲述治国的大道理，还不时地用马鞭子指指点点，全是一副教训人的样子。只有13岁的妥懽帖睦尔被燕铁木儿的势头吓得一句话也不敢说，只是默默地听他训诫。燕铁木儿一个人高谈阔论，却不见新皇帝有任何表示，他产生了误解，以为新皇帝成竹在胸，对自己不感兴趣。

燕铁木儿从个人的利害出发，回到京城后，迟迟不为新皇帝举行登极典礼，尽量拖延。他唯恐新皇帝一登极，自己就靠边站了。而尤其使他不安的是，害怕新皇帝追究自己以往的过失及罪责。因为自从他执掌大权以来，一意孤行，肆无忌惮，荒淫奢侈。比如，他举行一次宴会就要杀掉13匹马，他还把泰定帝也孙铁木儿的皇后娶为夫人，此外还娶了40多名宗室公主当小老婆，有的成亲三天就被他打发回娘家。

燕铁木儿一边紧紧抓住大权不放，一边过着奢靡的生活，再加上沉重的心理负担，所以很快便病入膏肓，最终便血而死。

燕铁木儿死后，新皇帝妥懽帖睦尔才得以即位，后改年号为至元，史称元顺帝。燕铁木儿虽死，但他家的势力仍然很大，他的女儿伯牙吾被立为皇后，他的弟弟撒敦、儿子唐其势等人仍然掌握大权，元顺帝形同傀儡。

元顺帝当然不安于当傀儡。在撒敦死后，元顺帝任命右丞相伯颜为秦王，总领禁卫军。唐其势虽然继叔父撒敦以后当上了左丞相，但是位在伯颜之下，而伯颜秉承元顺帝意旨，处处限制唐其势的权力。因此之故，唐其势十分不满，经常当众发怨言："这天下本来是我们父子打下来的，伯颜算什么，居然位在我上！"

伯颜出于稳定大局，建议元顺帝免去自己右丞相的职务，由唐其势出任右丞相。可是，元顺帝一口否决了。唐其势对元顺帝更加怀恨了。于是，他勾结叔叔句容郡王答邻答里、亲王晃火帖木儿等人，密谋搞一场政变，企图推翻元顺帝，拥立晃火帖木儿为皇帝。

在至元元年（1335）六月三十日，唐其势与弟弟塔剌海在京城东郊部署军队，准备攻打皇宫。这个阴谋被郯王彻彻秃得知，便向皇帝揭发了。元顺帝一边命令右丞相伯颜调遣人马镇压叛乱，一边召句容郡王答邻答里进宫。答邻答里心中有鬼，居然违抗诏令，拒不进宫。唐其势见势不妙，立即率兵冲击皇宫。因为伯颜早有准备，唐其势的突然袭击没能奏效。双方军队一接触，唐其势的人马便被打垮，唐其势也被活捉。元顺帝喝令将唐其势斩首，他双手死死扣住殿上的栏杆不放，刽子手来拖他，直到把栏杆拉折，唐其势才被拖下殿去。塔剌海在兵败之后，逃进姐姐皇后伯牙吾的寝宫，藏到皇后坐的椅子下面。伯颜带着兵士在宫中各处搜索叛军，当搜到皇后宫中时，虽然皇后用衣服遮掩座椅，但是塔剌海还是被搜了出来。伯颜当着皇后的面，下令将塔剌海就地正法。兵士手起刀落，塔剌海人头落地，颈血溅了皇后满身。伯颜冲着皇后吼道："哪里有你这样的皇后，兄弟搞叛乱，你居然还保护他们！来人呀，把她给我拿下！"

如狼似虎的兵士呼啦冲了上去，把皇后伯牙吾绑了起来。伯牙吾被押到元顺帝面前，她泪眼巴巴冲着皇帝哀求："陛下，陛下救救我呀！"

元顺帝把袖子一甩，说："你兄弟造反，我怎么能救你！"

伯颜一挥手，喝令兵士把伯牙吾押出宫去。

与宫内厮杀的同时，驻在京城北边的答邻答里也同伯颜派去的军队交锋了。答邻答里兵败逃到晃火帖木儿驻地，晃火帖木儿出战，结果失败自杀，答邻答里被活捉了。

叛乱被镇压下去以后，伯颜把与叛乱有牵连的官吏全部处死，皇后伯牙吾也被毒死。

元顺帝虽然坐稳了皇帝的宝座，但是，王朝却因连年内乱而一蹶不振了。如果说，元武宗、元仁宗时期的皇位争夺还局限在宫廷政变的范围，而在泰定帝以后的皇帝争夺则波及了全国，几乎变成全国性的内战。

元朝后期的皇位争夺、权臣祸国成为危害社会的两大毒瘤。而二者往往又互为因果，相煽相磨，使政治更黑暗，社会矛盾更激化，终于引发了农民大起义，埋葬了元朝。

元朝的皇位争夺，当然是统治集团内部矛盾的反映，是围绕财产与权力再分配问题而发生的，是统治阶级本性决定的。但是，还必须指出，元朝皇位争夺如此频繁，也是与作为统治民族的蒙古族的帝位继承制度紧密相关的。元朝开国前后，蒙古族关于帝位继承一直是无序状态，既不是立贤，又不是立嫡长子，全然凭着当权在位者的个人意志，没有固定的行之有效的制度的约束，自然就难免混乱了。在分析元朝灭亡的原因时，不能不将其纳入视野。

建文帝当了和尚

为了争皇位，
叔侄刀兵相向，
多少人头落地。

一代雄主朱元璋靠元末农民大起义的力量，推翻了元帝国，又削平了各路义军，建立起明王朝。他在位31年，励精图治，严惩贪官污吏，不准后妃、太监、外戚干政，削夺武将兵权，任用文臣主管军政。同时，发展社会生产，与民休息，减轻农民负担。因此，明王朝中央集权制得以空前的巩固，国力强大也达到了空前的程度。

但是，朱元璋也有忧心之处。如何保住长治久安的局面，尤其在自己身后怎样才能实现最高权力的顺利交接，不发生争权的内讧？每思及此，年逾花甲的朱元璋便寝食难安。

就在朱元璋65岁那年，一个最大的打击降临了。朱元璋的继承人太子朱标病故了。且不说白发人送黑发人这不堪负荷的心灵痛苦，更严重的是，仍然健在的24个皇子，一个个都像乌眼鸡似的，紧紧盯着那顶皇冠。在西汉王朝，七个藩王造反，弄得皇帝穷于应付；在晋朝，八个藩王闹事，搞得天下大乱。而自己身后却留下24个藩王，一旦乱了起来，大明江山岂不要断送了！朱元璋想到这里，不由得当着众大臣的面，竟然老泪横流起来！

翰林学士刘三吾向朱元璋建言："皇太子虽然不幸早逝，但是皇太孙英明过人，可以继承皇位。只要今天陛下公告天下皇太孙在皇帝千秋万岁后继承皇位，天下也就太平无事了。请陛下不要忧虑了。"

朱元璋听罢，感到皇太孙朱允炆年纪小了点，只有10岁，虽说聪明伶俐，但究竟是不是个皇帝苗子，现在还看不出来。而自己的24个儿子中，却有好几个是雄才大略之人，尤其四儿子朱棣，为人处事很像自己，将来能很好地辅佐皇太孙吗？如果不立皇太孙而立朱棣，自己的那些儿子肯定通不过，难免不在自己死后闹事。册立皇太孙，也许能求得个平衡，自己的儿子们都死了心，也就不会闹了。

朱元璋这么一思忖，当即决定将朱允炆定为自己的继承人，并向全国宣布。为了保证安定的局面，朱元璋还宣布，诸藩王只能管属下的兵丁，而不准过问民政，对儿子们的权势加以限制。

朱元璋在做了这些安排之后，认为自己身后的权力过渡问题可以平安解决了。一天，他对皇太孙朱允炆说："我让你的叔叔们到边境上去镇守，边远地区的少数民族就不敢闹事了，可以保你太平无事喽！"

朱允炆虽说年纪不大，但自从被册立为皇太孙之后，在亲信大臣黄子澄、齐泰等人的辅导下，攻读经史，研究政事，对国家大事多有自己的看法。当他听了爷爷这番话以后，立即感到问题远非像爷爷说的那样，他早已感到，叔叔们对他并不服气。于是，他脱口反问爷爷道："边疆上的少数民族有叔叔管他们，可保无事；可是，叔叔们如果闹事，有谁能管呢？"

朱元璋听了孙子这番话，真是喜忧参半。喜的是孙子很有头脑，忧的是儿子们一旦"尾大不掉"也确是个棘手的难题。

如何确保太平的局面，不为争夺皇冠而导致骨肉相残，朱元璋直到临死仍不释怀。洪武三十一年（1398），朱元璋在病危时，立下遗嘱，告诫臣子们："皇太孙允炆，仁明孝友，天下归心，宜登大位。中外文武臣僚同心辅佐，以福吾民。"最后，还特意告诫儿子们："各自在封地吊丧，不得进京奔丧。诸王领地上的文武官员一律听朝廷节制，只有诸王的卫兵除外，可以听诸王指挥。"

朱元璋满以为这样一安排，就可以避免儿孙间刀兵相向了。他哪里想到，他尸骨未寒，他的儿孙们为了争皇冠就大打出手，人头纷纷落地，鲜血汩汩成河了。

洪武三十一年（1398）五月，朱元璋病故，皇太孙朱允炆即位当了皇帝，历史上称建文帝，又称明惠帝。当朱元璋下葬时，建文帝依照遗嘱指示分封在各地的叔叔们不要进京吊丧。对此，诸王十分不高兴，认为这是小皇帝身边的亲信齐泰等人搞的鬼。封于开封的周王朱橚、封于大同的代王朱桂、封于荆州的湘王朱柏、封于青州的齐王朱榑、封于岷州的岷王朱楩和封于北平的燕王朱棣暗中串联，散布不满朝廷的言论。

诸王不满朝廷的消息，很快就传到了建文帝的耳中，他深感问题严重，于是把亲信大臣齐泰、黄子澄找来，商议对策。齐泰与黄子澄建议皇帝先发制人，把诸王的封地削除，进行惩治。建文帝听后，命他二人拿出具体措施。由于朝中大臣意见不一致，有的主张对诸王立即下手削夺，有的主张从缓，有的主张不可动兵，有的主张先拿燕王问罪，有的主张先以周王开刀……所以一时难以决策。

一天，散朝后，建文帝把黄子澄留下来，问他道："先生你还记得当年东角门的那些话吗？"

黄子澄答道："为臣不敢忘。"

所谓当年东角门的那些话，指的是七年前，建文帝刚刚被指定为皇位继承人时，有一天，朱允炆在宫内东角门找当时任侍读太常卿的黄子澄谈话，问他："叔王们各拥重兵，仗恃辈分大，对我多有不逊，将来怎么对付他们呢？"

从那时之后，黄子澄就研究对付藩王们的办法。如今，建文帝旧话重提，意在督促黄子澄早早拿出个主意来。

黄子澄告别皇帝后，立即去找齐泰商议。齐泰说："燕王握有重兵，平素又有大志，应当先拿他开刀。"

黄子澄说："不。燕王早有准备，一下子难以制服他。应该先整掉周王，这如同削掉燕王的手足，搞掉周王再搞燕王就容易了。"

齐泰被黄子澄说服了。于是，削夺藩王的计划就依照黄子澄的想法展开了。建文帝下令曹国公李景隆率军队到河南，以突然袭击的方式把周王朱橚全家逮送京城。然后，皇帝下令将周王废为庶人，送往云南安置。

接着，又以贪残的罪名惩办了代王朱桂，把他押送到四川安置；以破坏法纪的罪名废掉了岷王朱楩；以伪造钞票、擅自杀人的罪名逮捕湘王朱柏，湘王拒捕，全家自焚身死；以破坏礼法的罪名将齐王朱榑废为庶人，关进京城监狱；与此同时，还将代王朱桂废掉，关押在大同。

诸王被废的消息，震撼了燕王朱棣。他深知，在诸王当中，自己的势力最强，皇帝是决不会放过自己的，下一个就该轮到自己了。于是，在建文元年（1399）七月，打着清君侧"靖难"的旗号，悍然起兵反对朝廷。从此，兵连祸结，连续三年的内战开场了。

燕王朱棣颇有乃父之风，很受父亲宠爱，在诸王之中，只有他的宫殿与皇宫一样。他既有雄才大略又残忍毒辣。太子朱标一死，他便以当然的皇位继承人自居了。朱元璋也真有立他为太子的想法。只是因为以翰林刘三吾为首的大臣们力主册立皇太孙朱允炆，朱棣才没当上太子。

为此，朱棣一直耿耿于怀，只是慑于父亲的权威，才没敢过分放肆。可是，暗中却一刻也没停止过争夺皇位的活动。他手下猛将如云，谋士如雨。有个叫道衍的和尚足智多谋，深得他的信任。道衍曾大言不惭地对朱棣说："大王你如果重用我，我一定送给你一顶皇冠戴！"

朱棣被他这句话所打动，果然让他日侍左右，成为言听计从的"谋主"。道衍还把善于相面的袁珙推荐给朱棣。朱棣派人陪着袁珙到酒馆里吃酒，自己则化装成卫兵的模样，带着九名卫兵也去下酒馆。朱棣一迈进酒馆，袁珙便迎上前来行礼，并说："王爷怎么打扮成这个样子呢？"

朱棣佯作不懂，说："我们这些人都是王府的卫士啊。"

袁珙见朱棣如此说，便没有再说什么。

朱棣回到王府后，立即派人把袁珙召来。袁珙一见朱棣便行三跪九叩的大礼，口中连连说："王爷殿下将来一定当皇上！"

朱棣担心这话传扬出去，要引起人们的猜疑，对自己夺权的计划不利，于是马上把脸一板，叱责袁珙信口胡说，罪大恶极，并叫卫士将袁珙押送出境。卫士们把袁珙一直押解到通州码头，强令袁珙上船。袁珙连惊带吓，浑身颤抖，步履蹒跚，一步一步蹭到舱中，不知自己将要受什么折磨，看着站在岸边的卫士们，心里真是十五个吊桶打水，七上八下的。

袁珙正惊异间，小船起锚了。在水上走了一阵，袁珙又被船家带上了岸，领着他左转右拐，走啊走啊，天黑时，袁珙猛一抬头，不由得倒吸一口凉气，自己被带回燕王府的后门口了。

袁珙被带进燕王的小书房，朱棣满脸带笑地站起身迎接他……从此，袁珙也成了朱棣的亲信。

此后，朱棣以追捕逃兵为名，派心腹卫士到四面八方去秘密搜罗奇人异士，以壮大自己的班底，为夺皇位积极进行准备。

尽管朱棣的活动很诡秘，但也难免不走漏风声。洪武三十一年（1398）十一月，建文帝登极半年，河北、山东就有人向朝廷告密，说燕王图谋不轨，齐王也蠢蠢欲动。建文帝闻报后，立即征求黄子澄的意见，问他先对付燕王还是先对付齐王。

黄子澄答道："长时间以来，燕王对外说自己患病了。可是，每天都抓紧练兵，而且还广招奇人异士。现在，事情已暴露了，应该趁早对他下手，万万迟不得了！"

建文帝又找来齐泰，问："现在，我打算对燕王采取行动，但是，燕王善于用兵，北方的军队又以强悍著称，你有什么办法？"

齐泰答道："目前，北部边疆恰巧不太平，可以加强边防为名，派军队驻守开平，同时命令燕王的军队全部开出塞外，先剪除他的羽翼，然后方可对他下手。"

建文帝采纳了齐泰的建议，任命工部侍郎张昺为北平左布政使，任命谢贵为都指挥使，以便监视燕王。同时，加封魏国公徐辉祖为太子太傅，与李景隆一起统率全国军队，以便用武力解决燕王。

从建文元年（1399）开始，朝廷与燕王的关系日趋紧张了。新春伊始，燕王派其长史（总管王府事务的官吏）葛诚进京面见皇帝。建文帝单独召见葛诚，并询问燕王有什么不满朝廷的言行。葛诚据实把燕王准备反叛朝廷的种种不法行为全部报告了皇帝。建文帝听后，对葛诚大加赞扬，并命他回燕王府以后，秘密监视燕王的一举一动，随时向朝廷报告。葛诚离京返回燕王府之后，燕王向他详细询问京中情况，葛诚心虚，应答时难免神态紧张，因此引起了燕王的疑心。此后，一些机密之事就不让他参与了。建文帝埋伏在燕王身边的这个"情报员"没能发挥作用。

燕王为了试探皇帝的态度，于二月亲自进京朝见。他上朝时，大摇大摆地走在专供皇帝行走的"御道"上，登上金銮殿的台阶也不跪拜。当时，监察御史曾凤韶弹劾燕王无礼，对皇帝不敬。建文帝却故作大度地说："燕王是我的亲叔叔，不要追究了。"

退朝之后，户部侍郎卓敬单独晋见皇帝，向皇帝建议把燕王从北平迁往南昌，以防燕王凭借北平的地势、物力、人力，肆无忌惮地一意孤行，将燕王安置在南昌就可以控制住他了。可是，建文帝却没采纳。

建文帝虽然对燕王没有下手，但并没有放松对燕王的监视。从三月燕王离京返回北平后，朝廷接连派出大臣以分巡天下为名，实则是侦察燕王的行动。同时，还查办了接受燕王重金的北平按察使陈瑛。派都督宋忠率领精兵三万屯驻开平，并明令燕王属下的军队也要听宋忠指挥，名为加强边疆防卫，实则是威慑燕王。派都督耿瓛、徐凯分别在山海关和临清练兵，加强对燕王的监视。

建文帝的这番部署，使燕王深深感到危险在逼近。他为了争取时间，采取了以退为进的策略，佯装患了重病，不能视事，以此麻痹朝廷。为了缓解压力，在四月，燕王派自己的长子率领另外两个儿子进京给明太祖朱元璋烧周年。

燕王的三个儿子到南京后，齐泰立即建议皇帝将此三人扣下，作为人质以挟制燕王。对此，黄子澄却极力反对，主张将燕王的三个儿子如期送回，以免引起燕王的疑虑，打乱朝廷的部署。建文帝采纳了黄子澄的意见，把燕王的三个儿子如期打发回去了。三个儿子一回到北平，燕王喜出望外地说："我们父子今日能得团聚，实在是上天保佑啊！对当初派你们进京，我还真有些后悔不迭呢。"

朝廷与燕王互相试探、互相防范的态势，到了六月便急转直下了。事情的起因是燕山护卫百户倪谅给朝廷打报告，告发燕王的下属军官于谅、周铎等违法。于谅、周铎被捕押解进京，很快被处以极刑，皇帝还下诏斥责燕王。

这一事件发生后，燕王府对外宣称燕王患了精神病。燕王一犯病便披头散发，破衣烂衫地在北平街头巷尾大呼小叫，还不时地冲进酒馆饭店里去抢东西吃，嘴里嘟嘟囔囔不停地说疯话，还经常躺在道旁路边，成宿隔夜地不起来，蓬头垢面，满身污秽，人们看了无不掩鼻而过。"燕王疯了！"北平的上下人等无不异口同声地传布。

朝廷派来监视燕王的北平左布政使张昺与都指挥使谢贵，以探视燕王病情为由到王府观察动静。只见燕王不顾盛夏炎热，围着火炉取暖，浑身还直打冷战，口里还不住声地说："太冷了，太冷了！"

燕王见张昺、谢贵进来，勉强站了起来迎接，离开手杖就不能迈步。虽然没犯疯病，可是满脸病容，憔悴不堪。

张昺、谢贵拜辞燕王之后，连夜修书向朝廷报告，燕王病势危重。

报告刚送出，燕王长史葛诚秘密来见张昺、谢贵，说："燕王根本没有病，二位大人可千万马虎不得。"

张昺、谢贵不敢怠慢，立刻又把这一"情报"上报朝廷。

建文帝接连接到两个内容完全相反的报告，心中半信半疑，委决不下。恰巧此时燕王派下属的军官邓庸进京汇报，齐泰建议皇帝把邓庸抓起来进行突审。结果，邓庸招供说燕王装病，暗中布置兵马，近期即将举兵反叛朝廷。

建文帝闻讯后，立即采取对策。齐泰下令派使臣去北平逮捕燕王的属下官吏，并密令张昺、谢贵指挥逮捕燕王，指令他二人与葛诚等人保持密切联系。同时，还命令北平都指挥张信具体负责逮捕燕王事宜。

张信在接到命令后，很忧愁。他的母亲问他因为什么愁眉不展，整天不说一句话。张信把他逮捕燕王的事情告诉了母亲。张母大惊失色地对儿子说："不可！我早就听人们传说燕王当坐天下，福大命大，你怎么能抓住他？！"

张信听了母亲的这番话，更加犯踌躇了。不久，朝廷派人督促他立即采取行动。张信很不高兴地对来使说："为什么这样急呢？！"

等使臣离去，张信就去拜见燕王。可是，被挡了驾。张信回家换了一辆妇女坐的小车，一直把车赶到燕王府门，坚决要求面见燕王，并说有十万火急的事情禀报。燕王这次接见了他。见面时，燕王仍然装疯卖傻，左右侍候的人说燕王中风了，不能说话。张信一头跪在床下，说道，"王爷，请不要如此。有什么难事，可以直截了当地告诉我！"

燕王瞅了他一眼，停了许久，才说了一句话："我是真有病，不是假的啊！"

张信仍跪在地上，诚恳地说："王爷不同我讲真情实话。现在，皇帝下令小臣逮捕王爷，王爷听命受绑吧！如果有什么想法，可别瞒着我呀！"

燕王见张信语出至诚，急忙从床上跳下来，给张信叩头，说："您先生使我全家得以保全。"

说罢，叫人把道衍和尚请来议事。

不久，道衍和尚就来了。同张信见过礼，三个人重新坐好。这时，突然来了一阵暴风雨，房檐上的瓦片掉到地上，摔个粉碎。燕王见此，满脸不高兴。道衍和尚站起身，向燕王道喜。燕王一听就火了，破口大骂。"你这个混账和尚，哪里来的喜！"

道衍不紧不慢地说："大王难道没听过'飞龙在天，从以风雨'这话吗？瓦片掉下来，这是上天要给王爷换上金銮殿啊！"

燕王一听，转怒为喜。这时，北平布政使衙门的小吏奈亨及北平按察使衙门的小吏李友直一起来见燕王，把朝廷下达逮捕燕王的命令抄件呈上。燕王当即将此二人留在王府中，并命令护卫张玉、朱能等人集合八百名卫士到王府守卫。

这时，张昺、谢贵开始行动了。派兵士把燕王府团团围住，并用木栅将府门封住。然后，用箭把要逮捕的燕王属下官员名单，射进了王府里面，命令燕王立即把这些官员交出来。燕王与卫队指挥张玉、朱能合计："他们的人数多，兵丁布满了全城。我们的兵很少，该如何是好？"

朱能说："只要把张昺、谢贵杀了，其余的人无头头，自然就散了。"

燕王说："对，要智取。现在，这两个奸臣提出名单抓人，咱将计就计，按照名单，把那些先抓起来，然后叫张昺、谢贵来取人，只要他俩一进大门，有个小卒就能把他俩抓住了！"

计议妥当之后，燕王便公开宣布自己的病好了，升殿接受众官员祝贺。在身边及大门两侧埋伏下卫士，然后派人召张昺、谢贵进王府。张昺、谢贵没有应召前来。燕王立刻派人拿着张昺、谢贵要逮捕的名单去通知二人进府提犯人。张昺、谢贵带了许多卫士直奔王府而来。到大门之前，王府的门卫不准张昺、谢贵的卫队进门，只准张、谢二人入内。

张昺、谢贵进府后，直奔堂上，只见燕王拄根拐杖坐在上首，正在同众官员吃酒。一见张、谢二人，便请他俩入席。过了一会儿，侍者端上几盘瓜，燕王指着瓜对大家说："刚刚有人进献新瓜，来，咱们一起尝尝。"

边说边拿起一块瓜放进嘴里，众官员也纷纷拿瓜吃。突然，燕王把瓜摔到地上，高声喝道："如今平民百姓一家人还知道互相照顾，我身为皇叔，却早晚连命都难保。皇帝如此对待我，还有什么事情干不出来的！"

卫士们一见燕王把瓜扔到地上，立即冲了上来，如老鹰抓小鸡一般，把张昺、谢贵、葛诚等人抓住，押到堂下。燕王将手中拐杖一扔，挺身而起，冲着张昺等人怒冲冲地说："我哪里有什么病，全是被你们这些奸臣逼的！"

于是喝令将张昺等人拉下去砍了。被拦在大门外的张昺、谢贵的卫队，等了许久也不见二人出来，就各自回去了。

很快，张昺、谢贵被害的消息传了出来。包围王府的军队听后，也散了。北平都指挥彭二得知消息后，急忙上马在街上来回急驰，集合散兵游勇。当下，收拢了千余名士兵，彭二想率军冲进王府。燕王派卫队迎击彭二，并将彭二杀死，彭二的部队随之溃散。

接着，燕王命令张玉等人率军队乘夜攻打北平九座城门，在黎明时分，攻占了八座城门，只剩下西直门尚未占领。燕王派指挥唐云单人匹马去到西直门，向守城士兵说："你们不要自找苦吃了！如今皇上有旨，命王爷统领一方，你们要服从命令，快点下城去吧，谁不走可当心脑袋！"

守城兵士一听，当时就散了。

就这样，北平城落入了燕王手中。经过三天的安集，城中恢复了秩序。残存的官兵在指挥官的率领下，退守居庸关和蓟州。驻守开平的宋忠率领三万人马退保怀来。

七月，燕王举行誓师大会，宣称要进京清君侧，诛除齐泰、黄子澄等奸臣。同时，废除建文帝的年号，称洪武三十二年。燕王还援引祖训，说自己是太祖亲子，有责任清除朝中的奸臣，自己仿效周公辅成王的故事，全然是为明朝的天下着想。紧接着，又给建文帝上奏章，为被废诸王鸣不平，还倒打一耙，说张昺、谢贵等人迫害自己。

建文帝接到燕王这道奏章以后，立即下令削去燕王的属籍，并组织部队征剿燕王。燕王誓师之后，很快占领通州、蓟州、遵化、密云等地。接着又攻打怀来。宋忠在怀来积极备战，他对众将士说谎道："你们的家属在北平，全都被燕王的军队杀光了。北平城里尸骨如山，血流成河。"

宋忠之所以如此，意在激怒众将士与燕王拼命。燕王探听到宋忠以谎言激怒军队的消息后，立即采取对策，把宋忠部下在北平的家属都集中起来，命令这些人举着旗帜走在自己部队前头。当两军相接时，宋忠的部下立刻认出了自己的亲人，双方遥相问候，宋忠的谎话被揭穿了，众将士很不高兴地互相说道："宋都督不该欺骗咱们！"

不少人扔下武器就跑了。宋忠的残余部队匆匆忙忙列成阵式，仓皇迎战，结果大败，燕王军队乘势攻进城内。宋忠躲进厕所里，终被搜出，不屈而死。怀来失守后，开平、龙门、上谷、云中、永平等地望风而降，燕王势力急剧膨胀。

对此，建文帝却没有予以足够的重视。他整天同亲信大臣方孝孺等研究改良社会的问题，认为北方的军情不重要，燕王成不了大气候。黄子澄认为北方的兵力强盛，如不及早制服，河北恐怕就难保了。最后，朝廷派长兴侯耿炳文挂帅，李坚为左副将军、宁忠为右副将军，领兵北伐。接着，又派出十路大军继后并进，号称百万，限期直捣北平；又命令山东、河南、山西供应军饷。众将出发之日，建文帝召见他们，训示道："你们与燕王对阵，可不能给我留下个杀死叔父的罪名！"

话语虽然不长，但分量极重，大大限制了众将的手脚。在未交锋之前，朝廷军队的瞻前顾后与燕王军队的肆无忌惮相比，自然便落了下风。

八月上旬，朝廷的军队在真定、河间、莫州、雄县等地布好了阵势。燕王对各路军情进行了分析，决定先攻打莫州、雄县之敌。中秋节夜里，燕王指挥部队渡过白沟河，对众将士进行战前动员："今天是中秋节，敌军没有防备，饮酒作乐，我军定能一战而胜！"

半夜时，燕王的军队到达雄县。攻城部队爬上了城墙，守军尚不知道。经过一场巷战，守军九千人被全歼。

攻占雄县后，燕王严密封锁消息，连夜派出一千人马渡过月样桥，埋伏在水中，只等号炮响起便冲出来杀敌。然后，又派出几名哨兵躲在前方的大道旁，监视莫州方向的敌人，一旦发现莫州的敌人进入埋伏圈，立即燃放号炮。

驻莫州的主将叫潘忠，他只知道燕王要攻打雄县，根本不知道雄县已被燕王占领，在八月十六日那天，潘忠率领部队前来支援雄县，结果中了埋伏，潘忠被燕王活捉，他的部下多数掉进河里被水淹死。

燕王消灭了潘忠的部队之后，立即直扑真定。真定守将是北伐部队的统帅耿炳文，他把先头部队13万分为两部分，分别驻扎在滹沱河南北两岸，等后续部队到齐后，便发起攻击，万万没料到燕王行动如此迅速，两天内便消灭了朝廷两支军队。燕王军队直扑真定的情况，耿炳文也浑然不知。

当燕王快接近真定时，耿炳文的部将张保跑来投降，并将耿炳文的部署全告诉了燕王："耿炳文的30万军队现在只到达13万，分两部驻扎在滹沱河南北两岸。"

燕王厚赏了张保，并派他潜回真定做内应，叫他回去对耿炳文说，自己战败被俘，乘看守不备，偷匹马跑了回来；还叫他回去后大肆渲染雄县、莫州兵败的情景，散布燕王的军队锐不可当，早晚就要攻占真定，以此扰乱军心。

张保去后，燕王料定耿炳文一定调整部署，把河南岸的部队调往河北岸，全力准备迎击来敌。为了证实这一判断，燕王亲率三名骑兵到真定东门去了解情况。恰巧碰上了敌军的运粮车队，燕王同三名亲兵抓了两名俘虏，回到营地一审讯，果然证实了燕王的判断。

之后，燕王部署军队分两路袭击耿炳文。自己率小股部队攻打真定西南部，大部队从正面攻击真定。当耿炳文出城迎击燕王大部队的时候，燕王在真定西南连续攻破两营守军，形成了前后夹击之势。结果，耿炳文大败逃往滹沱河东边去了。燕王指挥大军紧追不舍，耿炳文连战连败，最后冲进真定城坚守。而他的部将李坚、宁忠、顾成、刘燧等全被燕王俘虏。燕王攻打真定三天，没有得手，便退回北平了。朝廷与燕王第一次武装冲突，以朝廷军队败绩而结束。

北伐军队吃了败仗的消息传到京城后，建文帝很生气，他对大臣们说："耿炳文是个老将，怎么也吃了败仗？！下一步该怎么办？"

黄子澄说："胜败乃兵家常事，陛下不必忧虑。下一步召集天下兵马，起码可得50万，将北平包围起来，四面攻打，燕王还愁捉不住吗？"

建文帝问："你说谁可出任统帅？"

黄子澄说："李景隆可出任统帅。如果此番出兵命景隆统率，燕王早就败了。"

当下，建文帝下令以李景隆替代耿炳文，并赐给李景隆通天犀带、斧钺，准他可以先斩后奏。李景隆出发那天，建文帝还亲自送到长江边上，设宴饯行。

李景隆是建文帝的姑表兄，他的祖母是朱元璋的姐姐。在处治周王朱橚时，是他去开封办理的，很得建文帝的信用。但是，他不懂军事，出身贵族之家，目中无人，妄自尊大。因此，部将不拥护他，甚至阳奉阴违。

当李景隆率领50万大军来攻北平时，燕王笑着对部属们说："李九江（李景隆小名）是个花花公子，容易对付！"

说罢，燕王吩咐儿子坚守北平，自己亲率大军直奔大宁而去。李景隆指挥部队进攻北平，都督瞿能攻打张掖门，眼看就要攻下来了。李景隆怕瞿能抢了头功，竟下令停止战斗。

燕王率部队很快攻下了大宁，然后便回军攻击李景隆。李景隆屡战屡败，最后逃往德州，部下溃不成军。

李景隆战败的消息被黄子澄封锁起来，不让建文帝知道。当建文帝问及北方战况时，黄子澄却说："听说李景隆打了几仗都获胜了。如今天寒地冻，兵士禁受不住，他暂时把部队撤回德州，只等明年春天再进兵。"

同时，黄子澄还派人通知李景隆不要把战败的事报告皇帝。

建文帝被蒙在了鼓里，在十二月居然下旨封李景隆为太子太师，并赐给许多金银珠宝，以示嘉奖。

建文二年（1400），朝廷与燕王的军事冲突进入了第二年。春天，燕王占领了蔚州。紧接着便围攻大同，目的在引诱李景隆来解围，以便消耗其实力。李景隆果然出紫荆关来解大同之围，燕王却由居庸关返回了北平。李景隆想与燕王决战，却扑了个空。李景隆的士卒都是南方人，禁受不住北方的寒冷，途中冻饿而死者甚多，光冻掉手指的就占全体的十之二三，装备、给养损失就更多了。这次解围，使李景隆吃了个大亏。

李景隆返回德州后，急调各路兵马齐集德州，共60万，号称百万，决定在四月向燕王发起总攻。李景隆的各路兵马在白沟河排好阵势，燕王率军进驻固安，双方剑拔弩张。己未日前锋开战，开始时李景隆部队获胜，燕王的军队后撤。第二天，燕王亲率大军卷土重来，双方恶战，燕王冲锋陷阵，一马当先，坐骑被箭连连射中，先后换了三匹战马。战斗中突然旋风大作，燕王当机立断命令士卒用火攻。李景隆部队于是大败，掉进河里淹死的、被杀死的达10余万之众，横尸百余里。李景隆单人匹马逃回德州。燕王对俘虏不仅不难为他们，反而进行慰劳，并把所有的俘虏全部释放。这样一来，对瓦解朝廷的北伐军起了十分巨大的作用。

三天后，燕王进逼德州。攻打了九天，李景隆就弃城逃往济南去了。燕王乘胜追击，很快又将济南包围。李景隆手下尚有10万兵士，仓促出战，又受重创，李景隆一个人落荒而逃。济南在山东参政铁铉的守卫下，燕王没有得手，最后只得撤兵返回北平。朝廷军队在铁铉及左都督盛庸的指挥下，收复了德州。建文帝封铁铉为兵部尚书，封盛庸为历城侯、大将军，代替李景隆指挥北伐部队。李景隆逃回南京后，朝臣以其兵败误国，要求处以极刑。由于建文帝的袒护，李景隆未受任何处分。

从九月到十二月，朝廷的北伐军在盛庸的指挥下，与燕王的军队打了几次硬仗，双方各有胜负。尤其在年底的东昌之战中，燕王陷入重围，部下死伤数万。如果不是建文帝有言在先，不准将士杀害燕王，燕王早就死于刀枪之下了。燕王也知道建文帝明令将士不准伤害自己，所以他有恃无恐，冲锋在前，撤退在后，因与他交锋的将士不敢下死手，往往被他击伤或杀死。

东昌战役后，燕王退回北平，休整部队。建文帝接到捷报后，大赏功臣。战事暂时又告平息。

建文三年（1401）二月，燕王誓师南下。他以东昌之败及白沟河之胜为例，总结经验教训，告诫全军："东昌之战，刚一同敌人接触就退下来，所以前功尽弃；白沟河之战正相反，敌人先撤退，所以我军大获全胜。可见，在战斗中，怕死的先死，不怕死的却不死。从今天始，你们个个都要不怕死，不要轻敌，战斗时不要后退，有敢违令者，杀无赦！"

燕王率领大军进驻保定。朝廷的20万兵马在盛庸的号令下齐聚德州，另一支部队在吴杰、平安的指挥下在真定集中，两支部队形成掎角之势，正好将燕王的军队夹在中间。

三月初，燕王率军东上，进至滹沱河，由陈家渡过河与驻守单家桥的朝廷士兵相距40里扎营。不久，在夹河地方，与盛庸的大部队遭遇。经过一整天的恶战，双方均有较大损伤。第二天黎明，燕王发现自己陷入了重围，身边众将很紧张，主张立即突围。燕王毫不恐慌，告诉众将等太阳升高些再行动。当红日当空之时，燕王下令吹响号角，排列整齐，自己一马当先，率领卫队从容不迫地穿过敌营，向包围圈外走去。朝廷的将士们眼睁睁看着燕王穿营而去，连一支箭也没敢发。

　　燕王返回兵营后，对众将说："昨天我军发动进攻的时间早了，所以没能成功。今天，你们众人摆好阵势，我率领小部队瞭望敌群，一旦发现敌人的薄弱环节，你们再随我冲击，那时一定要奋勇争先，两军相对，勇者胜！这是古代刘秀大破王寻的战术。"

　　按照燕王的部署，经过一场血战，盛庸的部队果然被冲得溃不成军。燕王指挥军队一直追到滹沱河边。盛庸的士兵践踏而死及溺水而死者不计其数，盛庸狼狈地逃回德州。燕王收兵回营时，一身血污，满面尘土，就连手下的大将都认不出他了。只在燕王开口说话后，众将听声音，才知道这是燕王！

　　当盛庸与燕王接战后，驻防真定的吴杰等人率军出动，企图与盛庸合兵一处。吴杰离开真定不到80里，听到盛庸战败的消息，急忙退回真定。燕王对众将说："吴杰如果坚守城池，乃是上策；如果不与我军接触，避而不战，乃是中策；如果前来挑战，则是下策了。我料他一定选择下策，我军可一战将他消灭。"

　　为使吴杰前来挑战，燕王巧施计谋，命令士卒四处征粮，但不准离开营地太远，又命令贴身卫士化装成难民，挑着担子，背着孩子混进真定城里，散布燕王军队四处征粮，军营空虚的消息。吴杰听到报告后，就决定偷袭燕王，亲率部队进至滹沱河边，距燕王营地70里扎营，只等第二天发起突袭。

　　燕王闻讯后，十分高兴，在傍晚时候命令部队渡河。众将主张明天一早渡河，燕王说："机不可失。一旦吴杰退回真定，城坚粮足，攻打可就难了。"

　　说罢，燕王一马当先率军过河。河水深而急，燕王就令骑兵从上游涉水，排成数列，用马身阻挡水势，下游河水流量立即减少，步兵和辎重车乘机渡过河去。大军过河后，沿河急行20里，在藁城与吴杰的部队遭遇。燕王担心吴杰逃跑，亲率数十名骑兵逼近敌营露宿，以便随时观察动向。

第二天，吴杰偷袭不成，便指挥部队在西南方列成方阵，等候燕王进击。燕王对众将说："吴杰列成方阵，四面受敌。我派一旅精兵猛攻一角，一角被攻破，其他三方必然不攻自溃了。"

于是燕王命令部队在三个方向拖住敌人，自己率领一支精锐部队猛攻吴杰军队的东北角。两军冲杀，飞矢如雨，燕王的大旗扎满了飞箭，犹如刺猬一般。双方激战，只杀得白日无光。最后吴杰不支，败逃回真定。这一战，燕王的部队杀死敌军六万多，俘虏不计其数。燕王把俘虏全部放回，派人把自己那面像刺猬一般的大旗送回北平，交给大儿子，并嘱咐道："好好保管这面战旗，让后人们永志不忘！"

藁城战斗结束后，燕王指挥部队向顺德、广平等地进攻，接二连三占领许多地方，整个河北郡几乎全为燕王所占了。

建文帝眼看官军屡战屡败，燕王的势力一天比一天强大，为争取时间，变被动为主动，他开始了"和平"攻势，对外宣称把齐泰、黄子澄革职抄家，赶出京城，实际上是派二人秘密到京城以外的地方组建部队，以备迎敌。

燕王闻讯后，立即来了个针锋相对，以臣燕王朱棣的名义给建文帝上了一道奏章，大意是：奸臣齐泰、黄子澄迫害诸藩王，还想把我置于死地，因此不得已起兵自卫。朝廷大军屡战屡败，我非但不敢高兴，而且还心中悲伤。不久前听说奸臣齐泰和黄子澄受到了应得的惩罚，我及全家人欢喜非常，犹如重新获得生命一般。而我的部下将士们却说，惩处奸臣恐怕不是真的，不过是引我们上钩的办法而已。若不然，为什么吴杰、盛庸等人仍在统领军队，却不见被召回京城呢？如今照样是大军压境，看来虽说是把奸臣废黜了，但是奸臣们所拟订的计划却照旧在执行。对此种议论，我也觉得有一定的道理，所以我不敢立即解散部队。请陛下决断，不要再被奸臣蒙蔽了。

建文帝接到这份奏章后，就同亲信大臣方孝孺等研究对策。方孝孺等分析形势，说："如今燕王的军队屯驻大名府，正值多雨的夏季，时间一久，燕王的军队不战自乱。当务之急是急令辽东的众将率军入山海关，攻打永平，同时令真定的众将渡过卢沟桥，直扑北平。燕王为了保住老巢，必定撤兵救北平。那时，朝廷的大部队从后面掩袭，燕王肯定被活捉。现在可以给燕王回个信儿，用好言安抚，乘机调动各路大军，以求一战成功！"

建文帝听后很高兴，立即依计行事。命方孝孺起草诏书，宣布赦免燕王及部下众人的罪过，命他们回归原驻地，燕王恢复爵位，既往不咎。同时，派大理少卿薛岩捧着这道诏书前往燕王兵营宣读。

燕王接到这份诏书后，特别生气，问薛岩道："你出发时，皇帝有什么话说？"

薛岩从容答道："陛下说如果早晨王爷你罢兵，前往南京孝陵（朱元璋的陵墓所在地）拜谒，傍晚皇帝就撤兵。"

燕王冷笑一声，说："这不是哄骗三岁小孩子嘛！"边说还边用手指着卫士们高声说道："这里可都是大丈夫！"

众将七嘴八舌地乱叫："杀死薛岩！""杀了他！"

燕王盯了一眼浑身打战的薛岩，对众将摆摆手说："奸臣不过那么几个，薛岩是天子派来的使臣，你们不许胡说！"

然后，燕王便带着面如土色、惊魂未定的薛岩去观看部队操练。数日后，才把薛岩打发走。临行时，燕王对薛岩说："你回去替我这个老臣对皇上说声谢谢。我同皇上是至亲骨肉，我的父亲是皇上的爷爷，皇上的父亲是我的亲哥哥。我当上了藩王，富贵已极，还有什么奢望呢！皇上本来很喜欢我，只是被奸臣蒙蔽了，才到了今天这种地步。我实在是不得已才起兵，只是为了保住性命罢了。如今，幸蒙皇上答应停战，我和我的全家不胜感激。只是奸臣尚在，朝廷的大军还没撤走，我的部下将士心存疑虑，所以不敢立刻解散他们，恳请皇上处死奸臣，撤回大军，我一定带儿子去京城，听候皇上发落！"

薛岩返回南京后，把经过先向方孝孺汇报，方孝孺未置可否。之后，向建文帝汇报，建文帝听罢，对方孝孺说："真如薛岩说的那样，燕王很诚恳，错在朝廷了。唉，齐泰、黄子澄坏了我的大事！"

方孝孺不以为然，立刻接着说："薛岩是给燕王当说客啊！"

五月，燕王派使者请求朝廷撤兵。建文帝想撤军，并同方孝孺商议。方孝孺力主继续进兵，反复陈述撤兵之害，断言朝廷一旦撤兵，燕王肯定兵犯京城，那时就悔之已晚了。最后，建文帝被方孝孺说服，把燕王的使者扣押起来。

至此，双方又刀兵相向了。

燕王派一支部队化装成朝廷的军队，偷袭济宁，把朝廷军队储备的粮草全部烧掉。接着又攻下济州、沙河、沛县，朝廷的军队居然一无所知。直到河上的数万艘运粮船全被烧毁，朝廷的军队才发觉，可是为时已晚了。驻扎在德州的盛庸部队断了粮道，出战又遭惨败，一仗就损失了一万多士兵。朝廷军队惨败的消息，震惊了京城上下。

七月，由真定出发袭击北平的朝廷军队也惨遭失败。至此，战局急转直下，德州及真定的朝廷主力部队处境已十分困难了。

方孝孺为了挽回败局，设下了一条离间计，企图让燕王与儿子们之间闹内讧，自相残杀，朝廷收渔人之利。征得建文帝同意，方孝孺开始行动了。

方孝孺以建文帝的名义给燕王的大儿子写了一封信，劝他归顺朝廷，朝廷准他取代燕王。同时，把这个消息透露给燕王的亲信太监黄俨。当时，黄俨协助燕王的大儿子守北平，他与燕王的三儿子朱高燧关系密切，早就存心把燕王的大儿子搞掉，以便朱高燧作燕王的继承人。黄俨得知消息后，立即派人赶往燕王军营，密报燕王。燕王得报后，立即把随军的二儿子朱高煦找来商议。朱高煦残忍好勇，性格与父亲相同，平日与哥哥不睦，心中一直盘算把哥哥整倒，自己取而代之，将来继承王位。如今，父亲问他哥哥能否造反，他喜出望外，立即毫不犹疑地回答："大哥与皇上的关系一直很密切。"

朱高煦尚未说完，突然被值班的太监进帐禀报给打断了。值班太监对燕王报告说："大王子殿下派来使臣在帐外求见，说是有机密禀告。"

燕王立命由北平来的使臣进见。使臣进帐后，跪在地上说："启禀王爷，王子殿下命小臣呈送密信，请王爷过目。"

说罢，使臣双手高举一封密封的信件。燕王拿过信件，一眼便看出那是建文帝发来的密件，再仔细察看，发现原封未动。燕王拆开封筒，仔细阅读，原来是皇上策反自己大儿子的密信，大儿子连信封都没拆，就给自己送来了。燕王冲口而道："哎呀！好险，我几乎错杀了我那好儿子！"

方孝孺的离间计化作了泡影。于是，命令盛庸调动驻大同的兵马攻占保定附近各县，威胁北平。燕王得知北平形势紧急，立即从大名府撤兵驰援保定。八月，打败了由大同开来的朝廷军队。十月，又打垮了真定的朝廷守军。然后，燕王率军返回北平。同时，又派军队打败了从辽东进山海关的朝廷军队。

此时，燕王起兵已是第三个年头了。活动的范围仅限于河北。虽说与朝廷军队战斗时多次获胜，但自己的军队损失也很大，从总体上看，自己的势力仍不如朝廷，处于劣势。针对这种局面，燕王回到北平后，开始筹思改变战略。

恰巧，建文帝身边的太监们这时给燕王送来了情报，说南京城内空虚，如果派精锐部队昼夜兼程偷袭南京，准保一战成功。原来，建文帝宫中许多太监被燕王早就收买过去，开战后，一直替燕王刺探情报，随时送给燕王。这些太监因为建文帝信任儒臣方孝孺等人，多方限制权贵及太监干政，所以暗中串联，密谋推翻建文帝，拥立燕王。而燕王为了从内部搞垮建文帝，也一直在打宫中太监们的主意，并通过自己身边的亲信太监与皇宫中不满建文帝的太监们保持联系，还答应他们，自己事成之后，一定重赏他们，信赖他们。因此之故，建文帝身边的多数太监早就成了燕王的内奸。

燕王接到太监们的情报后，当机立断，不再夺取其他城池，派主力部队直扑南京。十二月，燕王率军离开北平南下。

从建文四年（1402）春天到夏季，五个多月的时间里，燕王率军驰骋在河北、山东、江苏境内，采用"游击"战术，或围点打援，或破城不守，专以消灭朝廷军队的有生力量为目的。尤其在四月，消灭了勇将平安统率的朝廷大军之后，于五月又消灭了主帅盛庸的主力部队，燕王的军队已过了淮河即将饮马长江了。

燕王在攻占盱眙之后，召集众将开会，研究下一步的攻击方向。有人主张先攻占凤阳，然后直扑滁州、和州，抢渡长江，同时另派一支部队西占庐州、安庆，控制长江天险；还有人主张先巩固淮安、扬州根据地，攻取高邮、泰州后，再强渡长江。最后，燕王决定，舍凤阳、淮安于不顾，直扑扬州、仪真，然后强渡长江攻打南京。

燕王占领扬州和仪真之后，南京城内乱了营，朝廷大臣纷纷找借口离开京城，以图自保，原本空虚的南京更加空虚了。建文帝也如坐针毡，一边派人四处调兵支援京城，一边下罪己诏向燕王放出求和信号。就连方孝孺也一改过去的强硬态度，建议皇帝以割地为条件向燕王求和，争取时间以待援兵。建文帝派燕王的堂姐庆城郡主为代表，去燕王军中议和。

燕王首先尖锐地指出，朝廷割地求和乃是奸臣们的缓兵之计；接着便装出十分诚恳的样子说："我此番南下，决不是为了争地盘。皇父封给我的地盘尚且保不住，又怎么会想到割地呢！此番南下的目的只有一个，清除天子身边的奸臣，拜谒父皇的陵寝，取消诸王的罪名，然后，自己就返回北平。"

郡主对燕王的这番话没法表态，只好告辞。燕王在送别时，对郡主说："请转告皇上，我与皇上亲密无间，我没有别的意思，只求皇上别再受奸臣的蒙蔽了。另外，请姐姐转告弟弟妹妹们，我几乎被整死，全赖祖宗在天之灵的保佑，我才能到这里，大家见面的日子不远了！"

建文帝求和没能实现。六月初一日，燕王在浦口被守卫京城的盛庸打败。燕王的信心动摇了，想与朝廷议和。这时，朱高煦率领援军赶到，燕王喜出望外，立即打消了议和的念头，马上检阅部队，鼓舞士气。他在阅兵时，用手拍着二儿子的后背说："好好干，你大哥体弱多病，你好自为之！"

老奸巨猾的燕王，对自己的亲儿子也耍手腕。朱高煦听了父亲这句话，兴奋不已，满以为自己取代哥哥的日子到了。于是，他拼命与敌人厮杀。

朝廷的军队再次受挫，许多朝中大臣为了个人的身家性命，纷纷暗里明里与燕王联系，表示效忠投靠，有的还替燕王攻打南京献计献策，一时间，京城里掀起了一个投降的高潮。

六月初三日，燕王命令部队发起渡江总攻。长江之上，旌旗蔽日，万船竞发，鼓声震天。盛庸率战船迎战，被打得大败，朝廷兵将纷纷倒戈投降燕王，盛庸单人匹马落荒而逃。镇江要塞也挂上了白旗，防守长江的水军全部投降了。

建文帝得知长江防线被突破，官兵全部投降的败讯，焦急异常，坐立不安。方孝孺主张坚守南京，下令将城外百姓、军队全部撤进城里，将房屋拆掉，把木料堆在城外以御敌。城外军民冒着酷暑拆屋运木料，因饥渴而死者不绝于路。老百姓为了逃避运料拆屋之苦，索性放火把自家的房屋烧掉。霎时间，四个城门外变成了一片火海。方孝孺又建议皇帝派诸王分守城门，并派李景隆等三位大臣前去燕王营中议和。结果遭到燕王拒绝。建文帝见大势已去，想离开京城，有的大臣劝皇帝去浙江。方孝孺坚持守城待援，一旦城破，皇帝可以西去四川。朝中诸大臣各执一词，莫衷一是，而建文帝也乱了方寸，唯有流泪而已。

六月初十日，燕王大军逼近南京。有的城门无人把守，有的守城将士开门投降，燕王的军队很轻易地进了京城。这时，城中的大臣们争先恐后地来向燕王报到，建文帝身边只剩下寥寥可数的几个人了。几近疯狂的建文帝命令把后妃们居住的宫殿门户锁上，放火焚烧宫殿，自己带上三个儿子，化装逃出皇宫。在皇宫大门，碰上了燕王的军队，建文帝扔下儿子们，自己乘乱溜了。

就在这一天，燕王发出通缉令，追捕黄子澄、齐泰、陈迪、方孝孺等29名"奸臣"。同时，还发出悬赏令，凡文武官员军民人等，能捉住一名"奸臣"可升官三级；能捉住一名逃跑的官吏，可升官两级。此令一出，京城内外立即掀起了捉"奸臣"抓逃官的热潮，有的人甚至借机报私仇，诬陷仇家是逃亡的官吏。

在大搜捕的威慑下，有一些"奸臣"和逃亡的官吏纷纷前来自首，燕王对这些自首的人免予追究，官复原职。同时，又增发了第二批通缉的"奸臣"名单，计50余人。

六月十三日，宫殿的废墟仍冒着缕缕轻烟，投降的众大臣就请燕王登极了。燕王假惺惺地一再拒绝，众降臣认认真真地一再劝进，燕王最后终于"勉强答应"当皇帝了，众降臣自然是照例雀跃欢呼了一通。

燕王登极后，改年号为永乐，下令凡是被建文帝改变了的制度，全部恢复到从前的样子；凡是被建文帝罢黜的官吏，全部恢复从前的官职；凡是被建文帝重用的官吏，全部从重治罪。同时派出不少官吏分赴各地侦察建文帝的下落。

燕王用十分残酷的手段惩治建文帝的心腹重臣。首当其冲的便是方孝孺。方孝孺被俘后，燕王本想笼络他，通过他吸引天下的读书人。不料，方孝孺硬是不降，非但不降，还当面斥责燕王篡权。燕王见软的不行，便把脸一翻，高声喝道："方孝孺你不怕死，难道还不怕夷九族吗！"

方孝孺大义凛然地说："别说杀九族，就是杀十族又能把我怎么的！"

燕王忍耐到了极限，下令用刀把方孝孺的嘴割开，从两个嘴角一直割到两个耳根。然后，又把方孝孺关进大牢，同时下令逮捕方孝孺的家人、亲属、朋友、学生。每抓到一个人，就带到方孝孺面前，强迫他看，以此来折磨他。凡是能抓到的都抓了来，然后将这些人全部杀死，最后才把方孝孺粉身碎骨。受方孝孺株连而死者竟达873人之多，幸免一死被流放的则难以计数了。

当年在济南大败燕王的铁铉也惨遭毒手。燕王下令先把铁铉的耳朵、鼻子割下来，然后又把他身上的肉割下一片烧熟了，塞进他嘴里，并问他："香不香？"

铁铉厉声答道："忠臣孝子的肉怎能不香？！"

燕王听后更加恼怒，下令将铁铉剁成肉泥。铁铉破口大骂，直到气绝。燕王余怒未息，竟惨无人道地命人将铁铉的尸身用油炸。

燕王在马年登极后，在南京大肆屠戮拒不投降的官吏及其家属，手段之残虐，令人惨不忍睹，据不完全统计被杀者近三千人，历史上称"壬午殉难"。

建文帝仓皇出逃后，在太平门神乐观躲了几天，身边聚集了22个官吏。建文帝为了安全起见，化装成和尚，身边只留下三个人，两个装扮成和尚，一个装扮成道士，其他人也都装扮成平民百姓。建文帝带着三个人上路，其他人在途中遥相策应，由松陵进入滇南，又西上重庆，又东到天台，转赴祥符，后来躲到广西。东躲西藏，浪迹海内，数次被识破真相，险些落网。

开始的时候，建文帝还幻想复辟，可是时间一久，追随的群臣或死或去，而当上永乐皇帝的燕王，统治日益巩固，建文帝复辟的幻想也就破灭了。最后，他弄假成真，心甘情愿地当起和尚来了，只求安度余生而已。

永乐皇帝直到咽气，也没有放松搜捕建文帝的行动，甚至派人去海外查觅建文帝的行踪。郑和下西洋时，便有一项任务是查找建文帝。

建文帝逃亡39年以后，一天，与他同住在贵州的一个老和尚偶然发现他写的两首诗，诗中有"遥想禁城今夜月，六宫犹望翠华临""款段久忘飞凤辇，袈裟新换衮龙袍"等句子，于是猜到了他就是逃亡的建文帝。那个老和尚不声不响地离开了建文帝，到州里去找知州，说自己是建文帝。知州听后大吃一惊，立即上报巡抚，同时把假冒建文帝的老和尚及建文帝抓了起来，等待朝廷的旨意。

不久，明英宗（燕王的重孙子）就下令将两个和尚解送京城北京。九月，建文帝被押送至京，朝廷命令御史进行审讯。那个假冒建文帝的老和尚称："自己90多岁了，不久就要离开人世，想埋在祖父的墓旁，因此到官府自首。"

御史追问道："建文帝生于洪武十年，距今天正统五年，是六十四年，你怎么说你90多岁了？可见你是假的！"

老和尚被问得张口结舌，无言以对，在御史的逼问下，最后只得招供，承认自己是假冒的。结果，这个老和尚被判了死刑，建文帝被判充军边疆。建文帝为了不让自己老死边疆，狠下心来，向御史说明了自己的真实身份。负责审案的御史如坠五里雾中，刚刚处治个假建文帝，怎么又冒出来一个！但是，因为案情重大，当即就向英宗皇帝汇报了。

英宗皇帝闻报后，也深感蹊跷，难道这个和尚就不怕死？为什么敢承认自己是建文帝？于是，就派当年曾侍候过建文帝的老太监吴亮前去辨认。

建文帝一见到吴亮，就说："你不是吴亮吗？"

吴亮故意说："我不是吴亮。"

建文帝摇摇手，百感交集地说："当年，我在宫中时，有一次你侍候我吃饭，那次吃的菜中有一道是烧子鹅，我看你馋涎欲滴的样子好玩，就故意把一片鹅肉扔到地上，叫你吃。当时，你立刻趴到地上，像一只狗那样用舌头舐肉吃，逗得我哈哈大笑。怎么，今天你居然说你不是吴亮呢？"

吴亮听到这里，不由得跪在地上，号啕大哭起来。吴亮边哭边爬到建文帝脚边，把建文帝左脚上的僧鞋脱了下来，仔细地端详脚指头。突然，他眼睛一亮，看见了他早就熟悉的脚指头上的那颗黑痣。吴亮捧着建文帝的脚，老泪横流，痛哭失声……

建文帝的身份被确认了。明英宗下令把建文帝接进宫内，安排在西宫居住。宫中上下人等称呼建文帝为"老佛"。直到建文帝病死，外间的人再也没见过这位皇帝的面。

燕王朱棣和侄儿建文帝朱允炆这场你死我活的斗争，进行了三年，为了争皇位，叔侄刀兵相向，真不知有多少人人头落地。那么，这场斗争，是否如朱棣说的那样，"是我们的家事"呢？当然不是。

这场争皇位的斗争，有着广大深远的政治背景。不但是叔侄之斗，而且还是南北方两个地主集团的利益之争。建文帝代表南方地主集团，朱棣代表北方地主集团。两个集团斗争的焦点是

"改革祖制"还是"恢复祖制"。具体说，建文帝要改变朱元璋压制江南地主阶级知识分子的政策，改变重用武人为重用文人；建文帝要改变朱元璋的严刑峻法，推行仁政；建文帝要改变苏州、松江一带地方的重赋，实行江浙均赋；建文帝要限制僧道的田产，改变佞佛的风气。而以朱棣为首的北方地主集团为保护既得利益，全面反对建文帝的新政。而一旦建文帝提出削藩政策，双方的斗争立刻就白热化，再无调和之余地了。经过三年的凶杀恶战，建文帝彻底失败，南方地主集团及其知识分子虽付出了血的代价，但结果还是失败了。

燕王朱棣从侄儿手中夺过来皇冠，当了22年皇帝，大力扶植北方地主集团，打击南方地主集团，并把首都从南京迁到北京。朱棣在位期间，大力加强中央集权制，巩固边疆，对于维护统一有着积极意义。他还注重兴修水利，如永乐九年（1411）修浚了早已淤塞的会通河，使300多里的漕运畅通，对发展经济有促进作用。他还注重发展农业生产，推行屯田制度；发展手工业、商业，繁荣社会经济。他还派郑和七次下西洋，加强中外联系，为明朝走向世界开辟了道路。他还命文臣编纂《永乐大典》，对保存古代文化遗产做出巨大贡献，这也是文化史上的一桩盛事。

对于朱棣与朱允炆的内讧，既要指出朱棣残酷、反动的一面，但也不能据此全盘否定他在历史上的作用。对于朱允炆力图推行新政，当然应予肯定，但也不能不指出他的柔懦，政治上的不成熟，不仅葬送了自己，给国家和人民也带来了灾难。

康熙皇帝废太子

在帝王之家，
多子多孙也多祸害。

清朝的康熙皇帝是中国封建社会中屈指可数的明君。他当了61年皇帝，有35个儿子，连同孙子和曾孙共150余人。他开创了中国封建社会最后的一个盛世局面。如果按照儒家修身齐家治国平天下的标准来衡量他，可称得起是一位圣人了。历史赋予他那么多的机遇，他也充分地把握住了机遇，从这个意义上说，他是个幸运的人。可是，历史也把一个个难题甩给了他。面对诸多政治、经济、军事难题，康熙皇帝都认真对待，甚至可以不动声色地圆满解决。可是，在家庭中，尤其对众多的儿子们，这位英明的君主有时却手足无措，甚至当着大臣们的面泪流满面，痛不欲生。

康熙皇帝的大儿子名叫胤禔，生于康熙十一年（1672）。尽管胤禔排行是老大，又仪表堂堂、才华出众，可是因为他不是皇后生的，是惠妃纳拉氏所生，所以没资格当太子。康熙皇帝的二儿子名叫胤礽，比胤禔小两岁，因为是皇后所生，按嫡长子继承的传统制度，在他一岁时，就被立为太子。

康熙皇帝特别注重对太子的教育培养。太子懂事后，康熙皇帝就亲自给他讲授四书五经。六岁时，就入学读书。教师都是康熙亲自挑选的有名大儒，如张英、李光地、熊赐履、汤斌等人。太子稍稍长大时，康熙就亲自向他传授治国安邦的大道理，并以祖宗们创业为例，告以"守成当若何，用兵当若何。又教之以经史，凡往古成败，人心向背，事事精详指示"。为了让太子开眼界，康熙外出巡视时，还常常把太子带在身边。天资聪颖的胤礽，在康熙的精心培养下，8岁时就能左右开弓射箭，骑马飞驰，熟练地背诵四书，不仅会满文，还会汉文。由于满汉文化的熏陶，太子成长为文武双全的人才。康熙皇帝对他十分宠爱，在太子20岁时，康熙就命太子代自己处理朝政，以锻炼他执政的能力。从太子22岁时起，康熙离开京城时，就命太子留守，全权处理国政。太子处理朝政很得体，"举朝皆称皇太子之善"。对此，康熙很高兴，深感自己后继有人了。

太子胤礽有33个弟弟，其中11个夭折，在存活的22个弟弟中，没有一个是太子的同母弟弟，看来，胤礽没有竞争的对手了。

可是，事实却远非如此。

随着众皇子年龄的增长，康熙皇帝的宫中也渐渐出现了争权夺位的矛盾，而且还越演越烈。最后，导致太子被废，兄弟相杀。

众皇子为了争权夺位，纷纷拉帮结伙。在结党营私的过程中，太子胤礽由于地位特殊，自然占据优势，靠拢在太子周围的大多是权臣，其头面人物是索额图。他是太子的舅老爷，太子的母亲孝诚仁皇后是他的亲侄女。索额图深得康熙皇帝的信任，官至领侍卫内大臣。皇子胤禔也拉拢了一批大臣，其中最有影响的是大学士明珠，他是胤禔的舅舅。其他年龄较大的皇子如胤禛、胤禩等也都各有一伙亲信，为之奔走。

康熙皇帝最初是全力维护太子的，为了震慑众皇子，他拿胤禔的党羽开刀，于康熙二十七年（1688）将大学士明珠罢官，狠狠打击了胤禔身边的一伙。当时，只有胤禔对太子的威胁大，康熙皇帝此举，解除了围绕太子地位而发生的矛盾。太子党在皇帝的支持下，没费什么周折便获得了决定性的胜利。

太子胤礽被这次胜利冲昏了头脑，索额图等人利用手中的权力，竭力抬高太子的地位，甚至明文规定太子使用的服饰、仪仗与皇帝相同，众大臣、亲王在元旦、冬至、太子生日时，朝见太子要行二跪六叩头大礼，仅比朝见皇帝的三跪九叩头少一跪三叩。太子在众党羽的煽惑下，权势欲膨胀，最后发展到不安于当太子，急于当皇帝了。

太子的言行引起了康熙皇帝的警觉，父子之间，围绕最高权力的矛盾开始滋生、扩大了。

太子与康熙皇帝的第一次冲突，发生在康熙二十九年（1690）七月。当时，康熙率军亲征噶尔丹，在乌兰布通大战前夕，康熙生了病，想念太子，下令留守京城的太子尽快前来。太子胤礽赶到行宫之后，面对患病的父皇毫无焦急、难过的表情，仍同平日一样。康熙皇帝对此很气恼，认为太子不忠不孝，当即就把太子打发回京了。此时，在康熙心中，便产生了太子不可重用的念头。事实证明，20年后，康熙废太子就是以此为发端的。此后，康熙对太子的不满与日俱增了。

康熙三十七年（1698）三月，康熙皇帝对成年的皇子们分别加封爵位，长子胤禔为多罗直郡王、三子胤祉为多罗诚郡王、四子胤禛、五子胤祺、七子胤祐、八子胤禩为多罗贝勒。这些晋爵的皇子均参与国政，权势日增，太子的威胁也就增多了。太子不仅与父皇的矛盾加深，而且与兄弟的矛盾也在激化。太子处于被围攻的不利境地。

可是，太子胤礽仍肆无忌惮，不知收敛。康熙皇帝于康熙四十二年（1703）五月，将太子党的首领索额图以"结党妄行"的罪名罢官拘禁。康熙四十六年（1707），胤礽跟随康熙南巡，所经之处向地方官大肆勒索，稍不遂意便恣意凌辱，江宁知府陈鹏年就险些被处死。对此，康熙皇帝认为太子残暴不仁，之后必然败坏国家、戕害百姓。此时，康熙皇帝已决心废掉太子了。

众皇子发现太子已经失宠，更加肆意攻击他了。有的皇子大造太子的谣言，并通过各种途径让康熙皇帝知晓；有的皇子请喇嘛用巫术诅咒太子，企图让太子早日丧命；有的皇子多方网罗刺客，竟然想把太子刺死……

太子胤礽在内外交困的泥淖中越陷越深，与方方面面的矛盾越来越尖锐，终于被挤上了绝境。康熙四十七年（1708），太子胤礽被废黜了。

这一年的夏天，康熙皇帝到塞外巡视，命太子随行。在外出期间，父子之间平日积累的矛盾终于爆发了。太子胤礽深感自己处境危险，每逢夜静更深之时，胤礽就来到康熙住的帐篷附近转悠，时不时地还偷偷靠近帐篷，扒着帐篷的缝隙往里窥视，观察康熙的动静。康熙因身在塞外，所以特别提高警惕，唯恐有人暗杀自己，加意防范。太子胤礽这些反常的举动自然被康熙及时掌握了。康熙认为胤礽是要伺机谋杀自己，抢夺皇位。

另外，随行的十八皇子胤祄突患重病，多方治疗，病势却日益恶化，康熙皇帝心如火焚。可是，太子胤礽却无动于衷，康熙对太子的表现十分气恼，认为胤礽毫无手足之情，便把太子唤来加以训斥，太子胤礽非但拒不认错，反而出言不逊，怒形于色。太子的这种反应实出康熙意外，康熙不仅气愤难当，而且忧心忡忡，深感将来后果可怕，自己健在时太子尚且如此，一旦自己百年之后，太子继位当上皇帝又该怎样呢？想到这里，康熙皇帝不寒而栗，不愿再想下去了。

康熙正值心烦意乱之时，偏偏又听说一些随行的小皇子凌辱大臣，就连皇帝的贴身侍卫也不放过，甚至对随行的诸王也不放在眼中，横加污辱。康熙听后气愤异常。一些敌视太子的人又乘机进行中伤，向康熙进谗言，说太子胤礽比小皇子们有过之无不及，小皇子种种不法行为全是跟太子学的。

综合各方面的情况，康熙皇帝坚定地认为太子胤礽实在是不堪造就了，如不及早将其废黜，不用说自己百年之后，国家将要出现危机，就在目前，自己也难免不被暗害。康熙皇帝每思及此，历史上发生过的一幕幕子弑父、臣弑君的惨景便浮现眼前……康熙皇帝终于下了决心，在九月四日返京途中于布尔哈苏台突然召开随行诸王及副都统以上大臣会议，以迅雷不及掩耳之势，宣布太子不守祖宗法制，不遵祖宗教训，一意孤行，残害官民，无情无义，不仁不孝，荒淫暴戾，结党营私，前此已图谋不轨，被制止，如今竟敢探听皇帝起居动作，居心叵测，胤礽已不堪太子重任，应予废黜，加以监禁。同时还把太子的亲信格尔芬、阿尔吉善等六人当场处死，将杜默臣等四人充军盛京。康熙皇帝宣布完废黜太子的谕旨之后，痛苦得泣不成声，一头栽倒。

康熙皇帝回到京城后，心情极端不佳，他对众皇子说："你们要体谅父皇，不要再惹是生非了！"

可是，事与愿违。众皇子眼见太子位子出现空缺，一个个都红了眼，恨不得把兄弟们都打倒，巴不得自己一跃而为太子。谋求太子位子最急切的莫过长子胤褆了。他满以为太子胤礽一倒，其他弟弟决不是自己的对手，自己除了不是皇后生的这一点外，其他条件无不具备，太子是非己莫属了。康熙皇帝对胤褆的野心洞若观火，他为了避免事端，公开宣称自己从来就没有立胤褆为太子的想法，而且胤褆性情急躁、愚顽，根本不符合太子标准。

康熙皇帝的这番话，彻底粉碎了胤褆的太子梦。可是，胤褆并不就此止步。他见自己当太子无希望了，就转而支持八皇子胤禩争当太子。为了彻底排除障碍，胤褆竟公然向康熙皇帝建言，如果父皇想杀掉胤礽，不必亲自下手。言外之意甚明，自己可以充当杀手。同时，还向皇帝报告，京内有个著名的相面人，名叫张明德，他曾经给胤禩相过面，说胤禩日后必然大贵。康熙皇帝看过胤褆的奏章后，异常吃惊，万万没想到胤褆竟堕落到这般程度，居然要亲手杀死自己的弟弟，而且与胤禩勾结一起，不择手段地争太子。

对此，康熙皇帝以祭天的形式，在祭文中明言："臣虽有众子，远不及臣。"明确表态不再立太子，以此打消众皇子争太子的念头。同时，又不止一次地训诫胤禔，说他不明君臣大义，不念父子之情。另外，还下令追查张明德给皇子相面的事情。

据三皇子胤祉揭发，胤禔与一个会巫术的人来往密切。经审讯，查出了胤禔曾利用巫术蛊害太子，由于人赃俱获，胤禔只得认罪。结果胤禔被革去王爵，幽禁起来。在审讯张明德时，发现他还曾要谋害胤礽，而胤禩与张明德有牵连，也参与谋害太子活动，结果张明德被凌迟处死，胤禩被关押。

经过这番折腾，康熙皇帝认为胤礽的悖乱行为是中了邪术的缘故，被废黜是冤屈了。于是，康熙皇帝在惩治了胤禔后，立即召见胤礽，并把他从幽禁的地方迁到咸安宫居住、休养。康熙皇帝还对胤礽说，以前的事就别提了。同时，把胤禩也释放了。善于猜度皇帝心理的朝臣当即就秘密上奏章，提出应恢复胤礽的太子称号。康熙皇帝接到奏章后，告诉大臣们，不要妄加猜测，不要向胤礽献殷勤，至于立谁为太子，自己心中有定见，朝臣不许干预。

接着，在六天之后，即十一月十四日那天，康熙皇帝下令满朝文武大臣举荐太子，除胤禔外，其他皇子都在举荐之列，还明确表示，只要众意所归，自己就予以同意。

朝臣们听到这道谕旨，立即纷纷行动起来，尤其平日与皇子们关系密切的人更是活跃，到处游说，唯恐自己拥戴的皇子不入选。在众皇子之中，八皇子胤禩的势力仅次于胤禔，他的党羽广布朝廷，大学士马齐、领侍卫内大臣鄂伦岱、理藩院尚书阿灵阿、户部尚书王鸿绪、工部右侍郎揆叙等都是胤禩的心腹。这些人到处活动，有的找上门去明谈，有的在朝房中把"八阿哥"三个字写在手心上偷偷给旁边的大臣看，一时之间，拥戴八阿哥胤禩当太子的呼声压倒了一切。

康熙针对这种情况，立即制止众臣的举荐活动，再次表态说，立太子事关重大，众臣还要好好议一议。最后干脆指明，不宜立胤禩，并提出三条理由：第一，胤禩没有从政经验；第二，曾谋害过太子，近日曾受过惩罚；第三，他的生母出身卑微。

紧接着，在十一月十六日，康熙皇帝宣布释放胤礽，并当面告诫胤礽今后要改恶向善，不许打击报复曾揭发过自己的群臣，要认真读书，修养德性，要尊重大臣，爱护弟兄。康熙皇帝此举无异于宣告复立胤礽为太子。因此，众朝臣在次日便纷纷上奏章请复立胤礽为太子。可是，出乎众臣意料，康熙皇帝并没有立即将这些奏章批复，而是压了下来。直到第二年的三月，康熙皇帝认为时机已成熟，才下谕旨重新册立胤礽为太子。至此，闹了半年的废太子、立太子的大事才告结束。

康熙皇帝在复立胤礽为太子后，于康熙四十八年（1709）三月十日加封诸皇子，胤祉、胤禛、胤祺被晋封为亲王，胤祐、胤䄉被晋封为郡王，胤禟、胤䄉、胤䄉被封为贝子，企图以此维系一度破裂的太子与诸皇子的关系，进而促进朝廷的安定。

可是，事情的发展并未如此遂人心愿，康熙皇帝的愿望再一次落空。皇帝与太子、太子与众皇子围绕国家最高权力的争夺仍在或明或暗、时张时弛地进行着，终于又来了一次大爆发。太子胤礽再次被废黜，康熙皇帝又遭受一次感情打击，终致大病缠身，众皇子之间的矛盾日益激化，延续到康熙死后，直弄到骨肉相残杀的地步。

随着太子的复出，太子党也重新集拢起来。而各皇子拉帮结伙，培植个人党羽的活动也在紧张地进行。政治轮盘越转越快了。这种党羽林立的局面与康熙皇帝所推行的"国家惟有一主"的统一格局，形成尖锐对立。太子胤礽已35岁了，可是康熙皇帝才56岁，在可望及的将来，太子仍无望继位当皇帝。太子胤礽更时刻担心再出变故，恨不得立刻登极方遂心愿。因此之故，太子常发怨言："古今天下，岂有四十年太子乎？"

对此，康熙皇帝当然不能等闲视之，在皇权面前，虽父子，矛盾也是不可调和的。康熙皇帝为了扼制太子抢班夺权，首先把矛头对准了太子党。康熙五十年（1711）十月二十七日，康熙皇帝在畅春园召见诸王及文武百官，质问众臣为何不顾皇恩而趋附太子，结党营私。当场把怀疑属于太子党的都统鄂善、兵部尚书耿额、刑部尚书齐世武、副都统悟礼、步军统领托合齐逮捕，交由衙门审讯。被捕众官矢口否认结党，而康熙皇帝也拿不出充分的证据来，案子拖了半年，最后，以贪污的罪名把上述诸人革职，几名严重者被判死刑。太子胤礽的势力遭受了一次毁灭性的打击。太子胤礽的地位又开始动摇了。

皇帝与太子的这种微妙的关系，使得朝廷之上的大臣们左右为难。如果不取悦皇帝，则难逃一死；如果不取悦太子，将来太子继位后，难免不遭打击。所以在朝臣中，流传"两处总是一死"的言论，人人自危，朝廷又深陷不安之中。太子与皇帝的矛盾犹如滑坡之巨石，轰然而下，不可阻止。众大臣于两难中，只好同赌徒一般，把宝押在一头。因此，太子与皇帝的矛盾终于到了不可收拾的地步了。康熙皇帝再次决定废黜太子。

康熙五十一年（1712）九月三十日，康熙皇帝巡视塞外返京，下车伊始，就向诸皇子宣布："太子胤礽自复立以来，狂疾未除，大失人心，祖宗弘业断不可托付此人。朕已奏闻皇太后，着将胤礽拘执看守。"

第二天，康熙皇帝亲自用朱笔写了诏书，宣布太子胤礽的罪状，计有"行事乖戾""狂易之疾，仍然未除""是非莫辨，大失人心""秉性凶残，与恶劣小人结党"，并说今天看来，已毫无改正的希望了。按自己当年复立胤礽时所说的"善则为皇太子，否则复行禁锢"的话，现决定将太子胤礽废黜，进行拘禁，希望群臣全心全意拥护，不要萌生其他想法。如果有人胆敢为胤礽辩护，立即正法。

康熙皇帝第二次废黜太子，不仅对朝政产生了深远的影响，震惊了全国，而且对他本人也是一次沉重的打击，以致病倒在床。但是，康熙皇帝毕竟是一位英明的皇帝，他从两次废立太子的事件中，结合历史，总结出经验教训，以示群臣。他在上谕中写道："宋仁宗三十年未立太子，我太祖皇帝并未预立皇太子，太宗皇帝亦未预立皇太子。汉唐以来，太子幼冲，尚保无事；若太子年长，其左右群小结党营私，鲜有能无事者。""今众皇子学问、见识，不后于人，但年俱长成，已经分封，其所属人员未有不各庇护其主者，即使立之，能保将来无事乎？"

康熙皇帝为了统治的安定，决意不再册立太子，这就从根本上避免了太子与皇帝的矛盾。康熙皇帝的这一决策从一方面看，不能说没有道理，没有对立面，自然就没有斗争了。可是，他毕竟受历史与阶级的局限，不可能认知矛盾是客观存在的，是不可超越的。尤其在封建帝王家中，争夺皇权的斗争更是不可避免的。何况，他有二十多个接班人呢！建立在血统论基础上的封建继承制度，注定了与争权夺势相始终，这是不以人的意志为转移的。

康熙皇帝决定不再册立太子，但是，并没有减轻皇位继承的压力，更没有消弭争夺皇权的矛盾。首先向康熙皇帝施加压力的是八儿子胤禩。胤禩虽然在争当太子的过程中受了挫折，甚至挨了处罚，但是，他争当太子的欲望非但没有消歇，伴着太子胤礽的第二次被废黜，胤禩争当太子的野心却空前膨胀起来，大有太子非己莫属之感了。他加紧活动，集聚党羽，大造当太子的舆论。

康熙对胤禩的这些活动，十分气愤，于康熙五十三年（1714）十一月，对众皇子说："胤禩仍然想当太子，与乱臣贼子结党，图谋不轨，以为我年老体衰，来日无多，他满以为曾有人荐举他当太子，我死以后就没人敢同他争了，可以毫不费力地当皇帝了。我再也不认他这个儿子了。我担心你们中间有人给胤禩捧场，甚乃兴兵作乱，逼我让位给他。如果真的这样，我只有含笑而死。胤禩因为没当上太子，恨我恨到骨子里了，他的党羽也是如此！胤礽悖逆，不得人心；可胤禩则相反，他刁买人心，为人险恶远远超过胤礽。"

尽管如此，胤禩仍毫不收敛，反而扩大联系面，使得许多皇子如胤禟、胤䄉、胤䄉都靠拢自己，甘为己用。

康熙虽然不再立太子，但是并不意味着对继位者就不考虑了。他严密关注众皇子，期望发现有类似自己的，以便在自己死后由其继承皇位。

鉴于这种形势，众皇子更加活跃起来，为争当太子而各显其能。废太子胤礽积极活动，希图复出。康熙五十四年（1715）四月，准噶尔部发生策妄阿拉布坦叛乱，康熙皇帝下令吏部尚书富宁安率兵征讨。胤礽认为时机已到，通过医生给正红旗满洲都统普奇捎去一封用矾水写的密信，嘱托普奇在皇帝面前保举他任大将军，出征西北，以此为契机达到恢复太子地位的目的。结果，这件事被人揭发，普奇与传信的医生都被判了刑，胤礽的复位希望成了一场空。

康熙的三儿子胤祉以博学著称，曾受命负责撰修《律历渊源》及《古今图书集成》，身边集聚了一大批有真才实学的名人，无论在朝廷内外，均有很高的声望。在康熙五十六年（1717）冬天，康熙皇帝患病期间，胤祉与胤禛、胤祹、胤禄兄弟四人受命协理朝政。一时间，胤祉有可能成为太子的说法着实流行了一阵。关于胤祉争当太子的事情缺乏详细的记载。但是，从康熙皇帝死后，胤禛继位当皇帝后曾斥责胤祉在胤礽被废后"希冀储位""以储君自命"的话来看，胤祉也曾争夺过太子的宝座，只不过不像胤禩那么赤裸裸罢了。

四皇子胤禛为人有心计、有手腕，因此，他争夺太子宝座的活动就更有准备、更有实效。他密切注视形势的发展，绝不冒昧胡来。他首先千方百计博得康熙的喜欢。他知道康熙推崇仁孝，他就事事以仁者的面貌出现。比如，胤礽在第一次被废黜之后，其他皇子都纷纷落井下石，唯独胤禛肯于仗义执言，并力主替废太子传话给康熙皇帝。对此，深得康熙的嘉许，认为胤禛"能体朕意，爱朕之心，殷情恳切，可谓诚孝"。而对其他皇子，胤禛常在康熙面前说好话。对胤禩也注意联络感情，而不是采取针锋相对的态度。

胤禛在博得父皇及兄弟们好感的同时，毫不放松培植个人势力的活动。他加意联络百官，对康熙的心腹重臣更是曲意笼络，就是对那些地位低下的官吏，他也不放过，事事博得众官的好感，有意无意地替他造舆论。在这方面，胤禛的确棋高一筹，胜过了胤禩等人。

另外，胤禛在紧锣密鼓地参加争当太子的活动的同时，却装出一副看破红尘的样子，醉心佛门，讲经注经，与高僧往还，参禅说法，甚至自称"天下第一闲人"，以此麻痹政敌。

胤禛的两面派手法不仅骗过了康熙皇帝，也瞒过了众兄弟。在隐蔽的活动中，他一步一步地接近了皇位。

十四皇子胤禵后来居上，他最得康熙皇帝的宠爱。在康熙五十七年（1718）三月，胤禵被破格由贝子升为王爵，并出任抚远大将军率军出征西北。此后，胤禵常驻西宁，手握重兵，招贤纳士，以未来的太子自居。而朝野上下也有许多人认为康熙皇帝之所以如此重用胤禵，乃是要立他为太子的信号。

总观胤礽在第二次被废黜之后，在争当太子的斗争中，胤禩的势力虽大，但皇帝已明确表示不立他；胤祉虽也有优势，但实力较差；胤禛有实力、有谋略，但采取了隐蔽的形式；胤禵有实力、有影响，一般认为最有获胜的可能。至于其他皇子则不在话下了。从发展上来看，继承康熙皇帝的皇冠，最有可能的是胤禛和胤禵。不过，在康熙帝生前，胤禛和胤禵只是暗争而没有明斗罢了。

胤禛和胤禵是一母所生，但这对同胞兄弟在争太子的斗争中却始终势不两立。最初胤禵跟着胤禩，反对胤禛。后来，随着胤禵羽翼丰满，胤禩受挫，胤禵自树一帜，自立一党，从帮助胤禩争太子的配角一变而为争当太子的主角。康熙皇帝虽然十分宠爱胤禵，但并没有明确表示立他为太子，而在弥留之际却留下传位于四阿哥（胤禛）的遗诏。胤禛顺理成章地继了帝位，称雍正皇帝。胤禛称帝后，尽管对与自己争皇位的弟弟们恨之入骨，务必除之而后快，但是老谋深算的胤禛非但没有立即动手诛除异己，反而采取了隐忍策略，将资深的兄弟们晋升为王，授予大权。如胤禩被封为廉亲王、总理事务大臣、理藩院尚书、办理工部事；胤禵被封为郡王。

胤禩、胤禵却不甘心北面称臣。这样一来，康熙生前争太子的斗争非但没有因为胤禛的继位而止息，反而更加尖锐、残酷，狂潮迭起，人头纷纷落地。

胤禛深知隐忍策略只是权宜之计，所以他在对政敌加官晋爵的同时，又进行分化瓦解，以求各个击破。就在任命胤禩为总理事务大臣这一人之下万人之上的高官的当天，就下令召胤禵立即回京奔丧，命辅国公延信昼夜兼程驰赴甘州军营管理大将军印务，命川陕总督年羹尧协理军务，在延信未抵达军营之前，由平郡王讷尔苏署理大将军事。明眼人一看便知，胤禛的这个措施，就是以迅雷不及掩耳之势夺了胤禵的兵权，削了大将军的职务。胤禵当然更明白其中的利害，但碍于奔父丧的名义，不能不应召进京。斗争一开始，胤禵就丢了一分。

离开军营的胤禵，一进入京城，就陷入了胤禛布下的罗网。哥儿俩一见面，胤禵怒火中烧但还得按君臣名分行事，胤禛内心得意表面上还装出仁兄的模样。胤禵勉强给胤禛叩过头之后，就远远地站住了，并不趋前祝贺兄长登基，更毫无亲近的表示。胤禛为了打破僵局，离座前迎数步，可是胤禵仍不予理会，毫无反应，御前侍卫拉锡为了打个圆场，急忙拉胤禵趋前迎拜胤禛。这个尴尬场面总算过去了。

可是，胤禵却不罢休。朝见过胤禛以后，下得殿来就指着拉锡的鼻子大骂，后来又找到胤禛告拉锡，说："拉锡这个奴才，对我十分无礼，居然敢当着皇上的面拉扯我。如果我有不是，就请皇上处分我；如果我没有不是，就请皇上将拉锡正法，以严肃国家的法度！"

胤禛对这个挑战，毫不客气，当即以胤禵心高气傲的罪名，将他的王爵削掉，降为贝子。转过年来，胤禛又降旨训斥胤禵，并在安葬完康熙皇帝的灵柩之后，胤禛又下令叫胤祹留在马兰峪看守康熙的陵寝，其实是把他软禁起来了。胤祹的后半生一直在幽禁中生活，直到乾隆二十年（1755）病死。

胤禛在收拾了胤祹之后，立即动手整治胤禟和胤䄉。胤禛派胤禟去西宁，名为军营需要，实为发配边疆。胤禟自然不愿前往，百般推诿。但胤禛严令督责，胤禟不得已只得于雍正元年（1723）离京去青海，在到达西大通（今青海省大通县东南）后，被胤禛的心腹大臣年羹尧软禁在城中。转过年，胤禛又以胤禟在边疆违犯军法的罪名，将他的贝子革去。

胤禛在雍正元年（1723）命令胤䄉护送死在京城的蒙古活佛哲布尊丹巴的遗体去喀尔喀蒙古地区。胤䄉几经推辞不得，最后只得被迫离京去蒙古，但他行至张家口时就不肯再往前去了。胤禛以抗旨的罪名将胤䄉革去郡王爵位，调回京城永远监禁，并将他的家产查抄。

胤禛在打倒了胤祹、胤禟、胤䄉之后，开始同胤禩算总账了。在雍正二年（1724）七月，胤禛发表了自己写的《朋党论》，以反对结党营私为名，向胤禩进攻。八月，胤禛召集宗室诸王，公开谴责胤祹、胤禟、胤䄉及胤禩，说他们结成朋党，图谋不轨，公开点了胤禩的名。十一月，胤禛又斥责胤禩刁买人心，攻击皇上。同时又宣布归附胤禩、同他结党的人是叛国犯，要从重惩处。十二月，便以叛国的罪名追究已死七年的胤禩同党揆叙的罪责，命令在揆叙的墓前立个石碑，上面赫然刻着"不忠不孝柔奸阴险揆叙之墓"，以示惩罚。转过年来，又以各种罪名，惩处了胤禵集团中许多人。

经过两年多时间的准备，从舆论上、组织上搞臭、搞散了胤禵集团，在雍正四年（1726）正月初五那天，胤禛发出上谕，历数胤禵"无祖宗君上""自绝于天，自绝于祖宗，自绝于朕"是"不忠不孝大奸大恶之人"，等等罪名，还指出"三年以来，朕百凡容忍宽免，谆谆训诫，犹冀其悛改前愆……胤禵诡谲阴邪，日益加甚！"最后，宣布削除胤禵宗籍，不承认他的皇族身份，降为民王，予以幽禁；将胤禵的妻子革去福晋的名分，休回娘家，严加看守。与胤禵有牵连的几个皇族也遭到削爵监禁的处分。

至此，与胤禛争夺太子储位及争夺皇位的首脑人物均被胤禛制服了。但是，争权斗争并没有完全平息。胤禩、胤禟的余党及不满胤禛的人仍在垂死挣扎，给国家的安定带来了威胁。比如，有个叫蔡怀玺的人，在雍正三年（1725）四月跑到马兰峪软禁胤禵的处所，要求见胤禵。胤禵担心招惹是非，没有接见。蔡怀玺就写了"二七便为主，贵人守宗山""以九王（指胤禟）之母为太后"的字条，扔进胤禵的院内，他还到处讲说："十四爷（指胤禵）的命大，将来要做皇帝。"又如，天津有个叫郭允进的人，书写传单，宣称"十月作乱（指胤禛继位），八佛（指胤禩）被囚，军民怨新主（指胤禛）"到处散发，还号召人们起来反抗。而胤禵及胤禩的亲信，更是不遗余力散布攻击胤禛的言论，如太监何国柱散布雍正皇帝的母亲是为了胤禵的事而自杀的，太监马起云说雍正皇帝的母亲是为了胤禩的事撞死的；还有的人散布雍正皇帝"逼凌弟辈""报复私怨",等等。

鉴于此,雍正皇帝加速了对胤禩等人的处理。雍正四年(1726)五月,胤禛向全国公布胤禩、胤禟、胤禵、胤祄的罪状及处理决定。胤禵被圈禁在保定,所住的三间小房外边加筑高墙,前门封闭,设转桶送饮食,外设众兵严加把守。胤禵囚居小屋之内,戴着镣铐,屋小墙高、门窗密闭,在盛夏之时常常昏厥,不堪折磨,于八月死去。

胤禟被由京郊迁押至京城内景山寿皇殿,以便严加监控。在殿内高悬康熙皇帝的画像,命胤禟面对父皇画像,日夜进行忏悔,受尽精神折磨。

九月,胤禟死于囚禁之处。

反对胤禛的胤禩、胤禟集团彻底被粉碎了。从康熙朝争夺太子储位,到雍正朝争夺皇帝宝座,延续了40余年的争权斗争,至此才宣告结束。

康熙皇帝无时无刻不在宣扬忠孝仁义。可是,他的儿子们为了争夺最高权力,无论在他生前或者死后,没有一个去履行忠孝仁义。这绝不是康熙皇帝个人的悲剧。纵观中国封建社会的历史,在帝王家中,经常发生争夺皇位的斗争,而每次斗争无不散发着浓重的血腥气,在高扬的忠孝仁义的大旗上,沾满了父子兄弟的血。为了获得最高权力,皇帝及其儿孙们是任何伤天害理的事都能干得出来的,是任何凶残狡猾卑鄙的手段都能使出来的。这不是个人的罪孽,这是封建统治阶级的本性使然。